게임 오버

자신의 아이디어로 다른 사람을 부자로 만든 「페히포겔」들

GAME OVER

게임 오버

자신의 아이디어로 다른 사람을 부자로 만든 「페히포겔」들

GAME OVER

페링거 | 라이슐 | 슈타틀바우어 지음

전재민 | 이미옥 옮김

참솔

전재민 성균관대학교 철학과에 다니다가 독일로 건너가 프라이부르크대학교에서 문화인류학 석사학위를 받았다. 옮긴 책으로 『가까워지는 것에 대한 두려움』, 『사과나무 위의 할머니』, 『말썽꾸러기 희망꾸러기』 등이 있다.

이미옥 경북대학교 독어과를 졸업하고 독일 괴팅겐대학교에서 석사학위를 받았다. 그후 경북대학교에서 독문학 박사학위를 받았고, 현재 중앙대학교 강사이다. 지은 책으로 장편소설 『바람개비』와 『독일어 문법』, 『독일어 독해』 등이 있다.

게임 오버

펴낸날 ▪ 2000년 8월 30일 1판 1쇄
2000년 9월 9일 1판 7쇄

지은이 ▪ 안드레아 페링거 ▪ 게랄트 라이슐 ▪ 클레멘스 슈타틀바우어
옮긴이 ▪ 전재민 ▪ 이미옥
펴낸이 ▪ 김혜숙

펴낸곳 ▪ 도서출판 참솔
등록번호 ▪ 제8－244호
등록일 ▪ 1998년 5월 13일
주소 ▪ ⊕ 121－718 서울시 마포구 공덕동 404 풍림빌딩 521호
대표전화 ▪ 3273－6323 | 팩시밀리 ▪ 3273－6329
E-mail ▪ salamand @ unitel. co. kr

ISBN ▪ 89－88430－13－1 03320

값 ▪ 9,700원

＊잘못된 책은 바꾸어 드립니다.

마술적인 매력의 나라, 한국의 독자에게

작가에게 있어서 불행이란, 책을 냈는데 아무도 읽어주지 않는 것
이다. 반대로 작가에게 행운이란, 고민으로 점철된 외로운 시간을 보
낸 후 출간된 책이 잘 팔려나갈 때 할 수 있는 말이다.

그런 점에서 이 책의 저자인 안드레아 페링거와 게랄트 라이슐, 그
리고 나 클레멘스 슈타틀바우어는 정말이지 우리의 행운이 아직도 믿
기지 않는다.

애초에 독일어권을 겨냥해 만든 이 책은 이제 세계적인 성공의 문
턱에 한 걸음 들어섰다. 더욱이 아시아권에서 최초로 우리의 책을 출
간하는 나라가 한국이라니, 기쁘기 그지없다.

1988년 서울에서 화려한 올림픽 경기가 개최된 이래로, 한국은 유
럽인들에게 마술적인 매력을 떠올리게 하는 나라이다. 그런데 우리의
생각이 이렇게 책의 형상으로 만들어져 한국이라는 극동의 뛰어난 문
명세계 속으로 들어설 수 있다니, 그것은 우리에게 말로 표현하기 어
려운 큰 영광이다.

유감스럽게도 이 책에는 아시아권을 중심으로 벌어지는 이야기가
하나도 없다. 그러나 세계가 글로벌화되고 있는 이 시기에, 그 점이
여러분에게서 독서의 즐거움을 줄이지는 않을 것이다. 왜냐하면 인간

의 감정과 사고는 세계 어디서나 대체로 비슷하기 때문이다.

　인간은 누구나 유사한 감정체계를 지니고 있기 때문에 인종이나 종교에 상관없이 울고 웃는다. 특히 행운이나, 아니면 이 책에 소개된 불운에 있어 문화의 차이란 더더욱 아무것도 아닐 것이다.

2000년 6월 22일

대표집필 클레멘스 슈타틀바우어

누구보다 불운했지만, 희망을 보여준 「페히포겔」들

페히포겔(Pechvogel)이란 『두덴(Duden) 사전』에 따르면, Pech(불운)와 Vogel(새)의 합성어로, 「불운한 혹은 불행한 사람」을 뜻한다. 작가들에게 불운 내지 불행이란 주제는 매우 민감한 문제이다. 불행으로 점철된 인생을 살아가는 사람은 오히려 작가들에게 길조와 다름없는 것이다. 왜냐하면 어떤 것도 불행만큼 흥미롭게 묘사될 수 없으며, 어떤 것도 불행만큼 재미있게 읽혀지지 않기 때문이다. 물론 그것이 남의 불행인 한에서 말이다.

다음에 이어지는 23개 장에는 페히포겔들 중에서도 가장 불운한 사람들이 주인공으로 등장한다. 그들은 모두 다른 사람과 비교할 수 없는 매우 특출한 재능을 가졌다. 뛰어난 아이디어와 열정, 그리고 집중력을…… 그들은 뭔가를 발전시키고, 발견하고, 발명하고, 창조했으며, 그 결과 세상에 나온 산물들은 21세기로의 전환점에 서 있는 인류에게 없어서는 안되는 것들이다.

그러나 정작 그들 자신은 불운했다. 그들은 단지 특허 출원을 잊어버리거나, 법조항에 걸리는 우를 범하거나, 자신의 아이디어를 도난당하거나, 아니면 그저 단순히 다른 사람을 아무 의심 없이 믿었을 뿐이다. 하지만 그 결과 그들의 아이디어나 작품으로 그들 대신 다른 사람들이 큰 부자가 되거나 유명해졌다.

바로 이 점이 이 책의 출발점이다. 그런데 우리는 뜻밖의 사실을 발견했다. 그들에게는 다음과 같은 공통점이 있었다. 그들은 불운한 일을 겪고 나서도 세상을 원망하는 대신, 여전히 긍정적인 태도를 가졌다. 그들 중 어느 누구도 자신의 운명을 원망하지 않았으며, 불만에 찬 세상을 등지지도 않았다. 게다가 다행히도 그들의 업적은 재평가를 받거나, 다른 사람이 그들 대신 향유했던 명예와 부를 그들 자신도 조금은 누릴 수 있는 기회가 오기도 했다.

이제까지 사람들은 그들의 창작품들을 익히 알고는 있었지만, 원작자가 누구인지는 알지 못했다. 물론 그러한 작품들이 나오기까지의 배경도 그늘에 가려져 있었다. 우리는 이 이야기들을 발굴하고 조사했을 뿐만 아니라, 그것을 복원했다. 당시 상황에 대한 세밀한 묘사는 전체 이야기의 상징성을 말하고자 함이며, 덧붙여진 주변의 일화들은 독자의 이해를 돕기 위한 일종의 소품이다.

어쩌면 실제 상황과 다소 차이가 날지도 모르는 대화내용을 실은 것은, 생명력 없는 정보를 나열하는 것보다는 그 편이 한 인간의 진실한 이야기를 더 잘 전달할 수 있을 거라고 생각했기 때문이다. 우리는 실례를 무릅쓰고, 이야기를 재현했다. 하지만 그 와중에 진실을 왜곡하지는 않았다.

이 책은 비소설이지만, 각 장은 단편소설을 연상시킬 것이다. 허구의 요소들이 오히려 사건의 진실된 면을 부각시킬 수도 있다고 생각했기 때문이다. 물론 그렇다고 사실적인 요소들을 도외시하거나 변형시키지는 않았다. 이런 것을 「리얼리티 픽션(Reality Fiction)」이라고 하면 어떨까?

우리는 「페히포겔」들의 세계로 깊이 들어갈수록, 점점 더 많은 사례를 발견할 수 있었다. 우리의 프로젝트에 관해 주변의 친지에게 이야기하면, 그들의 대부분은 그와 비슷한 운명이거나 비슷한 유형의 다른 사례를 알고 있었다.

아마 여러분도 이와 비슷한 사례에 관해 알고 있을지 모른다. 만약 그렇다면, 우리에게 새로운 정보를 알려주길 바란다. 우리에겐 큰 기쁨이 될 것이다. 게랄트 라이슐 앞으로 「Pechvogel」이라고 적은 뒤, Postfach 19, A-2620 Neunkirchen의 주소로, 혹은 이메일(pechvoegel@netway. at)로 보내면 된다.

여러분이 투고한 내용이 다음 책에 반영될 경우, 그에 대한 사례로 여러분은 이미 작업에 들어간 이 책의 속편을 받아볼 수 있다.

다음에 열거된 사람들이 없었다면, 아마도 이 책은 결코 세상의 빛을 보지 못했을 것이다. 이들에게 감사의 마음을 전한다.

누구보다도 안드레아스 포글러. 그는 우리가 자료조사를 할 때 끔찍하리만치 고된 작업이었음에도 우리를 도와주었다.

책 표지를 행운의 손길로 마무리지어 준 랄프 만프레다.

우리의 책표지 사진을 찍어준 에리히 라이스만. 그의 재능은 원래 뻔뻔하게 생긴 우리들을 뻔뻔함으로 더욱 돋보이게 만들었다.

우리에게 홈페이지(www.pechvoegel.com)를 만들어준 디터 괴슐러.

그리고 우리에게 언제나 옳은 말만 들려준 우리 삶의 반려자들. 그들은 우리에게 동기를 부여해 주고, 말없이 후원해 주었으며, 심지어 그들보다는 오히려 「페히포겔」들과 더 많은 시간을 보낼 때조차 관대하게 대해 주었다.

끝으로 보드카 생산에 종사하는 모든 분들께 감사드린다!

안드레아 페링거, 게랄트 라이슐, 클레멘스 슈타틀바우어

차례

전설적인 밴드 「롤링 스톤즈」의 드러머 제의를 거절한 카를로 리틀

너희는 미래가 없어!

키스

　　문은 담배를 힘있게 눌러 끄고 닳아빠진 가죽 점퍼를 매만졌다. 지금이 아니면 기회는 영원히 오지 않을 것이다. 콘서트 홀을 가득 메운 관중이 여전히 환호성을 지르고 있는 동안, 열여섯 살의 펑크족 키스는 젖 먹던 힘까지 다해 용기를 냈다.

　신화적인 밴드, 「로드 서치 앤드 더 새비지즈(Lord Sutch and the Savages)」에서 가장 과격한 드러머가 놀랄 만큼 강한 비트로 이제 막 웸블리 타운 홀을 강타한 순간, 키스의 심장 박동은 최고조에 달했다. 드럼 스틱을 휘두르고 있는 그 남자가 바로 카를로 리틀이었다. 키스에게는 영웅이자 신이었다.

　키스는 조심스럽게 문을 열고 무대 뒤의 가장 「신성한」 곳으로 살금살금 기어들어갔다.

　1962년 런던에서 「새도즈(Shadows)」와 같은 얌전한 밴드에게 따분함을 느끼는 젊은이라면, 「로드 서치 앤드 더 새비지즈」의 콘서트에 모여들게 마련이었다. 싱어인 로드 서치가 노래를 못 부른다는 것은 사람들에게 별로 중요하지 않았다. 적어도 서치 자신에게는 그래 보였다. 그 대신 그는 관중을 어떻게 다뤄야 하는지 잘 알고 있었다. 예를 들어 특이한 모자를 쓰거나 무대 위에서 감히 상상도 하지 못할 기이한 행동을 연출하면서 말이다.

　기타리스트가 되길 원하는 사람은, 눈에는 잘 띄지 않지만 이 그룹의 바깥쪽 왼편에 서 있는 청년을 모범으로 삼았다. 그 청년은 리프

14

(Riff)* 연주에서 거의 광적인 하드 록을 보여주었다. 하드 록이 고유한 음악 장르로 정착되기도 훨씬 전에 말이다. 그 청년의 이름은 리치 블랙모어였다. 물론 당시에 그 이름은 별로 주목을 받지 못했다. 하지만 그 실력에 걸맞게 나중에 세계적인 명성이 따라왔다. 바로 「디프 퍼플(Deep Purple)」이란 밴드의 일원이 되었을 때에.

또한 베이시스트가 되고 싶은 사람은, 리키 브라운의 손가락 놀림을 한순간도 놓쳐서는 안되었다. 그리고 드러머가 되고 싶은 사람은, 카를로 리틀의 라이브 공연을 보고 나면 그 계획을 아예 포기하거나, 아니면 용기를 내어 무대 뒤로 카를로 리틀이라는 드럼의 대가를 찾아갔다. 지금의 키스처럼.

당시 영국에서 가장 시끄럽다는 이 밴드의 주인공들은 지금 스태프와 팬들에게 둘러싸인 채 묘한 침묵 속에 빈둥거리고 있었다. 특히 카를로 리틀은 연주가 끝난 후에 다시 정신을 차리기 위해서 혼자만의 시간이 필요했다.

공연 도중, 카를로는 자신의 오토바이 헬멧 위에 서서 10분이나 계속되는 드럼 솔로에 빠져들었다. 전에도 이런 일은 종종 있었기 때문에 놀라운 일은 아니었다. 하지만 공연의 마지막에 그는 한 번 더 광적인 황홀경에 빠져들었는데, 이번에는 동료들조차 놀랄 정도였다. 더 빠르게, 더 크게, 더 빠르게, 더 크게, 더 빠르게, 더 크게……

그 소리가 얼마나 컸던지, 나머지 멤버들은 연주를 중단하고 그가 다시 제정신으로 돌아올 때까지 기다려야 했다(때때로 카를로는 자기 자신이 두려웠다. 키스도 곧 그 사실을 알게 되었다. 그의 타이밍은 거의 완벽했다. 키스가 생각하기에, 훌륭한 드러머는 카를로처럼 자기 자신에게 완전히 몰입하는 사람이었다. 어쨌든 키스는 가장 적절한 시간에 카를로를 붙잡았다).

---

* 2소절 내지 4소절의 짧은 악구를 몇 번 되풀이하는 재즈 연주법.

"안녕하세요."

키스는 말을 붙이고 나서, 용기가 사라지기 전에 재빨리 다음 말을 이었다.

"저는 키스라고 하는데요, 저에게 드럼을 가르쳐주시겠어요?"

그러자 깡마른 키스에 비해 건장한 체격을 가진 카를로는 주위를 둘러보았다. 그리고 마침내 1미터쯤 시선을 낮춰 왜소한 체구의 사춘기 소년을 발견했을 때, 자신도 모르게 볼멘 소리를 불쑥 내뱉고 말았다. 그로서는 아무리 잘 봐줘도, 이 작은 꼬마가 연주는커녕 드럼 스틱조차 무거워서 들지 못할 것만 같았기 때문이다. 그럼에도 드럼의 거장 카를로는 그리 기분이 나쁘지 않았다.

카를로 리틀은 독학으로 드럼을 배웠다. 그는 웸블리의 해로우 로드에 있는 집의 자기 방에서 어려서부터 밤이고 낮이고 중고 드럼으로 혼자 연습했다. 그러면서 그는 자신만의 고유한 스타일을 발전시켰다. 그의 스타일은 강한 베이스 드럼 소리가 특징이었다.

"만일 내가 뭔가를 두드린다면, 그건 결코 살짝 어루만지는 차원이 아니었죠."

카를로는 처음부터 자기 자신을 분명히 표현했다.

"난 마치 폭탄을 터뜨리듯 그렇게 마구 두드려대야 속이 시원했습니다."

카를로의 부모님은 상당히 관대한 분들이었던 모양이다. 카를로는 나중에 이렇게 말했다.

"실력이 점점 더 좋아질수록 우리집은 더욱더 엉망이 되었습니다. 벽은 갈라지고, 벽지는 벽에서 떨어져나갔죠."

그 말은, 마치 이를테면 거실의 가구를 이리저리 옮긴 것과 다를 바 없다는 뉘앙스를 풍겼다. 분명한 것은 카를로 자신도 자라면서 부모님의 관대함에 익숙해졌다는 점이다.

서드베리의 채플린 로드에서(그곳은 카를로의 집에서 10분 거리였다) 엄마와 살던 키스는 이런 지리조건부터가 좋은 징조라고 생각했다.

이윽고 카를로는 완전히 기가 죽어 있는 꼬마를 보고 말했다.

"30분에 10실링이야. 내가 아는 걸 전부 가르쳐줄게."

당시 키스는 거의 파산 상태였지만, 카를로의 가르침을 받기 위해서라면 도둑질이라도 마다하지 않았을 것이다. 그는 교습시간이 되면 1분 1초도 지각하는 법이 없었다. 새로운 기술을 배우면 그 즉시 집으로 달려가, 밤늦게까지 연습했다.

"키스는 이 세상에 존재할 수 있는 최고로 말 잘 듣는 학생이었습니다."

카를로는 역사상 가장 위대한 드러머 중 한 사람임이 분명한 키스 문과 가진 최초의 연습시간을 기억한다. 하지만 카를로는 작고 여린 이 제자가 어느날 또 한 명의 신화적인 드러머가 될 거라고는 상상조차 할 수 없었다.

"내가 보기에 키스는 드럼 연주를 좋아하지만, 이제 막 걸음마를 뗀, 평범한 재능을 가진 그저 그런 아이였어요."

그러나 「평범함」이라는 단어는 키스의 사전에 없었다. 키스는 뭐든지 알고자 했다. 카를로가 가르쳐주는 기교를 토대로, 그는 광적인 연습을 통해 그전에 다른 어떤 드러머도 시도하지 못한 새로운 세계를 발전시켰다. 하지만 그는 자신만이 만들어낼 수 있는 독특한 소리와 격정적이고 혁명적인 비트를 스승인 카를로 리틀의 덕으로 돌렸다. 키스는 이 점을 결코 잊지 않았다.

마찬가지로 키스는 카를로에게 강습을 받으면서 동시에 「하이 노트스(High Notes)」라는 미래가 불확실한 밴드에서 연주하던 초창기의 어려웠던 시절도 잊지 않았다. 오늘날 이 밴드를 기억하는 사람은 없다. 적어도 이 이름으로는 말이다. 왜냐하면 그들이 록의 역사를 다시 쓴 것은 「후(The who)」라는 이름이었기 때문이다. 그리고 이 밴드에서 드럼을 친 사람은 물론 키스 문이었다.

「로드 서치 앤드 더 새비지즈」는 60년대 초반, 그들의 콘서트를 관람하는 것이 다른 록 음악가들 사이에서 의무사항이 될 정도로 그 시대를 주도했다. 예를 들어 그들 중에는 나중에 「레드 제플린(Led Zeppelin)」이란 그룹으로 유명하게 된 지미 페이지가 있었고, 「킹크스(Kinks)」로 유명세를 탄 레이 데이비스, 「스몰 페이시즈(Small Faces)」로 유명해진 로드 스튜어트가 있었다. 그밖에 이 밴드의 멤버였던 에릭 클랩튼도 「크림(Cream)」을 결성하여 세계적인 명성을 얻게 되었다. 이들이 나중에 독자적인 밴드 안에서 완성시킨 현란한 기교들은 바로 「로드 서치 앤드 더 새비지즈」에서 태동된 것이었다. 이 점은 키스 문도 마찬가지였다.

이렇게 「로드 서치 앤드 더 새비지즈」의 세례를 받아 생겨난 다른 밴드들은 모두 세계적인 명성을 얻었지만, 정작 그 선구자격인 밴드는 만성적인 실패로 얼마 안 가 해체되고 말았다. 카를로는 그 까닭을 지금에 와서 이런 식으로 간단하게 대답한다.

"우린 다른 밴드들처럼 음반을 내서 대중들에게 이름을 알리는 대신 오로지 소수의 사람을 상대로 한 라이브 공연에 주력했어요. 바로 전략적인 면에서 실수한 거죠."

그러나 이 실수는 카를로 리틀이 같은 해 저지른 다른 실수에 비하면 정말 아무것도 아니었다. 한순간의 잘못된 선택이 그의 나머지 인생을 좌우하게 될 줄은 카를로 자신도 몰랐을 것이다.

■■■

　1962년 가을, 리듬 앤드 블루스(R&B)가 새로운 유행이었고, 이 새 장르는 런던의 클럽 분위기를 지배했다. 「로드 서치 앤드 더 새비지즈」가 막 해체된 무렵이라 R&B의 신화적인 존재 시릴 데이비스는 그 시기를 틈타 득을 보고 있었다. 그리고 카를로 리틀은 바로 시릴의 「올스타즈(All Stars)」 밴드에서 활동을 했다.

　당시 최신 유행에 관한 것은 무엇이든 소호의 유명한 클럽인 「마키 클럽(Marquee Club)」을 중심으로 퍼져나갔는데, 「올스타즈」는 이 클럽에서 거물급 밴드로서 공연을 가졌다. 카를로 리틀은 이렇게 다시 한 번 세상의 중심에 서 있었다.

　1962년 10월, 마키 클럽의 문을 열고 들어서는 세 명의 젊은 로커들 역시 자신이 최고라는 확신을 가지고 있었다. 그러나 그것은 그들만의 생각이었다. 유감스럽게도 그들의 첫 콘서트에 들어온 관객의 수는, 아직 정식 베이스 주자와 드러머조차 없는 처지의 그들에게도 몹시 불쾌하게 여겨질 정도였다.

　그들은 마키 클럽에서 이 두 멤버를 구하고자 했다. 그것도 다운타운에서 가장 잘 알려진 밴드들의 멤버 중에서 말이다. 그들의 생각으로는 말을 꺼내기만 하면, 리키 브라운과 카를로 리틀이 당장이라도 시릴의 밴드를 그만두고 그들의 밴드에 합류할 것만 같았다. 그것이 그들의 계획이었다. 야망에 찬 이들에게 장애나 두려움은 먼 나라의 얘기일 뿐이었다.

　그러나 그들도 돈 문제만은 극복할 수 없었다. 카를로 리틀은 비록 자신의 음악으로 호사스런 부를 누리지는 못했으나, 그런 대로 품위를 유지할 정도는 되었다. 그런데 어느날 저녁 그가 마키 클럽에서 공연을 마치고 내려왔을 때, 바짝 마른데다 두드러지게 큰 입술을 가진 로큰롤 가수가 제안한 것은 그의 평소 수입에 비하면 정말 아무것도 아니었다. 카를로는 그때 돈에 관한 이야기가 어떻게 오갔는지 정확하게 기억나지는 않는다. 다만 그 큰 입술이 이렇게 말한 것만 기억날 뿐이다.

"카를로, 넌 우리 팀이야. 네 사운드는 사람들을 다 나가떨어지게 해. 만일 원한다면, 우리의 새 밴드에 들어올 수 있어."

「만일 원한다면.」 이 말은 카를로의 귀에 특별한 메아리를 남겼다. '만일 원한다면, 만일 원한다면……' 카를로는 쉽게 결정할 수가 없었다. 그러나 세 명의 청년에게는 사람의 마음을 사로잡는 묘한 매력이 있었다. 그래서 카를로와 리키 브라운은 이 세 명의 청년이 원하는 대로 일단 따르기로 결심했다. 카를로와 리키는 그들을 도와주었다. 일정 기간 동안.

정확히 따지자면 3주 동안이었다. 다시 말해 돈하고는 관계없이 콘서트를 몇 차례 도와준 것이다. 그러는 동안 카를로는 곧 돈 문제에 봉착하게 되었다. 그는 그 밴드에서 연주한 대가를 조금도 받지 못했을 뿐만 아니라 오히려 자신의 주머니를 털어야 했다.

"난 그들이 갖고 있던 레코드판들을 샀습니다. 「자니 캐시」나 뭐 그런 거였죠. 그러면 그들이 최소한 먹을 것을 살 수 있었거든요."

카를로는 이렇게 그때를 회상했다. 그 대신 그들은 카를로의 무거운 장비들을 옮겨주었다.

카를로는 자신의 문제가 무엇인지 분명히 알고 있었다. 그는 육체적인 혹사를 마다하지 않고 드럼을 쳐대면서도, 자신의 권리에 관한 부분에서는 세게 내리칠 수 없었다. 그는 드러머이면서도 현악기의 줄처럼 섬세하고 너그러운 성품을 가지고 있었으므로 누구에게도 상처를 주고 싶지 않았다. 게다가 미래가 어두울수록 더 강한 자신감으로 무장한 이 세 명의 젊은 음악가들에게는 더더욱 모질게 나올 수 없었다.

어느날 늦은 저녁 마키 클럽에서 맥주를 마시면서, 카를로는 마음을 다잡고 결심했다. '됐어, 이것으로 충분해. 그만 탈퇴를 해야겠어.' 그는 속으로 몇 번이나 이 말을 되뇌었다. 그리고 마침내 용기를 낸 카를로가 그 말을 입 밖에 꺼냈을 때, 세 명의 청년은 어리둥절한 표정을 짓고만 있었다. 그는 마지막으로 덧붙였다.

"너희는 미래가 없어."

이 말은 거의 목이 메인 소리로 튀어나왔고, 대답 대신 이어지는 침묵은 아틀라스가 짊어지고 있는 하늘의 무게만큼이나 카를로를 무겁게 내리눌렀다. 게다가 평소에 그에게 사사건건 시비를 걸던 기타리스트가 그의 발 아래 무릎까지 꿇고 계속 남아달라고 설득하자, 그의 마음은 갈가리 찢어지는 것 같았다.

그는 어려울 때 동지를 배신하는 나쁜 놈은 되고 싶지 않았다. 그래서 차선책으로 실력이 좋은 다른 사람을 추천했다. 흥정은 쉽게 이루어졌다. 카를로는 짧은 휴식기간을 가진 다음 리키 브라운, 로드 서치와 함께 결국 그다지 큰 성공을 거두지 못한 「새비지즈(Savages)」의 컴백을 준비하기 위해 밴드에서 나갔다. 그리고 대신 다른 사람이 들어왔다.

새로 들어온 드러머는 찰리였다. 그가 처음 이 밴드에 들어왔을 때, 이 무명의 드러머는 이들과의 만남을 통하여 장차 여러 채의 빌라와 긴 줄로 늘어선 호화 리무진, 그리고 셀 수도 없이 많은 돈이 굴러 들어오리라고는 꿈에서조차 상상하지 못했다. 찰리는 다만, 이 밴드에서 같이 연주할 수 있게 된 것이 기쁠 뿐이었다. 그와 동시에 카를로는 이 밴드에서 더이상 같이 연주할 필요가 없어진 것이 기뻤다.

마지막으로 고정 베이시스트가 정해졌을 때, 드디어 이 밴드는 완성되었다. 공교롭게도 시릴 데이비스의 R&B 밴드 「올스타즈」가 마키 클럽에서 연주할 때 휴식시간을 메운 게 그들의 첫 무대가 되었다. 이 첫 공연은 정확히 20분이 걸렸으며, 그리고 나서 그들은 잘렸다. 그들의 음악에 심한 거부감을 느낀 시릴이 청중들 역시 그럴 것이라고 생각했기 때문이다. 그러자 카를로는 자신의 결정이 옳았다는 것을 새삼 확인했고, 그 밴드가 절망에 사로잡혀 다시 한 번 그를 찾아왔을 때, 그는 조금도 동요하지 않았다.

그러나 카를로는 꼭 한 번 설복당한 적이 있었다. 그들이 BBC 라디오의 쇼 프로그램 「재즈 클럽」에서 오디션을 받게 된 것이다. 그런데 찰리는 시간이 없었다. 극단적인 성격을 가진 이 그룹의 리더는 이 일 때문에 자기네 드러머, 즉 찰리에게 화를 냈다. 카를로가 불쌍히 여길 정도로 격렬하게. 어쨌거나 찰리 대신 드럼을 친 카를로는 이 일로 작은 액수이지만 대가를 받았다. 그러나 그 쇼의 출연계약 담당자인 데이비드 도어는 시범연주가 끝나자마자 바로 그들을 거절했다. 가수의 목소리가 너무 칙칙하다는 것이 이유였다.

실패는 그렇게 이어졌다. 그럼에도 절대 뜻을 굽히지 않으려는 그들의 의지는 거의 무식함에 가까웠다. 그들은 이런 실패에도 아랑곳하지 않고 전국 방방곡곡을 찾아다니며 공연을 했다.

1964년 3월 15일 켄트에서 콘서트를 제의해 왔다. 멤버 모두 준비가 되어 있었다. 찰리만 빼고. 잠깐 쉬겠다고 해놓고는 원래 약속과는 달리 길어졌던 것이다. 다혈질의 리더가 다시 한 번 화를 폭발시킨 건 물론이다.

그는 신경질적으로 드러머 자리를 채울 새 멤버를 찾아나섰다. 영순위는 카를로 리틀이었다. 그런데 안타깝게도 그는 집에 없었다. 카를로 리틀의 집 앞에서 몇 시간이나 기다린 뒤 기진맥진해진 밴드의 리더는 결국 포기하고 돌아갔다. 그것이 카를로 리틀에게는 이 밴드의 일원이 될 수 있는 마지막 기회였다.

■ ■ ■

벌써 6개월이나 카를로 리틀은 펍(Pub)에 죽치고 앉아 있었다. 꼭 막힌 자신의 미래에 대해 괴로워하면서.

"여기 맥주 한 병 더!"

그는 무뚝뚝한 말투로 맥주를 주문했다. 그는 최근 6개월 동안 자신도 모르게 이런 퉁명스런 말투에 길들어져 있었다.

술집의 한쪽에 놓인 TV에서 척 베리의 〈컴 온(Come on)〉을 열정적으로 리메이크해 부르는 소리가 흘러나왔다. 카를로는 TV를 향해 우울한 눈빛을 던졌다. 그 순간 그는 하마터면 의자에서 굴러떨어질 뻔했다. '저 입술은 결코 잊어버릴 수가 없어…….' 옛날의 실패자들이 정말로 성공을 거둔 것이다. 그들은 마침내 성공가도를 질주하고 있었다. 아무도 멈출 수 없는 성공의 길을, 마치 구르는 돌(Rolling Stone)처럼.

마치 최면에 빠진 사람처럼 카를로는 맥주병을 입에 갖다댔다. 맥주는 김이 빠져 있었다. 마치 이제까지의 그의 삶처럼. How does it feel? To be on your own? With no direction home? Like complete unknown?

"제기랄!"

그는 혼잣말을 하며 맥주 한 병을 더 시켰다. 그리고 그것은 그날 저녁 그가 마신 마지막 맥주가 아니었다.

■ ■ ■

카를로 리틀은 지금 60세다. 결혼하여 단란한 가정을 꾸렸고, 두 명의 자녀와 예쁜 집을 가지고 있다. 그는 여러 밴드를 거치며 성공을 꿈꾸었지만 거듭 실패만 맛보았다. 결국 그는 드럼 스틱을 내던지고 빵 배달부로 새로운 삶을 시작했다. 새벽 2시 반이면 잠자리에서 일어나는 생활이었다. 그 시간이면 록 스타들은 잠자리에 들 생각조차 하지 못하는 시간이다.

카를로는 이렇게 힘들게 번 돈으로 요즘은 웸블리 스타디움 근처에서 두 개의 노점을 운영하며, 핫도그와 햄버거를 팔고 있다. 장사는 잘되는 편이다. 특히 큰 행사가 있을 때면. 이를테면 「롤링 스톤즈」의 콘서트가 열리는 날이면 더욱……

"나는 후회하지 않습니다."

카를로 리틀이 말했다. 그리고 덧붙였다.

"누가 알겠어요? 어쩌면 이렇게 살아 있지 않을 수도 있죠. 혹시 롤스로이스를 탄 채 수영장에 빠져 익사해 버렸을지도 모르는 것이 인생입니다."

로큰롤의 무절제함 대신 택한 조용하고 소박한 생활이었다. 그런데 카를로는 나중에, 그러니까 1998년에 이처럼 건전하지 못하고 방탕하다고 할 수 있는 파티에 초대받은 적이 한 번 있었다.

「롤링 스톤즈」는 한때 드럼의 신(神)이었던 카를로가 방송국의 초청으로 자신들의 「브리지즈 투 바빌론(Bridges to Babylon)」 콘서트를 위해 파리에 온다는 소식을 들었다. 그들은 카를로에게 무대 뒤로 입장할 수 있는 허가증을 보내주었다. 그리고 콘서트 뒤에 이어지는 억만장자 믹 재거*의 생일 파티 초대장도 함께 보냈다.

24

카를로는 성스러운 무대 뒤로 향하는 문을 조심스럽게 밀면서, 자신이 과연 환영받을 수 있을지 걱정스러웠다.

"키스 리처드는 할리우드의 대스타 조니 뎁을 그냥 서 있게 하고, 내게 다가와 나를 꼭 끌어안았습니다."

물론 위대한 그「입술」도 그를 위해 몇 분 간 시간을 할애했다. 찰리 와츠는 당연히 반가워했고……. 옛날 이야기로 수다를 떠느라 그때 돈에 관한 얘기가 오갔는지 이번에도 그는 확인할 수 없었다.

카를로 리틀은 지금「올스타즈」를 다시 일으켜 세우려고 노력중이다. 리키 브라운은 이미 동의했다. 그리고 그동안 세상을 떠난 시릴 데이비스 대신 아트 우드가 들어올 것이다. 그는「롤링 스톤즈」의 기타리스트인 론 우드와 형제간이다. 론은 밴드에 매우 늦게, 그러니까 브라이언 존스의 죽음과 믹 테일러와의 결별 뒤에 합류했다.

어쩌면 카를로 리틀은 드럼의 영웅으로서 불멸의 이름을 얻을 수도 있었다. 팝의 역사상 가장 유명한 로큰롤 밴드의 한 일원으로 말이다. 바로「롤링 스톤즈」의 멤버로서.

---

*바로 그「큰 입술」이자「롤링 스톤즈」의 싱어.

세상에서 가장 유명한 미소, 「스마일 마크」를 만든 하비 볼

미소 때문에 놓친 기회

바로 어제 일어난 일같이, 늘 그런 식으로 생각나는 날이 있다. 1945년 4월 21일, 이날도 그런 날 중 하나다. 이날은 하비 볼에게 제2차 세계대전 중의 그 어떤 날보다 가장 끔찍했던 날이다.

시간은 오후 4시였다. 일본군은 하비 볼과 다른 네 명의 미국 병사들이 도망가는 길을 차단했다. 그래서 그들은 계곡을 통해 오키나와로 행군하여, 눈앞에 보이는 작은 언덕을 향해 곧장 나아갔다. 그때 폭탄이 정확히 그들 한가운데서 터졌다. 다섯 명의 군인들은 모두 공중으로 날아올랐다. 처음엔 비명 소리가 허공을 갈랐지만, 이내 쥐죽은 듯 조용해졌다. 그것은 절대적인 침묵이었다. 죽음은 어떤 소리도 내지 않았다.

하비는 폭탄의 열기를 느꼈다. 그리고 자신의 몸 위로 후두두 떨어지는 먼지와 폭탄의 파편들을 느꼈다. 그는 곧 자신을 엄습해 올 고통을 기다렸다. 그는 통증을 감지하기 위해 머릿속으로 자신의 온몸을 샅샅이 훑었다. 하지만 아무것도 느낄 수 없었다.

하비는 팔과 다리를 확인해 보았다. 모든 게 제자리에 있었다. 그는 믿어지지 않아 눈을 뜨고 자신의 몸을 훑어보았다. 군복이 더러워지고 찢어져 있었다. 하지만 상처라곤 없었다. 그제서야 그는 다른 전우들을 둘러보았다. 그들은 아무 미동도 없이 바닥에 누워 있었다. 그리고 피에 흥건히 젖어 있었다. 그들은 더이상 살아 있지 않았다.

하비는 생각했다. 왜 저들이 아니고 나일까? 그들은 모두 아이가 있어. 하지만 난 결혼조차 하지 않았다고. 왜 그들이 아니고 나일까? 일곱 명의 아이들이 아버지를 잃었어…….

이런 의문이 들자, 하비 볼은 이 순간 차라리 죽은 사람 대신 자신의 목숨을 내놓고 싶었다. 그는 정확히 그 무리의 가운데에 서서 걸었다. 좌우 앞뒤로 전우들과 2, 3미터씩 떨어진 채. 그런데 그는 할퀸 자국 하나 없었고, 그들은 모두 죽은 것이다.

왜 그들이 아니고 나일까?

■ ■ ■

미국의 전 국민은 지능이 다소 떨어지는 한 미국인을 보려고 극장으로 몰려들었다. 그는 엄청나게 빨리 달릴 수 있었고, 탁구를 아주 잘 쳤다. 그 결과 그는 스타가 되었으며, 미국의 역사와 한 대통령의 역사, 그리고 상당히 중요한 몇몇 대기업의 역사에 영향을 미쳤다. 이보다 더 미국이라는 나라에 잘 들어맞는 이야기는 없을 것이다.

"하비, 그 영화를 꼭 봐야겠어요."

하비 볼의 아내 위니프레드의 목소리는 오늘 저녁 어떤 반론도 허용하지 않겠다는 분위기였다. 물론 하비도 이미 〈포레스트 검프〉에 대해 얘기를 들었다. 그리고 이 영화가 다른 누구보다도 바로 그에게 매우 흥미로울 것이라는 말도 들었다. 그리하여 이 부부는 극장으로 향했다.

"하비, 이 영화는 당신을 위한 거야."

매표구의 아주머니가 하비를 보고 말했다. 그 여자는 하비를 알고 있었다. 매사추세츠 주의 우스터에서는 서로 모르는 사람이 없었으니 당연했다. 하비는 아무 대꾸 없이 거스름돈을 주머니에 집어넣었다.

"하비! 이봐요, 당신이 영화를 보고서 뭐라고 말할지 정말 기대되는군요."

극장 입구에서 마주친 표 검사원은 이렇게 말하고는 표를 조금 찢어 표시한 뒤 돌려주었다.

"하비 씨, 안녕하세요. 벌써 얘길 들었어요? 〈포레스트 검프〉는 바로 당신을 위한 영화라지요? 여기 팝콘 좀 드시겠어요?"

뒷줄에 앉은 남자가 하비의 어깨를 두드리며 말을 걸었다. 그는 공손히 거절했다. 이제 그는 그 영화가 궁금해졌다. 왜 그 영화가 하필이면 「그의」 영화인지 아무도 귀띔해 주지 않았기 때문이다.

그리고 나서 하비는 정말로 그 영화에 매료되었다. 포레스트 검프는 IQ 75로 세상에 태어났다. 그리고 세상을 완전히 뒤죽박죽으로 만들었다. 정신지체자이면서도 사랑받을 수밖에 없는 이 영웅은 베트남전에서 빗발치듯 쏟아지는 총탄 속에서 전우들을 구했으며, 탁구의 챔피언이 되었다. 그로 인해 JFK와 악수를 하고, 나중에는 워터게이트 사건을 폭로한데다 애플 컴퓨터사에 투자하고, 새우잡이로 대부호가 되었다. 그리고 아메리카의 반을 가로지르는 장거리 경주의 행렬을 이루어내면서, 「나쁜 일은 늘 일어나게 마련(Shit Happens)」이라는 유행어까지 낳았다.

비록 영화의 모든 장면에 다 수긍하는 것은 아니었지만, 하비는 이 영화에 푹 빠져들었다.

"난 포레스트 검프가 우스터를 방문했다는 걸 전혀 몰랐어요."

영화 상영이 끝나자 하비는 농담으로 말했다.

"아이고 세상에, 하비. 그거야 할리우드 감독들 맘이지!"

그의 오래 된 친구가 말했다. 그리고 누군가가 말했다.

"하비, 속상해 하지 말게. 실제로 무슨 일이 있었는지 우리는 모두 잘 알고 있으니까."

그렇다면 실제로 무슨 일이 있었던 것일까?

■■■

전화벨이 울린 건 1963년 12월의 어느 아침이었다.

"하비, 우리한테 좀 와줄 수 있겠어? 자네가 해줄 일이 있어."

하비는 그래픽 디자이너였다. 그는 재능이 있었다. 그러나 사람들이 하비를 찾는 건 무엇보다도 그가 우스터에서 유일한 그래픽 디자이너였기 때문이다. 그날 그는 링컨 스트리트로 향했다. 그곳엔 상호 생명보험회사가 있었다.

"하비, 우리는 직원들의 윤리관을 함양시킬 수 있고, 동시에 고객에게 친절한 이미지를 줄 수 있는 뭔가가 필요하네."

그것이 하비를 부른 이유였다.

"로고나 글자 도안으로 말야, 아무도 흉내낼 수 없는 뭔가를 만들어주게. 자네라면 멋지게 해낼 거야."

집으로 돌아가는 길에 하비는 벌써 자신에게 주어진 과제에 골몰했다. 독특하고, 건설적이며, 생명보험에 뭔가 친근한 이미지를 줄 수 있어야 해. 게다가 직원들의 윤리의식을 높여야 한다니, 일이 보통 힘들지 않겠는걸······.

하비는 기발한 착상이 떠오르려면 앞으로 몇 광년의 세월이 필요할 것만 같았다. 하지만 그는 시간이 얼마나 걸리든 일단 끝낸 결과물에 대해서 늘 만족해 왔다. 그러니 이번이라고 안될 까닭은 없었다.

하비는 책상 앞에 앉아 창 밖을 보았다. 마치 금방이라도 하늘 위에 친절을 상징하는 무언가가 그려지기라도 할 것처럼. 하지만 오늘 날씨는 그가 고민해야 하는 이미지와는 정반대였다. 날씨는 섭섭하게도, 눈이 내릴 거라고 예보한 기상학자의 편을 들어주었다. 오늘따라 눈이 내리는 것이 하비에게는 거추장스러울 뿐이었다. 그런 우중충한 날씨는 친절한 이미지와 아무 상관도 없어 보였기 때문이다.

"도대체 친절한 게 뭐야?"

하비는 혼잣말을 중얼거리며, 종이 위로 옮겨놓아야 할 생각으로부터 점차 멀어졌다. 「사랑스러운」 그리고 「따뜻한」 이미지 외에는 주제에 걸맞는 이미지라곤 떠오르지 않았다. 하트 모양은 어떨까? 하지만 상호 생명보험은 생명보험회사지, 결혼상담소는 아니라고. 에이, 제기랄!

마침내 하비는 아내에게 물었다.

"위니프레드, 친절하다는 걸 떠올리면 뭐 생각나는 것 없소?"

"하비, 디자이너는 내가 아니라 당신이잖아요?"

이렇게 말하며 위니프레드는 이를 드러내며 씩 웃었다. 하비는 아내를 주시하며 잠깐 동안 멍하니 있었다. 그런데 갑자기 사는 게 너무나 행복하게 느껴졌다.

"고마워, 위니프레드. 방금 생각이 났어."

그림으로 옮기는 일은 영감이 떠오르는 것보다 결코 더 오래 걸리지 않았다. 하비는 일단 원을 그리고, 그 안에 점을 두 개 찍었다. 그리고 그 밑에 반달 모양의 둥그런 선을 그렸다. 그러자 사람의 웃는 얼굴이 완성되었다. 그는 눈에 더 잘 띄고, 긍정적이면서도 친절한 인상을 주기 위해 그림 전체에 노란색을 칠했다.

"하비, 정말 마음에 들어! 얼마나 밝은 빛을 내뿜는지, 그 환한 미소가 직원들은 물론 고객들까지 행복하게 해줄 것 같군."

이렇게 말하는 상호 생명보험회사의 부사장 존 애덤스조차 스마일 그림과 무척 닮아 보였다. 그는 행복해 보였다. 그리고 자신의 작품에 대한 대가로 45달러를 받은 하비 역시 행복했다.

존 애덤스는 이 「행복한 미소」로 수백 개의 버튼을 만들어 모든 직원에게 나누어주면서, 앞으로 이 「행복한 미소」를 양복저고리 등에 달고 다니라고 지시했다. 그는 이 노란 스마일이야말로 「얼마나 친절한지 그리고 일하는 기쁨이 얼마나 큰지」를 가장 잘 보여주는 상징이라고 생각했기 때문이다. 또한 그는 1964년도 회사 연감에 특별히 이 어린아이 취향의 노란 버튼을 달고 있는 사진을 찍어 게재하라고 강력히 주장했다. 이 사진은 장차 스마일의 역사를 말해 줄 증거물이 되었다.

이 노란 스마일은 그후 빅 히트를 쳤다. 60년대 말까지 권투선수의 반바지나 커피 잔, 넥타이 등 노란 스마일이 없는 곳이 거의 없을 정도였다. 그의 스마일은 마치 토끼처럼 그 숫자가 불어났다.

■ ■ ■

하비는 1998년 7월 1일자 『월 스트리트 저널』지를 읽고 있었다. 그런데 그중 한 기사가 다른 사람도 아니고 언제나 기분 좋고 활달한 하비 볼에게서 한순간에 웃음을 빼앗아버렸다. 그 기사에서 M. 프랭클린 루프라니라는 프랑스 기업가이자 런던에 있는 한 회사의 소유주가 자신이 바로 스마일 마크의 창시자라고 아주 진지하게 주장한 것이다. 그는 프랑스의 한 신문사에 재직할 당시 이 「행복한 미소」를 그린 적이 있다고, 기자가 그의 말을 인용했다. 하비의 기분은 마치 지금 자신의 얼굴 위로 그 거짓 기사를 인쇄한 잉크가 쏟아지기라도 한 것처럼 검게 변했다.

「우리는 1968년 학생운동이 일어난 후, 이 스마일 마크로 폭동 후의 긍정적인 이야기들을 묘사했습니다.」하비는 신문의 기사를 소리내어 읽었다. 「우리」라니? 이게 무슨 의미일까? 이 단어를 가지고 루프라니는 스마일 마크에 대한 일차적인 권리가 자신에게 있다는 것을 알리려고 한 게 분명했다.

그러나 어쨌든 루프라니에게 권리가 있었다. 1971년 루프라니는 스마일 마크에 대한 법적인 권리를 보장받았고, 그후 세계 80여 개국 이상에서 저작권을 행사하고 있으니 말이다. 그러나 그것은 하비 볼의 기상천외한 발상이 세상에 나온 뒤 8년이 지나서였고, 증빙사진이 실린 상호 생명보험회사의 연감이 나온 뒤 7년이 지난 후의 일이었다.

"나에게 스마일은 이미 많은 기쁨을 주었습니다."

루프라니는 이렇게 말하며 중요한 문제를 부수적인 것으로 돌렸다.

"난 이미 스마일을 통해 수백만 달러를 벌어들였습니다."

그리고 앞으로도 수백만 달러를 더 버는 것이 보장돼 있었다. 루프라니는 자신이 「행복한 미소」를 최초로 고안한 사람이라고 확고하게 믿었기 때문에, 1998년 스마일 마크가 찍힌 제품을 생산하거나 유통시키는 미국의 모든 기업을 고소하려고 했다. 그는 하비 볼에 관해 이렇게 말했다.

"그가 스마일 마크를 디자인했는지, 안 했는지는 나와 상관없는 일입니다. 중요한 것은 누가 권리를 갖느냐입니다. 우리는 그 권리를 따냈습니다. 그러므로 스마일은 우리의 것이며, 시장에 내다 팔 권리가 있는 사람은 우리입니다."

스마일 마크를 둘러싼 분쟁은 1998년 이후 한 단계 더 복잡해졌다. 루프라니가 유럽 연합(EU) 내에서도 자신의 권리를 주장함으로써 이제 유럽 연합의 위원회도 이 노란 스마일의 문제를 두고 고심하게 되었다. 특히 사소한 문제로 논쟁을 벌이길 좋아하기로 정평이 나 있는 그들은 당장 이 문제에 대해 조사하기 시작했다. 그 결과 새로운 자료가 추가로 발견되었다.

유럽 연합은 하비 볼만이 아니라 일본에까지 이 문제의 조사범위를 넓혔다. 일본에서 매년 US달러로 10억 이상의 매상을 올리는 군즈라는 속옷회사 역시 스마일 마크의 소유권을 주장했기 때문이다. 그들의 주장에 따르면, 스마일 마크는 이미 1989년에 회사 직원에 의해 디자인되어 일본 내에서는 상표등록까지 마친 상태이다. 이에 루프라니는 1998년 가을, 도쿄에서 최고의 발행부수를 자랑하는 두 군데 일간지에 전면광고를 실어, 허가받지 않은 스마일 마크의 사용은 법적인 대응을 각오해야 할 것이라고 경고했다.

"고소라고요?"

하비 볼은 마치 그 단어를 지금까지 한 번도 들어본 적이 없다는 듯 객쩍은 표정으로 되물었다.

"아뇨, 난 고소할 생각이 없어요."

하비는 친절을 상징하는 노란 스마일로 인해 분쟁이 생긴다는 것을 상상조차 할 수 없었다. 그것은 어떤 악몽에서도 나타날 수 없는 최악의 상황이었다. 40년 전의 그에게 특허권이나 상표권에 대한 생각이 매우 낯설었듯, 이제는 누구랑 싸운다는 것 자체가 마치 외국어처럼 낯설었다.

다만 우스터의 그래픽 디자이너가 중요하게 생각하는 것은 정의였다. 그렇기 때문에 그는 아들이자 변호사인 찰스 볼과 함께 진정한 스마일 창시자가 누구인지를 가리는 싸움에 응했다. 단순히 법조항의 문구나 협박에 대항해서가 아니라 노란 스마일의 기분을 고려해서,

마치 스마일이 이 상황에 대해 말을 할 수 있기라도 한 것처럼…….

우스터 시의 진입로에 오래 전부터 세워져 있는 「스마일의 탄생지」라고 쓰여진 입간판이 진실을 말해 주는 것과 별도로, 하비 볼은 이제 스스로 자신의 문제에 사명감을 가지고 개입하게 되었다. 그는 「월드 스마일 코퍼레이션」이라는 회사를 설립하고 회사의 대표로서 「더 밝은 내일」을 위해 일하고 있다. 이 회사의 목적은 「하비 볼 시그네이처 스마일리(Harvey Ball Signature Smiley)」, 즉 원조 스마일을 시장에 팔려는 것이다. 인터넷 주소는 www. worldsmile. com이다. 여기서 중요한 것은 하비나 그의 가족이 부자가 되는 게 아니다. 돈 버는 일은 예나 지금이나 프랭클린 루프라니에게 맡길 뿐이다. 대신 이익금은 모두 자선사업에 쓰여 전세계 어린이들을 돕는다.

그는 친절을 상징하는 스마일 마크를 기념하기 위해 아주 좋은 아이디어를 냈는데, 바로 「세계 스마일의 날」의 제정이다. 1999년 10월 1일이 그 첫날이었다. 앞으로 매년 10월 첫번째 금요일이 되면, 사람들은 「스마일 핀」이라는 무기를 들고 더 나은 세상으로 발을 내디딜 것이다. 여전히 평화주의자에게는 웃음만이 세상과 싸우는 데 허용되는 유일한 무기이다. 그러니까 스마일 운동은 보이 스카우트 단원이 매일 실천하는 선행과 같다고 할 수 있다.

지구상의 스마일리 팬과 수집가의 숫자를 보면, 더 친절한 세상을 만들려는 하비 볼의 호소가 호응을 얻고 있음을 충분히 짐작할 수 있다. 또한 각 대륙마다 수십 개의 회사에서 스마일과 스마일 마크(스마일리)를 마케팅에 적용하고 있다. 예를 들어 호주 항공은 비행기가 날아가면서 연기와 구름으로 스마일을 그리는 모습과 「하늘의 스마일처럼」이라는 카피를 통해 「가장 친절한 항공사」라는 자사의 이미지를 보여주었다.

그뿐이 아니다. 이동전화는 물론 온라인상의 채팅방에서도 스마일을 흔히 볼 수 있다. :-) 은 미소를 뜻하고, :-(은 슬픈 표정이다. ;-) 은 한쪽 눈으로 윙크하는 것이고, {:-) 은 머리 모양이 다른 스마일이다. 이렇게 스마일리는 인터넷 커뮤니케이션에서 표정을 전달하는 데 사용되고 있다. 작성자의 기분이나 정서를 간단명료하게 나타내고, 해석할 수 있게 하며, 혹은 텍스트를 보완한다. 다시 말해서 표현 면에서는 극소화하고, 정보 면에서는 극대화함으로써 컴퓨터 세계에서 감정을 표현하는 수단이 된 것이다.

한편 빌 게이츠도 이 미소를 중요하게 여겼다. 그의 마이크로소프트 워드 프로그램에서 :-)을 키보드에서 차례대로 누르면 금방 ☺이 나온다. 마찬가지로 :-(의 경우에는 ☹가 바로 나온다. 루프라니가 아직까지는 스마일을 이용하는 모든 인터넷 사용자에게 인세를 지불하게 할 생각은 하지 않아 다행이다.

쇼크 록을 지배하는 암흑의 왕자 마릴린 맨슨조차 1999년 4월 29일 콘서트장에서 무대로 내려온 거대한 스마일리를 보고 깜짝 놀란 적이 있다. 그후 하비 볼은 마릴린 맨슨에게 「마릴린을 밝게 비추다」라고 씌어진 스마일리 핀을 선물로 보내면서, 「세계 스마일의 날」에 콘서트를 열지 말 것을 요청했다.

하비 볼이 「스마일리」를 완성한 후 단지 45달러를 받았다는 사실은 이제 세기적인 「웃음거리」가 되었다. 어떤 팝 스타나 배우보다 더 유명한 것에 대한 대가치고는 너무나 보잘것없기 때문이다.

"나의 스마일리가 세계적인 인기를 얻게 되리라고는 꿈에도 생각해 본 적이 없었습니다."

이렇게 말하면서 하비 볼은 자신의 창조물이 전달하는 메시지를 믿고 있다고 덧붙였다.

"스마일리는 우리의 내면을 보여줍니다. 기쁨과 즐거움을……."

스마일리는 세계를 정복했다. 종교가 어떻든, 피부색이 어떻든, 어느 나라 사람이든 상관없이 모든 사람에게 공감을 얻었다. 또한 스마일리는 기쁨의 전도사다. 자신의 좋은 기분을 표현하고자 하는 사람들에 의해 거의 40년간 사용되었고, 개성을 표현하는 수단으로 이용되었으며, 마케팅에도 도움이 되었다. 스마일리가 전달하고자 하는 바는 아주 단순하다. 왜냐하면 그 미소의 의미에는 오해할 소지가 전혀 없기 때문이다.

모든 것을 함축한 것처럼 보이는 모나리자의 미소는 그 속에 단지 여유로운 작은 기쁨만을 발산한다. 이에 비해 하비 볼은 세상에서 가장 유명한 미소를 만들어냈다. 그는 스마일리에 자신의 표정을 부여했다. 영화 속에서 포레스트 검프가 장거리 질주를 하는 동안 자신의 얼굴 모습을 손수건에 남겼던 것처럼.

하비 볼은 과업을 가지고 이 세상에 태어난 것 같다. 그리고 그것은, 하비에게 바로 어제 일처럼 생생하게 떠오르는, 1945년 4월 베트남의 언덕 위에서 유일하게 살아남은 사람이 왜 하필이면 자신이었는지에 대한 의문의 대답이 될지도…….

10억 페소의 가치를 지닌 사진 한 장

HASTA LA VICTORIA SIEMPRE

136명의 남자들은 피할 틈도 없었다. 갑자기 엄청난 폭발이 일어났기 때문이다. 이번에도 미국 CIA는 뒤에서 일을 완벽하게 처리했다. 폭탄은 벨기에제 무기를 내리는 도중에 폭발했다. 프랑스 운송화물 「르 쿠브르」에서 무사하게 남은 것은 아무것도 없었다. 아바나 항구는 흡사 폐허처럼 보였다.

1960년 3월 4일은 쿠바 혁명을 기념하기 위해 결코 좋은 날이 아니었다. 피델 카스트로는 몹시 기분이 상했다. 아주 몹시. 폭발 후에 피어오른 연기는 그 다음날, 임명된 지 막 1년을 넘긴 쿠바 대통령이 단상에 오를 때까지도 몇 시간 동안이나 「공산주의의 낙원」인 쿠바 섬 위에서 사라지지 않고 있었다.

한편 혁명의 순교자들을 추모하기 위해 순전히 자발적이라고는 할 수 없지만, 아바나의 묘지에 모여든 수천 명의 군중들은 이제 앞으로 얼마나 불편한 일이 이어질지 잘 알고 있었다.

카스트로는 냉정한 시선으로 군중들을 훑었다. 연단에 서 있는 그의 뒤로는 정부의 골수 공산주의 고관들이 모두 꼭 붙어앉아 있었다. 겸양의 자세로, 아무 말 없이, 경외심을 나타내며. 그들은 앞으로 몇 시간 동안 깊은 생각에 잠긴 채 들어야 하는 지도자의 거침없는 웅변을 고대하고 있었다.

사실, 연설의 각 단락들은 늘 똑같은 문구로 맺어졌다. 그곳에 모인 사람들은 카스트로의 연설을 들을 때마다 카스트로 자신말고는 아무도 열광하지 않는 진부한 문구 「사회주의 아니면 죽음」으로 끝맺는 부분을 반복해서 들어야 했다.

어쨌든 위대한 지도자는 연설을 시작하였고, 그것은 처음부터 장황하게 이어졌다. 거기 모인 모든 사람들이 우려한 바대로 한없이 장황하게.

카스트로는 말하고, 말하고, 또 말했다. 군중은 침묵하고, 침묵하고, 또 침묵했다. 한 시간이 그들에게는 하루와 같이 흘러갔다. 몹시 길고 지루한 하루였다.

알베르토 디아즈 구티에르, 즉 「알베르토 코르다」라는 예명으로 더 잘 알려진 이 능숙한 사진가는 급할 게 하나도 없었다. 그는 느긋하게 자신의 카메라 속에 순간들을 포착하여 담았다. 그가 고용된 쿠바의 일간지 『혁명』지는 틀림없이 만족할 것이다. 모든 시점에서 찍은 관들, 고통으로 오열하는 유족들의 표정 하나하나, 그리고 물론 끊임없이 정치가적인 몸놀림을 다양하게 구사하는 「지도자」의 동작 하나하나를 그는 놓치지 않았다. 카스트로의 사진은 내일 발행되는 신문의 1면을 장식하게 될 것이 분명했다.

'상업 사진작가에게 그리 나쁘지는 않군.' 알베르토는 지루함에 겨워 느긋하게 한 번 더 셔터를 눌렀다. 그러는 동안 그의 생각은 완전히 다른 곳으로 옮겨갔다. 그는 이미 과거에 있었다, 이제는 누구나 다 아는 역사의 한 페이지로……

■ ■ ■

1928년 쿠바의 수도 아바나에서 철도노동자인 아버지와 평범한 가정주부인 어머니 사이에 태어난 알베르토 디아즈 구티에르는 자유로운 어린 시절을 보낸 뒤 반강제로 판매직 수습사원 과정을 밟았다. 그러나 그는 경제적인 이유보다는 일에 대한 무관심 때문에, 이미 그 시절부터 사진에 대한 애정을 키웠다.

어느날 사진 스튜디오에 물건을 팔러 간 그는 상담을 하던 중 우연히 탁자 위에 자신이 찍은 사진을 꺼내놓았는데, 그후 얼마 안되어 새로운 직업을 갖게 되었다.

직업사진가로서 알베르토는 자신의 인생을 관통하는 두번째 관심사에 푹 빠져버렸다. 즉, 그는 여자들만 찍어댔다. 그들말고는 아무것도 찍지 않았다. 그는 끊임없이 절대적인 아름다움을 찾아다녔다. 물론 쿠바는 항상 새로운 대상을 발견할 수 있을 만큼 아름다운 여인이 많은 나라였다. 알베르토의 결혼생활이 이러한 이유 때문에 이혼으로 점철된 것도 당연했다. 이 라틴 러버는 일곱 번이나 결혼서약을 했고 일곱 번 모두 거짓맹세가 되고 말았다.

칼레 21번지에 있는 그의 스튜디오는 금세 아바나의 아방가르드 젊은이들이 모이는 멋진 장소가 되었다. 헝가리와 영국 출신의 영화 감독 알렉산더 코르다를 숭배하여, 1957년부터 자신을 「코르다」라고 부르기 시작한 알베르토 코르다는 광란의 파티를 열곤 했는데, 이 파티는 아바나에서 최고에 속했다. 한마디로 말해서, 쿠바의 50년대는 사람들이 정치에 관심을 가지지 않았다는 전제하에 매우 생동감이 넘쳤다.

그러나 피델 카스트로의 관심은 오로지 정치였다. 더욱이 이 젊은 쿠바 망명객은 축제에 끼여들 기분이 아니었다. 「바티스타」라는 독재자가 이 섬을 지배하는 한은 말이다. 반드시 혁명은 일어나야만 했다. 이 열정적인 젊은이는 뜻을 같이하는 투쟁가들과 함께 1956년 「그란마」라는 요트를 타고 자본주의적인 배신자 풀헨시오 바티스타를 사냥하기 위해 출항했다.

이후 벌어진 것은 역사책에서 볼 수 있듯 게릴라전쟁이었다. 그 결과는 해피 엔딩이었다. 1959년 시에라마에스트라에서 일어난 전투 후, 바티스타는 축출되었다. 더욱이 카스트로에 의하면, 그는 다시는 역사책에 등장할 수 없는 인물이 되었다. 중요한 것은 오직 하나였다. 바로 혁명이 성공한 것이다.

더불어 알베르토 코르다라는 패션 사진작가 역시 혁명을 비켜가지는 못했다. 물론 군인다운 전투복이나 제복을 입고 있는 건장한 피델 카스트로가 패션계에 아무 흥미도 주지 못한 건 사실이다. 그러나 1959년 1월 8일 카스트로가 아바나로 승리의 나팔을 불며 입성할 때, 알베르토 코르다는 즉각 알아차렸다. 이 남자가 앞으로 적어도 몇 년간은 쿠바의 모든 유행을 지배할 것이라고. 그때 그는 카스트로의 사진을 찍음으로써 태어나서 처음으로 보도사진을 찍었다.

카스트로는 그 사진을 보고 감동을 받았다. 그와 동시에 코르다는 다시 한 번 새로운 직업을 얻게 되었다. 바로 피델 카스트로의 직속 사진가가 된 것이다. 10년간 그는 카스트로의 일거수 일투족을 따라다녔다. 그리고 1만 2천 점의 사진을 찍었다. 낚시하는 카스트로, 시가를 피우는 카스트로, 아이들의 머리를 쓰다듬는 카스트로, 회의장에서 회의를 하는 카스트로, 귀빈을 맞이하는 카스트로……. 그리고 공식 행사장에서 누구나 짐작한 대로 장황한 연설을 늘어놓는 카스트로이다. 지금 아바나의 묘지에서 벌써 두 시간째 연설을 하고 있는 것처럼.

■ ■ ■

알베르토 코르다는 이미 오래 전에 저널리스트로서의 의무감에서 해방되었다. 이제 그는 좀더 특이한 대상을 찾고 있었다. 그의 스튜디오 벽을 장식하고 있는 많은 사진처럼 흡인력이 강한 뭔가를 찾아서 말이다. 그는 정신을 집중한 채 라이카*의 파인더를 통해 세상을 관찰했다. 만반의 준비가 된 상태로. 결정적인 순간에 셔터를 누를 준비가 완벽하게 되어 있었다.

혁명의 열광적인 숭배자였던 장 폴 사르트르가 그의 시야에 들어왔다. '아니야, 이미 너무 많이 찍혔어.' 셔터 위에 올려진 그의 손가락이 조금도 움직이지 않았다. 그때 갑자기 시몬 드 보부아르라는 매혹적인 저명인사가 렌즈 앞에 나타났다. 물론 아름다웠지만, 역시 진부한 소재였다. 벌써 한두 번 찍은 게 아니었다.

알베르토는 시선을 다시 연단 위의 카스트로에게로, 그리고 나서 뻣뻣하게 경직된 채 앉아 있는, 앞에서 두번째 줄의 고위직 간부들에게로 돌렸다. 모두가 늘 그랬듯이 변함 없었다. 그것은 지루하기 짝이 없는 그림이었다. 『혁명』지의 이 사진기자가 지루함에 못 이겨 사진 찍기를 그만두려 했을 때, 전혀 예상치 못한 일이 일어났다.

분노로 이글거리는 두 개의 눈동자가 파인더에 나타났을 때, 마치 무에서 유가 창조되는 것과 같았다. 이 세상의 것이라고 믿기 힘든 황홀한 두 눈동자였다. 한순간 알베르토는 너무 놀라 꼼짝도 못했다. 하지만 그는 단 1초도 지체해서는 안된다는 것을 직감으로 알았다. 이토록 신비롭고 광적인 젊은 혁명가를 포착할 기회는 앞으로 두 번 다시 올 것 같지 않았다. 그것은 찰나의 문제였다.

90밀리미터 렌즈에, 5.6의 조리개 수치, 100분의 1초의 노출시간. 알베르토는 셔터를 눌렀다. 한 번, 두 번. 그리고 나서 카메라 앞에서 특히 수줍음이 많던 그 인물은 시야에서 사라져버렸다. 현 쿠바 국립은

---

* 독일의 에른스트 라이츠사에서 만든 고급 카메라의 상품명.

행 총재이자 나중에 산업부 장관을 역임했으며, 자신의 주위에 그토록 수많은 신화를 만들어낸 그는, 처음 나타났을 때처럼 그렇게 무(無) 속으로 사라져버렸다. 이 엄청난 사건은 채 30초도 걸리지 않았다.

알베르토 코르다는 이 30초간의 행운이 가져다줄 의미를 아직 알아차릴 수 없었다. 그리고 이 귀중한 사진을 보고도 그냥 지나친 『혁명』지의 편집장 역시 그 사진의 의미를 알지 못하기는 마찬가지였다. 그 대신 역시나 카스트로의 사진이 채택되었다. 카스트로의 사진에 이미 식상한 그들로서는 뭔가 신선한 다른 사진을 기대했지만, 그뿐이었다.

세상에 알려지는 것을 마치 페스트에 감염되는 것만큼이나 꺼렸으며, 쿠바 혁명의 핵심 인물이자 피델 카스트로에게 가장 중요한 자문가였던 체 게바라의 사진 두 장은 결국 칼레 21번지에 있는 알베르토의 스튜디오 벽이 종착지가 되었다. 그리고 그후 7년 동안이나 완전히 잊혀진 채 그 벽에 걸려 있어야 했다. 1967년 5월의 어느날 아침, 한 젊은 이태리인이 알베르토의 스튜디오 문을 두드릴 때까지.

■ ■ ■

잔자코모 펠트리넬은 성공가도를 달리는 출판인이면서도 모험에 대한 남다른 열정을 가지고 있는 사람이었다. 이를테면 그가 러시아에서 거의 첩보원과 비슷한 임무를 수행한 일은 「전설」이라 부를 만한데, 그는 위험을 무릅쓰고 당시 판금 상태였던 보리스 파스테르나크의 소설 『의사 지바고』의 원고를 서방세계로 밀수했다. 결국 그러한 위험을 감수한 대가로 노벨 문학상 수상과 더불어 베스트셀러라는 큰 수확을 얻었지만.

어쨌든 베스트셀러를 향한, 믿기지 않을 정도의 열정을 가진 이 명민한 이태리인은 밀라노의 한 작은 서점을 짧은 시간에 국가적으로 비중 있는 펠트리넬리 출판사로 키울 수 있었다.

1967년 그는 볼리비아에서 또 한 번 냄새를 맡았다. 펠트리넬은 온갖 외교적인 방법을 동원하여, 게릴라 행위로 감금된 프랑스 작가 쥘 드브레이를 석방시키려고 했다. 그러나 유감스럽게도 그 일은 실패로 돌아가고 말았다. 암거래에 능한 그는 위안삼아 바리엔토스 휘하의 군사정권을 무너뜨리려는 반란군의 주도세력들과 교류를 가졌다. 그러면서 그들 중 가장 열성적인 투사 한 사람이 곧 체포될 위험에 처해 있다는 것을 부수적으로 알게 되었다.

「혁명을 완수하지 않으면 죽음이다.」 쿠바의 전 산업부 장관이 내건 이 슬로건을 잔자코모 펠트리넬은 아직도 잘 기억하고 있었다. 그런데 쿠바에서 거둔 성공과 달리 이번에는 이 타고난 혁명가에게도 승리할 가능성은 희박해 보였다. 볼리비아의 군사정권은 이전의 바티스타 정권과는 성격이 달랐다. 과거 쿠바의 혁명을 성공시킨 주역도 더이상은 목숨을 부지하기 어려운 상황이었다. 혁명의 진정한 불꽃이 사라지기 직전이었다. 투항하다 죽거나 붙잡혀서 처형당할 위험에 빠져 있었던 것이다.

펠트리넬은 여기서 장사가 될 낌새를 바로 알아차렸다. 그는 사업의 성공을 위해 볼리비아의 정글 어딘가에서 숨이 끊어지기 일보 직전인 이 전설적인 인물의 사진이 급히 필요했다.

이태리로 돌아가는 길에 이 출판업자는 아바나에 잠깐 들렀다. 공항에서 그는 곧장 대통령궁으로 향했다. 그곳, 권력의 심장부에서 3년 전에, 지금은 혁명의 유일한 주역으로 인정받는 피델 카스트로와 당시 그의 직무대행 간에 정부의 이데올로기 정책에 관해 심각한 논쟁이 벌어졌다. 이 논쟁에서 극단적 마르크스 이념으로 무장한 산업부 장관, 즉 체 게바라는 패배를 인정해야 했다.

결과에 실망한 그는 결국 쿠바를 떠났다. 정당성이 입증된 새로운 전쟁이 콩고에서 그를 기다리고 있었다. 콩고 내전에 참여한 뒤, 1966년 그는 볼리비아로 잠입해 들어가 게릴라 부대를 이끌었고, 사태가 이 지경까지 이른 것이다.

펠트리넬은 쿠바에 훌륭한 접촉인사를 가지고 있었다. 그것은 그가 1964년 피델 카스트로와 함께 그의 회고록을 출간하기로 협상한 적이 있었기 때문만은 아니었다. 그 계획은 결국 이루어지지 않았으니 말이다. 그러나 쿠바 정부로부터 자신을 「혁명의 친구」라고 소개하는 내용의 신임장을 교부받는 것은 그야말로 식은 죽 먹기였다. 그는 양복 호주머니에 이 신임장을 찔러넣고서 칼레 21번지에 있는 알베르토 코르다의 스튜디오 문을 두드렸다.

■ ■ ■

실제로 신임장은 알베르토에게서 처음부터 의심의 여지를 모두 빼앗아버렸다. 게다가 펠트리넬이 일단은 피델 카스트로의 초상화에 관심이 있는 것처럼 행동했기 때문에 거래는 쉽게 끝났다. 이 출판업자는 일이 잘 성사된 것에 기쁨을 표하면서, 마치 우연인 것처럼 벽에 걸린 두 장의 사진에 관심을 기울였다. 바로 쿠바 혁명의 또 다른 주역인 체 게바라가 결연한 표정을 짓고 있는 사진이었다.

『혁명』지의 편집장이 시큰둥한 반응을 보인 것과는 대조적으로, 펠트리넬은 이 초상화의 이루 말로 표현할 수 없는 강한 흡인력을 제대로 평가했다. 그러자 기분이 좋아진 알베르토는 그에게 두 장의 사진

중 한 장을 선물로 주었다.

밀라노로 가는 비행기 안에서 펠트리넬은, 이 사진이 볼리비아와 쿠바로 힘들게 여행한 보람을 안겨줄 거라는 기대에 사로잡혔다. 그는 스튜어디스에게 기분 좋게 샴페인 한 잔을 부탁했다.

그 사이 볼리비아에서는 협곡 하나가 정부군에게 포위되었다. 그 속에서 일곱 명의 게릴라들은 도망칠 출구를 찾지 못하는 절망적인 상황에 빠졌다. 1967년 10월 7일, 한때 쿠바 혁명의 주역이었던 인물이 이제 모험을 끝내야만 했다. 그는 여섯 명의 전우와 함께 차코 마을의 「라이게라」라는 조그만 학교로 끌려가, 잠시도 쉴 틈 없이 무자비한 심문을 당했다. 죽어서보다 살아서 더 큰 힘을 발휘하는 그의 논리는 꽉 막힌 귀들에 부딪혀 헛되이 반사될 뿐이었다.

미국 CIA와 협상하면서 바리엔토스 볼리비아 대통령은 이틀 뒤, 이 일곱 명의 포로들을 처형하기로 결정했다. 그리고 전설적인 혁명가는 총살당했다. 그의 시체는 헬리콥터에 실려 바예그란데로 옮겨졌으며, 비행장 주변 어딘가에 아무렇게나 매장되었다.

잔자코모 펠트리넬은 먼 이국땅 밀라노에서 이 게릴라 지도자의 죽음을 전해 들은 날, 이날이 그에게는 행운의 날임을 직감했다. 사람은 죽었지만 신화가 탄생한 것이다. 체 게바라는 이제 사람들의 가슴속에 영원히 살아남을 것이다.

체 게바라의 죽음 이후 처음 6개월 동안 그 유명한 사진은 포스터로만 전세계에 자그마치 100만 장 이상 팔려나갔다. 한 장당 7유러*의 가격으로. 그리고 포스터의 한쪽 구석에는 저작권 표시가 인쇄돼 있었는데, 「Editorial Feltrinelli」라고 적혀 있었다. 어느새 저작권이 펠트리넬리 출판사로 귀속되어 버린 것이다. 처음부터 알베르토 코르다라

---

* 유럽 연합의 새 화폐 단위.

는 이름은 거론된 적이 없었으며, 아바나 밖의 세상에서는 그가 누구인지 전혀 알 리 없었다. 사진 역사상 가장 널리 알려진 이 사진의 작가는 대가로 1페소*의 수입도 건지지 못한 것이다.

이 사진이 각광받은 요인은 여러 가지가 있다. 가장 중요한 점은, 알베르토 코르다에게는 유감스러울지 모르지만 사진촬영의 천재성이다. 이 순간포착은 한 혁명가가 한순간 표현한 모든 분노를 거의 시적으로 재현해 냈다. 또한 체 게바라가 전 생애를 통해 자신의 이상을 위해 싸웠던 열정 역시 너무나 잘 포착되었다. 그의 황홀한 눈빛 속에는 비극적인 최후에 대한 예감마저 어렴풋이 내비친다. 그리고 묘하게도, 이 사진을 보는 사람들은 자신도 모르게 예수를 떠올렸다. 게다가 센세이셔널한 성공을 위한 타이밍도 절묘했다.

체 게바라는 1968년 유럽을 휩쓴 학생운동에서 가장 중요한 상징이되었다. 이 해방투사의 사진을 수천 장이 넘게 높이 쳐들지 않은 시위대는 찾아볼 수 없을 정도였다. 자신의 이상을 위해 타협하지 않는 그의 강인함은 그후 서방의 모든 좌익 운동권에서 본보기가 되었다. 그리고 세계의 모든 게릴라 전사들은, 그들이 무엇을 위해 싸우든 혹은 무엇에 저항하여 싸우든, 체 게바라의 정신으로 임무를 완수하고자 했다.

체 게바라의 정신세계에서는 결코 꿈도 꾸지 못할 일이 벌어진 건 참으로 역사의 모순이다. 사업수완이 좋은 이태리의 출판업자 잔자코모 펠트리넬에 의해 신념이 강한 반제국주의자 체 게바라가 가장 자본주의적이라 할 수 있는 베스트셀러 제조기라는 삶을 살게 되었기 때문이다. 그의 사진 한 장은 수많은 포스터, 티셔츠, CD, 심지어 스키와 자전거 벨을 팔 수 있는 보증수표였다. 그것은 펠트리넬리 출판사,

* 쿠바의 화폐 단위.

즉 저작권의 소유자에게 크나큰 기쁨을 선사해 주었다.

그러나 알베르토 코르다는 그러한 기쁨을 같이 나눌 수 없었다. 그날 쿠바 정부의 신임장을 가지고 알베르토의 스튜디오로 찾아가, 그때까지는 휴지 조각에 불과하던 이 사진에 호기심을 보이지 않았다면, 훗날 펠트리넬은 그렇게 큰 성공을 거두지 못했을 것이다. 그 대신 알베르토 코르다가 억만장자가 되어 뭐든지 하고 싶은 일을 하며 안락한 생활을 누릴 수 있었을 것이다. 이를테면 어떤 금전적인 고민도 할 필요 없이 아름다운 여인들의 사진을 찍으며 유유자적하게 살아갈 수 있었을 텐데 말이다.

혁명은 그렇게 자기가 낳은 자식들에게 공평하지 못했다. 어쨌든 이것이 얼마나 불공정한 일인지 알베르토도 금방 알아차렸다. 그러나 자신의 사진에 대한 지적 소유권을 얻기 위한 모든 시도는 이 불행한 사진작가에게 처음부터 실패를 예고했다. 쿠바 정부의 반자본주의적인 태도는 다른 이해관계들을 제쳐놓고라도 국제저작권협약 자체를 인정하지 않는 우스꽝스런 광경을 연출했기 때문이다.

혁명 이후 40년이 지난 오늘날, 쿠바에서 이 사건은 더이상 그때만큼 엄격한 잣대로 다루어지지 않는다. 그래서 다행히 전세계적으로 가장 많이 팔린 사진의 작가 알베르토 코르다는 이제 개인적으로 자신의 권리를 행사할 수 있게 되었다. 그동안 그는 뛰어난 사진작가로 인정받았고, 그의 작품은 세계 곳곳에서 초청을 받고 있다. 그리고 고향 쿠바에서는 이 유명한 작품을 오리지널 복제하는 데 한 개당 300달러를 요구한다. 그럼에도 전세계에서 몰려드는 관광객들의 수요는 저작권 행세를 하지 못하는 그의 절망감과 비례한다.

참고로, 체 게바라 자신은 전세계가 다 아는 자신의 사진을 단 한 번도 본 적이 없었다.

최악의 접착제 「포스트 이트」를 발명한 스펜서 실버와 아서 플라이

사람들은 곧 이 제품에 중독되고 말 걸세

"저 사람 뭐지?"

가구공은 먼저 낯선 남자를 한번 흘낏 보고는 동료를 쳐다보았다. 두 사람은 무슨 일인지 도무지 감을 잡지 못했다.

"저 사람이 묻는군. 자기네 사포에 무슨 문제가 있냐고 말이야."

동료는 마치 그 낯선 남자의 말을 통역이라도 하는 것처럼 말했다.

"저 사람네 사포가 우리랑 무슨 상관이라고?"

가구공은 의아했다. 그러자 동료가 대꾸했다.

"그러게나 말이야."

두 사람의 목수는 바로 코앞에 서 있는 이방인이 마치 존재하지 않는 것처럼 서로 이야기를 나누었다. 하지만 윌리엄 L. 맥나이트에게 그런 건 별로 문제 되지 않았다. 일리노이나 록퍼드의 가구공장에서 일하는 목수들은 그의 취향에 맞았다. 지방색이 강하고, 솔직하며, 꾸밈이 없었다. 그들은 들어본 적도 없는 제조회사에서 나온 스무네 살의 젊은이가 그들에게서 뭘 원하는지 알 수 없었다. 그러니 그런 식으로 대화하는 것은 당연했다. 그래서 윌리엄은 자신의 용건을 다시 한번 설명하기로 마음먹었다.

그가 다니는 회사의 유일한 제품인 사포는 그저 평범한 사포였다. 회사 내부에서는 아무도 생산품의 어디가 미흡한지 알 수 없었기 때문에, 윌리엄은 그것을 알 만한 사람, 즉 그 사포로 작업하는 사람들을 찾아가 물어보기로 결심을 하였다. 록퍼드의 이 목수들이 바로 그런 사람들이었다.

윌리엄은 다시 설명했지만, 그 결과가 이전보다 더 성공적이라고는 말할 수 없었다.

"저 사람 대체 무슨 말을 하는 거야?"

가구공이 다시 한 번 동료에게 이렇게 물었던 것이다.

그것은 윌리엄의 동료와 상사, 부하직원이 예상한 그대로였다. 즉 소비자와 직접 대면하는 방식은 그다지 효과를 보지 못할 것이라는 게 직장 내의 지배적인 생각이었던 것이다.

그러나 회사의 관리조직에 새로 들어와 이제 미국 전역을 담당하게 된 윌리엄은 다른 사람의 말에 쉽게 자신의 의견을 굽히는 사람이 아니었다. 물건을 팔려면 고객의 욕구에 따라야 한다. 1914년 당시, 아무 짝에도 쓸모없는 물건을 위해 돈을 쓰는 사람은 아무도 없었다. 그런데 사포야말로 별로 유용한 물건이 아니었다.

그런데 지금은 윌리엄의 이번 출장 역시 그다지 효과를 거두지 못할 것처럼 보였다. 그가 고대하는 대답은 즉각 얻을 수 있는 것이 아니었다. 윌리엄은 자신이 방문한 이유에 대해 더 자세하게 설명하려다 말고 갑자기 전술을 바꿨다. 그는 몸을 숙이더니, 서류가방을 열고 사포 한 장을 꺼냈다.

"여기 있습니다. 한번 써보시고 어떤지 말씀해 주세요."

■ ■ ■

"여기 있습니다. 한번 써보시고 어떤지 말씀해 주세요."

스펜서 실버는 이렇게 말하고, 당혹스런 표정으로 앞에 서 있는 중년 남자에게, 유리 실린더에 담긴 우유처럼 보이는 물질을 가리켰다.

그것은 다름 아닌 접착제였다. 그러나 그것은 스펜서의 의도와는 달리 다른 것을 연상시켰다.

하지만 테스트에 응한 부서장이 정작 놀란 것은, 이 메스꺼운 물질 때문이 아니라 이 대단한 화학자가 이런 식으로 그를 불러온 게 오늘로 벌써 세번째였기 때문이다. 이 화학자는 정말 기가 찰 정도로 고집이 세다는 걸 알 수 있었다.

스펜서는 상대방이 잠시 침묵하는 틈을 타, 그가 벌써 세번째 듣는 똑같은 설명을 늘어놓았다. 부서장은 그전과 똑같은 처음 몇 마디를 듣고 애써 감탄하는 표정을 지을 수밖에 없었다.

"저는 우리의 프로젝트 범위 안에서 「폴리머를 토대로 한 접착제」를 연구했습니다. 아마 들어보셨을 겁니다."

'벌써 몇 번째야…….' 그러나 이렇게 생각하면서도 부서장은 고개를 끄덕이며 그를 격려했다. 스펜서는 회사 전체에서 「햇빛과 같은 사람」으로 유명했다. 가끔은 그의 기분이 너무 좋아서 다른 사람들은 도저히 견디기 힘들 정도였다. 그렇다고 드러내고 무관심을 보임으로써 그에게 모욕을 줄 수는 없었다.

"결국 새로운 단항식과(單項式科)를 개발한 아처 다니엘 미들랜드 회사가 떠올랐습니다. 그건 매우 흥미로운 것이죠."

'그건 법적으로 금지되어 있는데…….' 부서장은 미소 띤 얼굴 뒤로 이렇게 생각했다.

"그리고 그것이, 제 미천한 생각에 의하면, 저의 연구목표에 가장 적합합니다. 그래서 몇 개의 시료를 보냈는데……."

'왜 이 사람은 이토록 지루한 대목을 한 번도 빠뜨리지 않는 걸까?'

"어떻게 되는지 보고 싶었습니다. 반응혼합물에 미리 정해진 양이 아니라 이 단항식을 더 많이 주었을 때 말입니다. 제가 그것을 왜 꼭 알고 싶어했는지는 묻지 마십시오."

'걱정 마, 안 물어.' 부서장은 속으로 대답했다.

"어떤 때는 거기에 제가 어린 시절에 가졌던 놀이에 대한 욕구가 끼여들기도 한다는 것을 느꼈죠."

'그래, 그래.' 부서장은 한순간 눈을 감았다. 그러지 않아도, 눈꺼풀이 저절로 감기기 직전이었다.

"전문서적을 더 많이 읽었더라면, 아마 이 실험을 결코 하지 않았을 것입니다."

'그거 참 유감이군.' 부서장은 고개를 끄덕였다.

"거기엔 어쨌든 이런 실험을 해서는 안된다는 것을 보여주는 선례들이 가득 널려 있죠. 하지만 이 물질의 구조를 좀더 복잡하게 만드는 것은 저한테 대단히 재미있는 일이었습니다."

스펜서는 자신의 말이 길다는 걸 인식했는지 미안한 듯 잠깐 미소를 지었다. 부서장은 정말로 피곤했다.

"저는 유도된 반응이 모든 이론적인 가설과 상반되는 결과를 내는 것을 볼 수 있었습니다. 저는 그런 것을 「유레카 현상」이라고 부릅니다. 저로서는 매우 뿌듯한 일이지요. 학자로서 어떤 자연과학적인 현상의 증인이 되는 것처럼 영광스러운 경우는 매우 드물기 때문입니다."

'나야말로 보기 드문 한 인간의 목격자가 되고 있구먼.' 부서장은 이렇게 생각하면서 계속 입을 다물고 있었다. 스펜서는 곧 아무렇지도 않게 말을 이었다.

"부서장님 앞에서 한번 보여드리겠습니다."

스펜서는 마치 아직 한 번도 공개된 적이 없는 마술시범을 보이는 것처럼, 늘 손에 들고 돌아다니던 유리 실린더의 피스톤을 아래로 눌렸다. 그러자 그 안의 우윳빛 덩어리가 크리스털처럼 투명하게 변했다. 스펜서는 마치 박수 갈채라도 바라는 것처럼 의기양양하게 부서장을 쳐다보았다. 물론 박수 소리는 들리지 않았다. 하지만 그것이 스펜서의 입을 다물게 하지는 못했다.

"기술적으로 보았을 때, 이 새로운 물질은 연구 프로젝트가 요구하는 바로 그 물질입니다. 즉 접착성을 가진 새로운 합성물질이지요"

'이 발명가도 참으로 끈질기군.' 부서장은 이렇게 생각했다.

"이 접착제가 발라진 표면들은 서로 달라붙습니다. 하지만 완전히 붙는 건 아니지요. 간단히 설명하자면, 이 물질은 다른 분자보다 같은 분자에 더 잘 달라붙습니다. 만일 이 물질을 어떤 표면에 떨어뜨려, 네, 물론 제대로 표현한 겁니다. 이것은 뿌릴 수도 있답니다. 이것이 묻은 표면에, 예를 들어 종이 한 장을 붙이면, 이 종이는 접착제와 붙거나, 아니면 접착제라고는 조금도 묻히지 않은 채 다시 떨어집니다. 흥미롭지요, 그렇지 않습니까?"

'정말 대단히 흥미로운 이야기군.' 이 말이 거의 혀끝에서 맴돌았지만, 부서장은 그냥 무표정하게 듣고만 있었다.

"부서장님을 지루하게 할 생각은 없습니다."

'하지만 그게 언제쯤인데?'

"물론 우리 회사는 최고의 접착제를 개발하기 위해 전력을 다하고 있다는 것을 알고 있습니다."

'호오, 그래?'

"저의 업무는 사실 초강력 접착제를 만드는 것이긴 합니다."

'유감스럽게도 그렇지.'

"하지만 이 물질도 어딘가에 반드시 유용하게 쓰일 것입니다."

회사 전체가 곧 이 문제에 몰두했다. 그로부터 5년간. 스펜서 실버가 들려주는 「베이비」의 탄생신화를 ─ 그는 자기가 발명한 접착제를 그런 식으로 사랑스럽게 불렀다 ─ 들어야 했던 사람은 그 중년의 부서장뿐만이 아니었다. 1968년부터 1973년까지 스펜서는 좀체 납득하기 어려운 「신흥종교」의 전도사가 되어 회사의 각 층을 순회하였다. 그는 타고난 낙천적인 성격 탓에 회사 내부의 세미나에 자연스럽게 참석할 수 있었으며, 그 기회를 틈타 많은 청중 앞에서 자신의 「베이비」가 어떤 능력을 가졌는지 고집스럽게 역설할 수 있었다, 적어도 처음에는. 그러나 시간이 지나면서 그의 차례가 되면 현저히 많은 수의 청중들이 세미나실을 빠져나가는 게 눈에 띄었다. 여기서도 그는 어떤 반향도 얻을 수 없었다.

스펜서가 포기하지 않고 5년 내내 처절하리만치 구걸하며 사내의 모든 부서를 돌아다닐 수 있었던 것은, 그가 몸담고 있는 회사의 방침 덕분이었다. 회사의 방침에 따르면, 모든 직원은 근로시간의 15퍼센트를 자신의 개인 프로젝트 연구에 활용할 수 있었다. 사람들은 이러한 이른바 「구걸행위」가 장기적으로는 회사에 이익을 가져다줄 수 있다고 확신했다. 그래서 스펜서의 경우처럼 의무적으로 해야 하는 일보다 평소 자신이 하고 싶었던 일에 더 몰두하였다.

특히 직원들의 맘에 드는 것은, 이 15퍼센트의 시간을 아무도 통제하지 않는다는 점이었다. 그것은 회사의 지리적인 여건과도 큰 연관성을 가졌다. 이 회사는 1910년부터 줄곧 소도시 세인트폴을 벗어나지 않았는데, 그곳은 미국 중서부의 오지라 할 수 있는 농촌지역 한가운데에 있었다. 그리고 회사 간부의 다수를 차지하는 이 지역 주민들은 거의 100년 동안 아무런 변화 없는 삶을 살고 있었다.

또한 그들은 다우존스 지수보다는 「게른시」 종자 소의 수유주기에 더 관심을 가졌다. 게다가 농장에서 일하지 않는 사람도 최소한 농장에서처럼 생활을 했다. 하루 일과를 마쳐야만 저녁 식탁 앞에 앉았고, 만일 그날의 일을 다 마치지 못하면, 저녁 식탁 앞에도 앉지 않았다. 모든 것이 그처럼 간단했다. 그렇기 때문에 회사에서도 굳이 누군가 통제할 필요가 없었던 것이다.

결국 스펜서 실버가 개발한 물질의 미국 내 특허권을 얻기 위해 필요한 최소한의 경비가 회사 돈으로 지출되었다. 그러나 이 일은 스펜서가 실험에 필요한 1만 달러를 더 투자해 달라고 요청했을 때보다 훨씬 심한 상부의 반대에 부딪힐 뻔했다. 그 이유는 그가 특허권 일로 자신의 고유한 업무를 소홀히 했다기보다는 자신의 「베이비」에 투자하는 시간이 15퍼센트의 근로시간으로는 충분하지 않았기 때문이다.

스펜서가 자신이 발명한 이 기묘한 반(反)접착제로 「행상」을 시작한 지 5년 만에 동료들의 관심 밖으로 완전히 밀려나게 된 것은 뭐니 뭐니해도 게시판 사건 때문이었다.

스펜서는 이 우유 같은 액체의 용도를 찾아 혼자서 외롭게 헤매는 동안 게시판의 표면에 이 물질을 응용하면 좋겠다는 아이디어를 떠올렸다. 그는 회사의 아무나 붙잡고 시범생산을 해보자고 설득했다. 비록 스스로 생각하기에도 그 아이디어가 완벽하다고 생각되지는 않았지만. 그리고 역시나 도매상과 소매상을 통해 판매된 이 신상품은 호평을 받지 못했다.

이 상품의 맹점은 너무나 확연했다. 공지사항이 적힌 종이들이 게시판에 달라붙기는 했지만, 이러한 장점은 게시판 전체가 구석구석까지 끈적거려 이용하는 사람들에게 불편을 주자 그만 빛을 잃었다. 이 제품은 결국 아무 주목도 받지 못하고 시장에서 사라졌다.

물론 스펜서 실버에게는 아니었다. 70년대 초반 중앙부서의 연구실험실 내 시스템 연구 팀으로 자리를 옮겼을 때, 그는 로버트 올리베이라를 알게 되었다. 이 두 사람의 우정은 생화학자인 로버트가 「스펜서의 베이비」에 완전히 빠지고 나자 더이상 방해물이 없었다. 그때부터 스펜서는 자신의 발명품을 들고 이리저리 사내를 돌아다니는 행상을 그만두어도 되었다. 그는 신상품 개발을 담당하는 「커머셜 테이프」팀 실험실의 소위 「벤처 팀」들 중 한 팀의 실장이 되었다.

괴프 니콜슨은 다이내믹하고 열정적이며 욕심이 많고 목표 지향적인 인물이었다. 그가 「커머셜 테이프」팀을 맡게 되었을 때, 그의 전임은 회사에서 제시한 목표를 이미 두 번이나 달성하지 못한 상태였다. 따라서 지금 가장 시급한 문제는 장래가 유망한 신상품의 등장이었다. 그리고 그것은 스펜서 실버와 로버트 올리베이라가 함께 새로운 부서로 출근한 첫날, 등장했다.

이 신기한 접착제를 보자마자 니콜슨은 매우 열광했지만, 이 물질의 발명가가 늘어놓는 설명은 반도 이해하지 못했다. 하지만 그는 한 가지 사실은 분명히 알 수 있었다. 즉, 이것은 이제까지 한 번도 본 적이 없는 전혀 새로운 것이었다. 그는 이것으로 언젠가는 큰 성공을 거두리라 마음먹었다.

니콜슨의 열광은 새로운 자극이 되었지만, 안타깝게도 그 속에 생산적인 가치는 없었다. 스펜서의 접착제는 뭔가에 대한 해결책은 되었지만, 그것을 어디다 써야 할지 아직 알 수 없었기 때문이다.

■ ■ ■

"제기랄!"

아서 플라이가 외쳤다. 그러자 그의 양쪽에 서 있던 사람들이 마치 악마를 보듯 그를 쳐다보았다. 장로회 교인들은 본래 독실한 신자들이며, 교회 합창단에서 노래하는 사람들이라면 두말 할 나위도 없다. 만일 이곳에서 「제기랄」이라는 말을 입 밖에 낸다면, 제정신이 아니거나, 지옥에 떨어질 게 뻔했다. 물론 그는 둘 중 그 어느 것도 원치 않았을 것이다.

세인트폴 노드 교회의 다른 단원들이 무슨 생각을 하든 아서는 신경 쓰지 않았다. 분노로 이글거리는 그의 눈길은 교회 의자 위로 나풀거리며 떨어지는 상아색의 종이 쪼가리에 고정되었다. 그는 자신의 입에서 「제기랄」이란 말이 튀어나온 것조차 모르고 있었다. 평소에 그는 교양 있는 언어습관을 가지려고 노력하는 편이었다. 하지만 이번에는 도저히 참을 수 없었다. 교회 의자 위로 나풀거리며 떨어지는 상아색 서표(書標)를 본 게 이번이 처음이 아니었던 것이다.

벌써 수년간 그는 노래책에 서표를 끼워 선별된 노래를 표시하는 이 방식의 불합리성에 화가 나 있었다. 끼워둔 서표들이 책장을 넘길 때마다 떨어져나가면, 선별된 곡들이 무엇이었는지 완전히 헷갈려버리는 것이다. 그 서표들을 일일이 다시 끼워두는 것도 하루 이틀이었다. 바로 이 점이 그토록 짜증나는 원인이었다.

그런데 갑자기, 스스로의 입으로 나중에 누차 말했듯, 「한순간 교회 안에 벅찬 감동의 물결이 밀려들었다」. 문제를 해결할 수 있는 방법이 떠오른 것이다. 그리고 그것은 동시에 스펜서 실버의 고민 또한 해결하는 것을 뜻했다.

■ ■ ■

두 사람은 같은 회사에 근무했기 때문에 이미 오래 전부터 서로 알고 있었다. 게다가 둘 다 괴프 니콜슨이 이끄는 벤처 팀에 발령받은 뒤부터 관계는 더욱 진전되었다. 그곳에서 「스펜서의 베이비」는 마침내 자신의 갈 길을 찾았고, 또한 아서 플라이도 접착제 신화의 창조에 동참하였다. 아서는 처음에 이 발명품을 보고 왠지 힘이 빠지는 것을 느꼈다. 이처럼 기가 막히게 훌륭한 재료로 아무것도 할 수 없다는 사실이 그에게는 너무나도 허무하게 느껴졌던 것이다. 적어도 교회에서 그 방법을 떠올리기 전까지는.

그러나 스펜서와 아서는 이제부터 마치 한편에서는 접착제, 다른 한편에서는 교회를 환히 비추던 아이디어가 서로 만난 것처럼 꼭 달라붙었다. 어쨌든 이 네 가지는 이제 더이상 분리될 수 없었다. 비록 처음에는 그들을 서로 묶는 것이 무엇인지 아무도 정확히는 알 수 없었지만…….

공교롭게도 다시 한 번 「게시판」 문제에 밝은 빛이 들어왔다. 일단 종이에 접착제를 발라 게시판에 붙였다. 그런데 접착제는 게시판의 표면에 닿는 순간 분리되어 종이에서 게시판으로 옮겨졌다.

아서 플라이는 이 접착제가 그것을 바른 종이 외에 다른 어떤 것에도 붙어서는 안된다는 점을 깨달았다. 그렇지 않으면 아무 데나 접착제가 들러붙어 불편했기 때문이다. 그는 들러붙는 노래책이 아니라, 노래책에 붙어 있다가 필요에 따라 다시 쉽게 떼어낼 수 있는 종이가 필요했다. 그러나 그전의 모든 테스트에서 증명된 바와 같이, 어떤 재질의 종이를 사용해야 접착제가 다른 데로 옮겨지지 않는지 알 수가 없었다. 아무도 종이의 문제를 쉽게 해결할 수 없었다.

이때 헨리 커트니와 로저 메릴이 구조대로 나섰다. 니콜슨 팀에서 일하는 이 두 사람은 자신들이 해결해야 할 일을 잘 알고 있었고, 또한 그 일을 멋지게 해낼 수 있을 것처럼 보였다. 그들은 이 다루기 힘든 물질을 그것을 칠한 부분에 고정되게 만드는 데 성공했다. 그리고 종이 전체에 바르는 것이 아니라 한쪽 귀퉁이에 일정한 줄모양으로 바르는 방식을 취했다. 이것은 교회 노래책이 아니었다면 결코 생각하지 못했을 아이디어였다. 그러므로 신(神)에게, 그리고 경건한 합창 단원 아서 플라이에게 감사해야 마땅했다.

「스펜서의 베이비」는 신동(神童)으로 다시 새 삶을 시작했다. 이로써 스펜서는 자기가 낳은 아이가 잘 자랄 수 있다는 희망을 가지고 다른 실험에 몰두하게 되었고, 아서 플라이는 교회 의자에서 느꼈던 갈등을 해결할 수 있게 되었으며, 헨리 커트니와 로저 메릴은 계속해서 이 대단한 일에 몰두하게 되었다. 또한 괴프 니콜슨은 이제 성공의 수확물만 기다리면 되었다.

그러나 수확은 아직 때가 일렀다. 세인트폴에서 가장 큰 회사인 이곳에서 신동을 낳은 아버지, 그리고 그것의 시장성을 마련한 네 명의 양아버지들을 제외하면 아무도 그를 사랑하지 않았기 때문이다. 아직 젖먹이인 자식을 예일이나 하버드대에 입학시키려는 많은 부모들과 마찬가지로, 이 끈적이는 어린아이의 부모들은 자식에게 어떻게든 장밋빛 미래를 열어주기 위해 길을 모색했다.

「부착 메모지의 생산」이라는 프로젝트는 다시 한 번 어려움에 봉착했다. 그것은 두루마리가 아니라 전지(全紙) 단위로 생산되어 가능한 모든 크기로 잘라져야 했다. 물론 거기에는 접착제를 한 줄로 바르는 일이 포함되었다. 니콜슨 군단의 엔지니어들은 이 일을 몹시 성가셔 했다. 접착 테이프를 생산하여 그런 대로 잘 벌어들이는 회사가, 혼자서도 잘 붙는 종이 쪼가리를 만들어 기존의 접착 테이프를 부분적으로 쓸모없게 만듦으로써 자사 제품끼리 경쟁하게 만든 것은 그래도 그나마 나았다. 하지만 이 신제품을 생산하려면 완전히 새로운 기계 두 대를 따로 제작해야 한다는 것은 정말 달갑지 않았다.

아서 플라이는 동료들의 이러한 불평을 들었을 때, 평소 사람 좋기로 유명하지만, 어쩌다 한번 화를 내면 아무도 못 말리는 그런 악명 높은 발작을 일으켰다. 극도로 화가 난 그는 자기 집 지하실로 들어가, 혼자 기계를 제작했다. 그리고 어떤 엔지니어도 가능하다고 여기지 않았던 그 기계가 실제로 잘 돌아가게 되자, 아서는 다시 한 번 화가 폭발했다. 그 기계가 이제는 지하실 문을 통과할 수 없었기 때문이다. 그는 과감하게 벽에 구멍을 뚫어 그 기계를 꺼낸 뒤 회사로 가져갔다. 그리고 실험실에 이 기계를 설치하고 최초의 견본품을 생산했다.

그 사이 괴프 니콜슨도 역시 부지런히 뛰고 있었다. 그는 상품의 마케팅을 시작했다. 먼저 그는 회사의 모든 부서를 이 견본품으로 무장시켰다.

"마치 사람들에게 마리화나를 나눠주는 것 같은 기분이야."

그는 어디서나 이렇게 말하며 돌아다녔다.

"누구든 이 제품을 한 번만 사용해 보면 중독이 된다고."

지나친 과대선전으로 들리지만, 이 말은 꾸밈 없는 진실이었다. 직원들은 새로운 정보를 점점 더 빨리 전달할 수 있었다. 아무 데나 잘 달라붙으면서도 끈적거리는 찌꺼기를 전혀 남기지 않는 부착 메모지 덕분에 이제는 안심하고 서로에게 메모를 남길 수 있게 된 것이다. 누가 옆자리에 앉은 동료에게, 그것도 그냥 전달하면 몇 초도 걸리지 않는 상황에서 등기로 편지를 보내겠는가?

또한 남편에게 저녁 식사거리가 냉장고 안에 있다는 메모만 남기고 친한 여자친구를 급히 만나러 나가야 하는 아내는 어떻게 하면 안전하게 이 메시지를 남편에게 전달할 수 있겠는가? 아무 종이 위에나 쓴 메모는 바람이 불면 날아가 버릴지도 모른다. 그러나 아서 플라이의 부착 메모지는 스펜서 실버의 접착제에 의해 붙여놓은 곳에 그대로

고정된다.

다만, 이 혁명을 이해하지 못할뿐더러 이해하려고조차 들지 않는 유일한 사람은 사내 마케팅 부서 사람들이었다. 1달러짜리 부착 메모지는 그들의 눈에 지나친 폭리로 보였다.

"아무 데나 여기저기 붙일 수 있다고? 그래서?"

지난 몇 년 동안 스펜서의 프레젠테이션과 행상에 짜증이 났던 그들은 여전히 마음이 꼬인 채, 신상품에 관해 그저 건성으로 들으면서, 아무런 감동도 받지 못했다. 그래서 그들은 성의 없이 사용설명서를 작성했고, 견본들을 포장하여 발송하긴 했지만, 사용설명서와 견본을 따로따로 보냈다. 따라서 사용설명서를 받은 사람은 그들이 선전하는 신상품이 어떤 것인지 구체적으로 상상하기 어려웠고, 신상품을 받아본 사람은 그것을 이리저리 돌려보고 뒤집어본 뒤에, 사용해 보지도 않고 쓰레기통으로 던져넣었다.

그 결과, 사내에서는 마리화나와 같은 효과를 나타내는 이 신상품이 회사 밖에서는 아무런 관심도 끌지 못했다. 이에 대한 마케팅 담당자들의 의견은 다음과 같았다. 사용자에게 먼저 사용법을 설명해야 하는 상품은 곧 팔기 어렵다는 뜻이며, 또 이 신상품처럼 설명하기 어려운 제품도 없다는 요지였다.

결국 괴프 니콜슨은 조 레미를 낚았다. 그는 「커머셜 테이프」 팀의 판매책임자인 니콜슨의 상관이었음에도 열정적인 니콜슨의 청을 거절할 수 없었다. 비록 털사, 덴버, 리치먼드 그리고 탬파 지역에서 실시한 최초의 테스트 판매가 서툰 마케팅 덕분에 아무 소득 없이 끝나 버렸지만, 니콜슨은 레미와 함께 의기충천하여 리치먼드로 출장을 갔다. 그것은 두 사람의 체면이 걸린 여행이었다. 은행에서 보험회사까지, 그리고 큰 규모의 회사에서 작은 구멍가게에 이르기까지 각 사무실을 돌며 수백 명의 잠재고객을 만난 자리에서 니콜슨은 이렇게 부탁했다.

"한번 써보시고 어떤지 말씀해 주세요."

그 결과 레미는 부착 메모지를 신봉하는 청년으로 개종되어 돌아왔다. 잠재적인 수요자의 구매욕구가 보통 50퍼센트만 나타나도 이미 센세이션이 되는 터에, 부착 메모지에 대한 구매욕구는 놀랍게도 90 퍼센트에 달했던 것이다.

책상이든 냉장고든 어디든지 붙였다 뗄 수 있고, 또 붙였다 뗐다를 여러 번 반복할 수 있으며, 책갈피에도 붙일 수 있는 이 접착성 있는 노란 메모지는 마치 마리화나처럼 불타나게 팔렸다. 뿐만 아니라 이 기업의 역사상 가장 성공한 제품이 되었다.

1985년, 그러니까 상품이 발표되고 나서 5년 뒤 「미네소타 마이닝 앤드 매뉴팩처링 컴퍼니」, 줄여서 「3M」이라고 불리는 이 회사는 오로지 「스펜서 실버의 베이비」만으로—그 사이 「포스트 이트」란 이름을 달게 되었다—한 해 동안 세계 각지에서 4,500만 달러의 판매고를 올렸다. 이 거대사업의 성장률은 85퍼센트에 달했다. 다만 이 과정에서 한 푼도 벌어들이지 못한 사람은 발명의 주역들이었다.

■ ■ ■

종이의 재질을 고안해 낸 헨리 커트니와 로저 메릴의 경우, 「스펜서의 베이비」 생산에서 그들을 분리해서 생각할 수 없기 때문에 공로가 인정되었다. 한편 초강력 접착제가 아닌 역사상 「최악의 접착제」를 발명한 스펜서 실버는 「포스트 이트」 제품이 히트하기 시작한 1980년 이후에도 계속 이 회사에서 근무했다. 여전히 3M 건물의 지하에 마련된 큰 실험실의 한쪽 구석에서. 그리고 늘 그랬던 것처럼 낙천적으로 생활했다. 그는 실험기구와 화학약품을 절약해서 사용했으며, 자신의 작업실 벽을 새로 칠해 달라거나 상급자와의 임금협상에서 돈을 더 요구하지도 않았다.

또한 사람들이 「포스트 이트」의 역사에서 그의 존재에 큰 의미를 부여하지 않는 것에 대해 별로 개의치 않았는데, 그것은 워낙 낙천적인 자신의 성격 탓도 있었지만, 한편으로는 사람들이 아서 플라이에게 보여준 달갑지 않은 호의 때문이었다.

신문기자와 경제분석가들이 아서 플라이를 「포스트 이트」를 성공시킨 대들보로 떠받들자, 회사에서도 그 점을 인정하지 않을 수 없었다. 그래서 그에 대한 보답으로 그를 승진시켰다. 하지만 그 자리는 직급은 높았지만 훨씬 외롭고 비창의적인 자리였다. 그것은 금으로 만든 새장과 다름없었다.

스펜서가 실험실 구석에서 계속 연구에 몰두하면서, 그간 자발적으로 생겨난 그의 발명품을 보고 싶어하는 사람들에게 「포스트 이트」 접착제가 담긴 유리 실린더를 보여주며 신이 나서 설명하는 동안, 아서는 회사의 대변인이 되어 3M 철학이 가진 장점에 대해 강연을 했다. 즉, 장래성 없어 보이는 프로젝트에 대해 회사가 인내심을 가지고 후원해 준 결과 보잘것없는 아이디어가 최고의 걸작이 되었다는 내용의…… 그밖에도 그는 횡재를 가져다준 실수에 관해 이야기하길 좋아했다. 이를테면 3M의 여성 연구원 패치 셔먼의 경우 어느날 우연히 그녀의 신발에 불소탄화수소가 떨어졌는데, 그것을 보고 그녀는 동료 샘 스미스와 공동으로 코팅 기술을 개발했다.

현재 7만 명에 이르는 3M 직원 가운데 이 회사에 오랫동안 근무한 사람들은 아서 플라이가 자신의 강연 내용을 한 번도 직접 쓴 적이 없었다고 주장한다. 다만 인터뷰에서 아서의 말로 자주 인용된「대기업에서는 대개 프로젝트의 목을 반쯤 졸라야 유명해질 수 있다」는 말은,「포스트 이트」의 성공신화 이후 아서의 마음속에서 무르익은 강한 냉소주의에서 나왔다고 볼 수 있다.

자신의 발명품에 대한 스펜서 실버의 고집스런 캠페인에 대해 크게 반대하지 않은 것을 가장 큰 업적으로 내세우는 이 기업이「포스트 이트」의 성공을 근본적으로는 회사의 공으로 돌리는 것은 어쩌면 당연하다. 평사원 출신 중에서 1914년 이후 기업 최고의 영예인 월계관을 수여받은 사람은 겨우 윌리엄 L. 맥나이트뿐이었다. 그후 그는 3M 전통의 선구자로 칭송받고 있다. 하긴 그 당시「한번 써보시고 어떤지 말씀해 주세요」라는 고객을 향한 호소는 아주 획기적인 마케팅 전략이었다.

세계적 패스트푸드 「맥도널드」의 설립자, 모리스와 리처드 맥도널드

껌값에 팔아버린 맥도널드 상호

바나나, 딸기, 아니면 초콜릿?

그는 늘 그렇듯 마지막 순간까지도 이 세 종류의 맛 가운데 아무것도 결정하지 못했다. 그러나 이 상황은 그의 인생 자체가 위기에 빠진 것을 고려해 보면, 그래도 긍정적이라 할 수 있었다. 더이상 스스로를 속이는 짓은 그만두고 싶었다. 진실은 그가 밀크 셰이크만큼 싫어하는 게 없다는 것이었다. 바나나, 딸기, 초콜릿 맛 모두.

이 사실을 시인하는 것은 매우 가슴아픈 일이었다. 더욱이 밀크 셰이크를 만드는 믹서를 팔아서 생계를 유지하는 사람으로서는. 물론 그 수입이 나쁘기만 한 것은 아니었다. 이 일로 그는 상당히 높은 생활수준을 누릴 수 있었다. 이를테면 시카고 근교의 예쁘고 아담한 집에서……

사랑스러운 아내 에텔에게 남편으로서 자부심을 느끼기에 충분할 정도였다. 그렇지만 그녀는 남편이 밀크 셰이크를 얼마나 끔찍이 싫어하는지는 알지 못했다. 그리고 그녀가 모르고 있던 또 한 가지 사실은, 남편이 곧 일자리를 잃게 될지도 모른다는 어두운 전망이었다. 그렇게 되면 매년 1만 2천 달러의 수입도 끊겨버릴지 몰랐다. 그것은 한마디로, 경쟁사의 제품이 훨씬 좋았기 때문이다.

레이먼드는 아내가 아직 그 사실을 눈치채지 못하고 있는 게 기뻤다. 아내 에텔은 아무 근심 없는 태도로 이제 그 대신 밀크 셰이크를 주문해 주고, 뭔가 기분 좋은 얘길 꺼낼 것이다. 뭐든 지금 그의 심경

만큼은 나쁘지 않은 이야기를 말이다. 레이먼드는 언짢은 지금의 기분을 차라리 즐겨 보았다. 이곳은 캘리포니아 남부에 있는 평범한 모텔이었다. 날씨는 언제나 황홀할 만큼 아름다웠고, 사람들도 늘 기분 좋은 표정으로 다녔다. '그렇지만 그런 게 다 나랑 무슨 상관이야?' 그는 속으로 성을 내었다. '종업원이 빨리 나타나지 않으면 더이상 견디지 못할 것 같아, 정말 못 참겠군……'

믹서 도매상인 레이먼드는「커피」라는 말을 강조해서 시켰다. 다른 사람들처럼 유쾌해 보이는 여종업원은 이에 대해 별다른 반응을 보이지 않았다. 하긴, 자신이 방금 다행스럽게도 크나큰 재앙을 비켜 지나갔다는 것을 어떻게 알 수 있겠는가. 여종업원은 단지, 레이먼드가 지금 커피를 무척 마시고 싶어한다는 것만을 느꼈을 뿐이다.

그는 지난 밤 내내 깨어 있었다. 전날 낮에 있었던 일이 너무나 인상적이어서 뇌리에서 떠나지 않았다. 로스앤젤레스에서 동쪽으로 55마일 떨어진 곳, 그 먼지 자욱한 주차장에서 그가 본 것은 어쩌면 자신의 미래였다.

"일생일대의 기회야!"

그는 감격에 겨워 외치면서 침대 왼쪽으로 몸을 굴렸다.

"레이먼드, 하지만 넌 52세야!"

자신이 처한 현실에 대해 냉정하게 판단을 내린 그는, 이번에는 오른쪽으로 몸을 굴렸다.

"이 나이에 직업을 바꾸는 건 정말 쉽지 않아."

그와 동시에 이번에는 다시 왼쪽으로 몸을 굴렸다. 그러고는 다시 오른쪽으로, 왼쪽으로……. 그는 밤새도록 걱정을 하며 침대 위를 뒹굴었다. 어쨌든 지난 밤 머릿속을 가득 채웠던 생각은 그를 지치게 했다. 레이먼드는 커피를 한 모금 거칠게 들이켰다. 그는 오늘 한 번 더 그곳으로 가볼 게 분명했다.

그는 지금까지 미국 전역에 흩어져 있는 수천 명의 사업 파트너들을 직접 방문하곤 했다. 그것은 그의 신조였다. 훌륭한 판매원이라면 자신이 직접 고객을 찾아나서는 게 당연했다. 돈은 어디 다른 데 있는 게 아니라 길 위에 있었다. 그런 돈을 줍기 위해서는 엉덩이를 의자에 붙이고 있어서는 안되었다.

레이먼드는 늘 새로운 지역을 순회하느라 바빴기 때문에 사무실에서 그를 만나기란 어려웠다. 그러므로 흔히 싸고 간단한 음식으로 한 끼를 떼우는 미국인들의 식습관은 그에게도 매우 익숙했다. 그는 드라이브인,* 간이 휴게소, 햄버거 노점, 커피숍, 제과점 등 미국인들이 간편하게 배를 채우기 위해 즐겨 찾는 곳을 거의 전부 알고 있었다. 미국인들은 마치 굶주린 짐승처럼 입맛을 다시며 이런 곳들로 탐욕스럽게 먹이를 찾아나섰다. 사실 그런 데서 파는 음식은 요리라고 하기엔 어울리지 않는 즉석 음식들이었다. 그러나 장차 그런 음식의 호황으로 횡재하는 사람 중에는 레이먼드도 끼여 있었다.

레이먼드는 가볍고 일상적인 대화의 대가였다. 한마디로 재담가였다. 그는 대화중에 대답을 미루거나 까먹은 적이 한 번도 없으며, 위트 면에서도 남에게 지지 않았다. 그러나 어제 샌버너디노의 레스토랑을 처음 보았을 때, 그는 완전히 말문이 막혀버렸다. 그리고 오늘 다시 와서도 여전히 멍해져 아무 말도 할 수 없었다.

시카고에서 햇빛이 강렬하게 내리쬐는 캘리포니아를 향해 출발할 때만 해도, 레이먼드는 그런 고객을 만나리라고는 전혀 예상하지 못했다. 어쨌든 그가 샌버너디노의 그 레스토랑을 다시 찾은 것은 정말 잘한 일이었다. 여기서부터 그의 인생이 다른 길로 접어들었기 때문

---

* 차를 탄 채로 들어가게 되어 있는 식당.

이다.

레이먼드는 보통 레스토랑을 방문하면, 자신의 회사 제품인 「프린스 캐슬 멀티 믹서」를 한 개 아니면 기껏해야 두 개를 파는 게 고작이었다. 사실 그 정도면 웬만한 레스토랑에서는 장사하는 데 불편이 없었다. 레이먼드가 유창한 말투로 다소 과대선전하는 대로, 「기술의 기적」을 실현시킨 그 기계는 한 번에 다섯 잔까지의 밀크 셰이크를 만들 수 있었다.

그런데 샌버너디노의 이 놀라운 레스토랑은 자그마치 여덟 대의 믹서를 샀다. 레이먼드는 한꺼번에 40잔의 밀크 셰이크를 만들어야 할 정도로 장사가 잘되는 레스토랑이 도대체 어떻게 생겼는지 한번 구경하지 않고는 참을 수 없었다.

이 레스토랑은 팔각형이었다. 모든 벽은 유리로 되어 있었다. 서빙하는 사람들은 유니폼을 입고, 하얀 종이로 만든 테 있는 모자를 쓰고 있었다. 모든 게 반짝반짝 빛이 나고 윤기가 흘렀다. 청결에 특별히 신경 쓰는 게 분명했다. 그런데 좌석이라곤 눈을 씻고 찾아봐도 없었다. 음식은 플라스틱 접시에, 혹은 그릇이 아니라 종이에 싸여 제공되었다. 음료수 역시 딱딱한 종이컵에 담겨 나왔다. 그리고 가장 중요한 것은, 적어도 레이먼드의 눈에는, 이 광경 속에 어딘지 모르게 자신의 미래가 펼쳐져 있는 것처럼 보인다는 사실이었다.

그런데 특이한 점은 계산대 앞에 사람들이 긴 뱀꼬리처럼 줄을 잇고 서 있으면서도, 그들 중 어느 누구도 기다리는 것 때문에 불평하지 않았다. 게다가 놀랍게도 그 긴 줄은 빨리빨리 바뀌는 것이었다. 줄 서 있는 사람들은 누구나 금방 자기 차례가 온다는 걸 확신하는 듯했다. 도대체 어떤 방법을 동원하는지 몰라도 그것이 이 레스토랑의 수수께끼였다.

레이먼드는 뒤쪽에 서서 몰래 관찰을 했다. 그는 1954년 이곳에서 조용히 그리고 은밀히 레스토랑의 역사를 새로 쓰고 있는 두 형제의 성공의 비밀이 무엇인지 몹시 궁금했다.

■ ■ ■

로스앤젤레스는 웨이터와 웨이트리스가 잘생긴 것으로도 유명한 도시다. 그 이유는 할리우드라는 행정구역 때문이다. 다시 말해 이곳이, 전세계 젊은이들이 꿈을 이루기 위해 몰려드는 매력적인 구심점이 된 이후로 그렇게 된 것이다. 그러나 그들 중 극히 소수만이 꿈을 이루어, 화려한 은막의 스타가 된다. 절대다수인 그 나머지는 현실을 직시하고 대부분 어느 바나 레스토랑에서 서빙을 하면서 악착같이 돈을 모아 방세를 지불해야 하는 신세로 남게 된다. 부와 명성, 눈부신 조명과 화려한 의상, 이 모든 것들을 뒤로 한 채.

모리스와 리처드는 처음부터 그렇게 커다란 환상을 갖지는 않았다. 그들은 할리우드에서 대단한 존재가 될 수 없으리라는 것을 빨리 터득할 수밖에 없었다. 영화배우가 되는 행운은 그들에게 없었던 것이다. 동쪽 해안에 있던 고향 뉴햄프셔를 떠나 멀고도 낯선 캘리포니아의 쇼 비즈니스 세계에서 성공을 거두겠다는 계획은 너무 순진한 생각이었다. 그들이 찾아다닌 모든 대형 영화 스튜디오마다 퇴짜를 놓자, 결국 그들은 계획을 바꿨다. 그들에게 주어진 새로운 역할은 할리우드에서 100킬로미터 떨어진 곳에서 시작되었다. 그리고 그들은 이 역할을 완벽하게 소화해 냈다, 오스카상의 값어치만큼이나.

레스토랑이 추구하는 제1의 원칙은 언제나 손님으로 꽉 차는 것이다. 그것은 그들이 1940년 샌버너디노에서 개업한 드라이브인에도 적용되었다. 애초에 그곳은 미국에 있는 다른 수천 개의 드라이브인과 다를 바 없었다. 메뉴판에는 주로 칠리 요리, 스페어리브스*, 그리고 다른 그릴 종류와 그밖에 햄버거, 치즈버거, 감자튀김이 있었다. 손님들은 식당에 차를 몰고 들어와 차 안에서 모든 걸 해결했다. 그들은 롤러 스케이트를 탄 웨이터나 웨이트리스에게 음식을 주문하고 나서 차 안에서 우물거리며 음식을 먹었다. 손님들은 만족했다. 그러나 그런 식으로 유지되는 게 오래 가진 않았다.

제2차 세계대전이 끝나고 난 뒤, 미국인들의 식습관은 급속도로 변했다. 뭐든지 단숨에 빨리 진행되어야 했다. 사람들은 똑같은 것을 바라면서도, 더이상 기다리려고 하지 않았다. 기다리는 시간은 죽은 시간이었다. 이 변혁의 시기에 시간은 금이었다.

처음엔 그저 산발적인 탄식이나 불평 소리에 지나지 않았다. 그러다 더는 참을 수 없게 된 사람들이 불만을 드러내기에 이르렀다. 곧 귀가 파열될 것처럼 강한 불만의 외침이 오케스트라의 연주가 되어 더이상 잠잠해지지 않을 것만 같은 사태로 이어졌다. 모리스와 리처드는 남들보다 빨리 그 신호음을 들었다. 그들은 급히 무슨 수를 써야만 했다. 영화배우의 꿈이 좌절된 것만으로도 두 사람은 충분히 고통을 받았던 것이다.

실무에 능한 모리스는 가게를 이끌었다. 반면에 창의적인 두뇌를 가진 리처드는 마케팅을 담당했다. 지금 리처드는 그들 형제가 주연한 영화에서 해피 엔드를 끌어내기 위해 머리를 쥐어짜야만 했다. 그래서 그는 한참을 고민한 끝에, 새로운 아이디어를 짜냈다. 즉, 군더더기는 다 없애버리기로 마음먹었다. 그는 과감하게 그들의 드라이브인에서 단점이 될 만한 요소를 모두 없애고, 완전히 새로운 종류의 레스

* 고기가 거의 붙어 있지 않은 돼지 갈비.

토랑을 즉석에서 만들어 보였다. 그것이야말로 미국인들이 시급히 필요로 하는 레스토랑이었다. 비록 아직은 아무도 그런 레스토랑을 상상할 수 없었지만.

가장 먼저 도마 위에 오른 것은 메뉴였다. 지금까지 고객들은 25가지의 다양한 요리를 선택할 수 있었다. 그러다 보니 주방이 주문을 따라가지 못하는 건 당연했다. 리처드는 메뉴판의 메뉴들을 연필로 표시해 가며 지워보았다. 그러자 남은 메뉴는 아홉 가지였다. 이 아홉 가지 메뉴는 모두 똑같은 기준으로 엄선된 것이었다. 즉 빠르고, 싸고, 조리방법이 간단해야 했다. 이 점에서 가장 선두는 단연코 햄버거였다.

음식 역사상 가장 유명한 음식인 햄버거는 1916년 캔자스 주의 위치토에 있던 J. 월터 앤더슨의 주방에서 처음으로 등장했다. 여기에 곧 프렌치 프라이와 코카콜라가 샴 쌍둥이처럼 한 조가 되어 동참했다. 이렇게 편성된 메뉴는 여러 간이 음식점에서 오랫동안 미국인의 음식문화가 변화하길 고대했다. 그러나 이 메뉴의 쓰러뜨릴 수 없는 명성은 느리게 퍼져나갈 뿐이었다. 활황을 위해서는, 이를테면 1948년 샌버너디노에서 이 세 가지로 패스트푸드의 기본 세트 체계를 세운 리처드와 같은 공상가가 필요했다.

리처드는 메뉴판의 오른쪽 줄에도 공을 들였다. 즉 가격을 대폭 하향 조정한 것이다. 겨우 15센트만 내면 겨자, 케첩, 오이 피클을 얹은 먹음직스러운 햄버거를 먹을 수 있었다. 햄버거들은 다 똑같았다. 거기에 4센트를 더 내면 치즈버거를 먹을 수 있었다. 또 거기다 10센트만 더 내면 프렌치 프라이까지 먹을 수 있었다. 게다가 코카콜라도 흘러넘칠 정도로 제공되었다. 역시 싸고 빨랐다. 샌버너디노의 주민은 곧 이 맛에 길들여졌다. 그들은 드라이브인에서 변신한 이 레스토랑으로 우르르 몰려들었다.

물론 리처드는 손님이 몰려들 것에 미리 대비하고 있었다. 우선 주차장에 신경 썼다. 레스토랑의 크기에 비해 이처럼 큰 주차장은 이제까지 어디서도 찾아볼 수 없었다. 그는 앞으로 기동성이 큰 몫을 할것을 미리 내다본 것이다. 이 독특한 레스토랑 앞을 가로지르던 고속도로는, 그가 예견한 대로 짧은 시간 안에 금방 넓게 확장되었다. 자동차 운전자들은 마치 굶주린 메뚜기 떼처럼 이 레스토랑으로 몰려들었다. 리처드는 이 굶주린 메뚜기들이 모두 잽싸게 배를 채울 수 있도록서빙을 셀프서비스 방식으로 전환했다.

리처드는 행복했다. 다시 멋진 영화 속의 주인공이 된 것이다. 모리스는 처리할 일이 너무 많아 두 손으로는 모자랄 지경이었다. 그는 마치 군대를 지휘하는 장군처럼 직원들을 통솔했다. 신속 · 엄격 · 청결이 최고의 미덕이었다. 이제는 불만에 찬 손님들의 신경질적인 목소리 대신 계산대의 밝은 종소리가 레스토랑 안에 울려퍼졌다. 사업은번창했고, 그 결과 이 형제는 1953년 프랜차이즈 라이선스를 따기로결심했다. 그러나 그것으로 리처드가 생각하는 목표에 도달한 것은아니었다.

그는 금방 번뜩이는 기지를 발휘했다. 장차 대기업으로 성장할 레스토랑을 나타내는 상징물을 만든 것이다. 그것은 마치 괴물처럼 거대한 맥도널드 마크였다. 누여놓은 활처럼 생긴 M자는 굉장히 크게만들어져 멀리서도 쉽게 알아볼 수 있었다. 리처드는 스스로 이 아이디어가 매우 만족스러웠다. 그러나 이 일을 맡은 건축가들은 그 마크를 혐오했다. 그들은 상자처럼 생긴 납작한 건물에 이런 것을 세우면단순한 이미지의 미관을 해칠 것이라고 보았다. 하지만 리처드는 이에 아랑곳하지 않았다. 그는 캘리포니아에 있는 모든 레스토랑이 샌버너디노에 있는 그의 레스토랑과 똑같이 만들어지길 원했다. 모두 똑같이, 마치 그 안에서 파는 햄버거처럼.

■ ■ ■

레이먼드는 여전히 레스토랑의 지붕 위에 세워져 있는 황금빛 M자에서 눈을 뗄 수 없었다. 잠시 후 그는 결심을 하고 앞으로 나갔다. 그는 27호라는 번호를 달고 싶었다. 캘리포니아에 있는 다른 25군데 프랜차이즈 분점들과 애리조나, 피닉스에 있는 분점처럼 그도 맥도널드 형제와 프랜차이즈 계약을 맺고 시카고 근처에 자신의 레스토랑을 내고 싶었던 것이다.

그가 문을 열고 들어섰을 때, 여덟 대의 밀크 셰이크 믹서가 동시에 윙윙 돌아가는 소리가 기분 좋게 공간을 가득 메우고 있었다.

"밀크 셰이크는 오늘 내키지 않는군요, 죄송합니다."

레이먼드는 예의바르게 사양했다. 그런데 사양하는 건 그 두 형제도 마찬가지였다. 그들은 이제 더이상의 분점을 내고 싶지 않다고 했다. 프랜차이즈를 통해 벌어들이는 수입은 그것을 위해 땀을 흘리는 대가치고는 너무 적다는 것이었다. 모리스와 리처드는 그들이 매년 벌어들이는 10만 달러만으로 대만족이었다. 범국가적인 체인망을 만들겠다는 초창기의 야심은 어느새 사라져버렸다. 그들은 캘리포니아 한 군데만으로도 만족했다. 어쨌든 실패한 영화배우치고는 상당한 재력가로서 부유한 삶을 영위하고 있었던 것이다.

그러나 레이먼드의 입에서는 솟구치는 샘물처럼 말이 쏟아져나왔다. 그는 자신의 회사 제품인 믹서를 선전하기 시작했다. 그리고 나서 판매원으로 떠돈 30년간의 경험이 마침내 인정받을 수 있을 때까지 언어의 마술을 펼쳐보였다. 어쨌든 두 형제는 그의 장황한 연설을 더이상 듣고 싶지 않았다. 그들은 한 번에 놀랄 만큼 효과적으로 그의 입을 봉해 버렸다. 그것은 바로 계약서에 서명하는 것이었다. 계약서에 따르면 레이먼드는 자신이 직접 이 라이선스 사용권을 950달러에 팔 수 있었다. 그리고 그는 모든 수입의 1.4퍼센트를, 형제들은 0.5퍼센트를 가져가기로 했다.

거래는 끝났다. 모리스와 리처드 맥도널드 그리고 레이먼드 크록 모두 만족했다. 그것은 1954년의 일이었다. 계약서는 샌버너디노의 한 레스토랑에서 작성되었다. 그곳이 오늘날 지구상에 2만 5천 점 이상 퍼져 있는 맥도널드 중 최초의 맥도널드였다.

■ ■ ■

레이먼드 크록은 「패스트푸드」라는 개념을 새로운 차원으로 끌어올렸다. 그는 일리노이 주의 시카고에 있는 데스플레인스에서 1955년 4월 15일 첫 레스토랑을 개업했다. 첫날의 수입은 366달러 12센트였다. 그는 만족하여 미친 듯 일했다. 송골매처럼 날카로운 눈매로 판매 상황을 감시하고, 주방의 청결 상태를 검사하고, 또 주차장 아스팔트 위에 들러붙은 껌을 직접 떼어내는 일도 마다하지 않았다. 그의 아내 에텔은 여전히 남편을 영웅처럼 대했다.

게다가 그는 생산과정을 더 능률적으로 만들려고 노력했다. 그는 자동차의 왕 헨리 포드를 모범으로 삼았다. 말하자면 컨베이어 벨트 위의 햄버거를 생각해 낸 것이다. 그러기 위해서는 먼저 최상의 햄버거 고기를 얻기 위한 엄격한 기준을 세워야 했다. 결국 45그램 무게에, 지름 9.49센티미터, 지방함량은 최대 19퍼센트로 정해졌다. 그리고 고기 위에 얹을 양파, 오이, 겨자, 케첩도 정확하게 규격화되었다. 또한 가장 이상적인 프렌치 프라이를 개발하기 위해 그는 50년대 말 개인 실험실까지 만들었다.

"나는 신과 가족, 그리고 맥도널드를 믿습니다."

레이먼드 크록은 이 세 가지에 삶의 의미를 부여했다. 물론 일할 때에는 이 순서가 완전히 거꾸로 된다는 점을 그도 인정했다. 그리고 그는 이 우선순위 리스트에서 아내를 꼬집어 언급하지도 않았다. 아내도 어차피 가족의 일원이므로. 1961년, 39년간의 결혼생활 뒤에 에텔은 이혼소송을 제기했다. 남편이 밤낮으로 일에 매달리면서, 자신을 기만했다는 이유였다.

레이먼드 크록은 자신과 프랜차이즈 계약을 맺은 상대방을 상하관계가 아니라 동등한 파트너로 대우했다. 1958년 그는 이미 79곳의 프랜차이즈 분점들과 계약을 맺고 있었다. 그는 그들의 성공이 바로 자신의 성공이 될 거라고 믿었다. 그래서 최선을 다해 이 프랜차이즈 분점들을 도왔다. 그는 마치 메시아처럼 전국을 돌며, 아무도 흉내낼 수 없는 독특한 패스트푸드에 대한 신앙을 전파했다. 「네바다에 사는 맥도널드 고객은 델라웨어에 사는 맥도널드 고객이 먹는 햄버거와 정확하게 똑같은 햄버거를 먹어야 한다.」 레이먼드 크록은 이런 자신의 신념을 실현하기 위해 온 힘을 쏟았다. 그밖의 다른 일은 중요하지 않았다.

대부분의 맥도널드 경영인들은 레이먼드 크록이 제시하는 규정을 엄격히 준수했다. 그래도 간혹 일을 말끔히 처리하지 못하는 일탈자들이 생기게 마련이었다. 예를 들어 샌버너디노의 맥도널드 형제처럼 말이다. 모리스와 리처드의 태만 때문에 레이먼드는 거의 미칠 지경이었다. 게다가 약 올리듯, 어쩌면 단지 그를 화나게 하려는 목적으로,

그들은 데스플레인스에 있는 크록의 레스토랑 바로 코앞에 또 하나의 분점을 허가해 주었다. 이제 레이먼드는 바로 앞에 있는 또 다른 맥도널드와 경쟁을 해야만 했다. 일이 이렇게까지 되자 레이먼드는 급히 270만 달러를 구하러 나섰다.

그는 이름이 필요했다. 그에게 필요한 이름은 다름 아닌 M이었다. "크록버거는 어딘지 모르게 이상하게 들리잖아요."

그는 뉴욕의 투자자들을 통해 그만큼의 돈을 모을 수 있었다. 그는 다시 샌버너디노로 떠났다. 완벽한 햄버거의 개발과 200개 이상의 분점을 가진 거대한 패스트푸드 체인망을 구축해 낸 레이먼드 크록은, 1961년 마침내 일생일대의 거래마저 완벽하게 성사시킬 수 있었다. 맥도널드 상호에 대한 세계적인 소유권을 산 것이다.

그리고 이번에도 모두들 만족스러웠다. 모리스와 리처드는 단번에 웬만큼 얼굴이 알려진 영화배우 정도의 부를 거머쥐게 되었다. 이제 두 형제는 아무 미련 없이 캘리포니아를 떠날 수 있었다. 그들이 레이먼드와 100퍼센트로 일심동체가 된 부분이 있었다. 너무 강렬한 햇빛도 기분이 썩 좋은 건 아니라는 것이었다. 평범한 사람에게는 나쁜 날씨도 좋은 날씨와 마찬가지로 의미가 있는 법이다. 두 형제는 고향인 뉴햄프셔로 돌아갔다. 그곳에서 그들은 각자 훌륭한 저택에서 가족과 함께 안락한 노년의 삶을 이어갔다.

■ ■ ■

80세의 노인이 조심스럽게 베드퍼드에 있는 맥도널드 분점에 걸어 들어왔다. 그의 손안에서는 꼬마 제이슨의 손이 꼼지락거리고 있었다. 이 사내아이는 양아들의 아들이었다. 그에게는 친자식이 없었으므로 제이슨은 그의 귀여운 손주였다. 노인은 점잖게 여느 손님들처럼 사람들이 기다리고 있는 줄로 가 섰다. 그렇지만 제이슨은 그런 할아버지를 이해할 수 없었기에 줄 서길 거부했다.

"할아버지, 왜 사람들에게 말하지 않아요, 할아버지가 누구인지?"

꼬마는 기다리는 시간을 줄일 수 있는 가장 현실적인 방법을 제안하며 보챘다.

그들의 순서가 되었을 때, 노인은 늘 그렇듯이 치즈버거에 프렌치 프라이와 밀크 셰이크를 주문했다. 제이슨은 언제나처럼 그 두 배의 양을 시켰다. 그리고 이제까지 늘 그랬던 것처럼, 노인은 음식값을 지불했다. 제이슨은 성가시게 줄을 서는 것보다 이 사실을 더 이해할 수 없었다.

"할아버지, 왜 돈을 내세요?"

제이슨은 매번 어처구니없다는 듯이 묻곤 했다. 그리고 나서 레스토랑을 나올 때면 시위라도 하는 것처럼 뒤를 돌아보았다.

"저기 할아버지 이름이 써 있잖아요!"

리처드 맥도널드는 웃지 않을 수 없었다. 그는 흡족한 표정으로 늘 즐겨 먹는 치즈버거를 한 입 베어먹었다.

"아내와 나는 한 번도 요트를 갖고 싶다고 생각해 본 적이 없었죠. 그런 건 우리 취향이 아니었습니다."

리처드 맥도널드는 1998년 89세로 숨을 거두기 전, 이렇게 말했다.

"난 그저 뉴햄프셔의 전형적인 보통 사람이었습니다."

리처드가 때때로 즐기던 유일한 사치는 보스턴의 리츠 칼턴 호텔에 있는 그가 가장 좋아하는 레스토랑에서 우아하게 저녁식사를 하는 것이었다. 거기서 그는 생선요리나 스테이크를 즐겨 먹었다.

물론 리처드 맥도널드는 자신의 프랜차이즈 체인망을 판 돈으로 평생 동안 생선과 스테이크 혹은 치즈버거를 충분히 먹고도 남았을 것이다. 하지만 그의 손주가 맥도널드 레스토랑의 지붕 위에 그의 이름이 세워져 있는 걸 보고 매번 자부심을 느끼는 반면, 리처드는 바로 그곳에서 레이먼드 크록의 천재적인 마케팅 전략에 관한 최근 소식을 접하게 될 때마다 착잡했다.

"이제 80억이오? 90억이오?"

리처드 닉슨 대통령이 70년대 초 경제계 인사 모임에서 맥도널드 사장에게 물었다. 대통령은 지붕 위에 황금색 M 마크를 단 프랜차이즈점마다 성공의 팡파레를 울리는 이 거대한 햄버거 기업의 현재 매상이 궁금했던 것이다.

"120억입니다, 대통령 각하. 그리고 매일 늘어나고 있습니다."

레이먼드 크록은 공손하게 대답했다.

리처드 맥도널드, 그리고 긴 투병생활 끝에 이미 1971년에 사망한 모리스 맥도널드는 역사상 가장 부유한 형제로 기록될 뻔했다. 물론 당시 프랜차이즈 체인망을 팔겠다는 계약서에 서명하지만 않았더라면 말이다. 이에 대해, 세계에서 가장 큰 프랜차이즈의 창시자로 평가받는 리처드 맥도널드는 물질적이지는 않지만, 그와는 다른 성과로 스스로를 위로했다.

"전세계에 퍼진 맥도널드가 수백만의 청소년들에게 일자리를 마련해 준다는 점에 가장 뿌듯함을 느낍니다."

리처드 맥도널드가 역시 일자리를 마련해 주었던 한 사람은 그 일을 계기로 5억 달러 이상의 재산을 일구어냈다. 바로 레이먼드 크록이었다. 밀크 셰이크 믹서를 팔던 판매원이 세계에서 가장 큰 콘체른의 사장이 된 것이다. 레이먼드는 비벌리힐스에 빌라 한 채, 플로리다에 별장 한 채를 가졌으며, 「샌디에이고 파드레스」 야구 팀을 사들였다.

이렇게 억만장자의 삶을 안락하게 누릴 수 있었지만, 레이먼드 크록은 마지막까지 완벽주의를 추구하는 자신의 성향을 완전히 떨쳐버리지 않았다. 레이먼드가 여행을 할 때마다 지구상 어느 곳이든 늘 따라다니는 그의 운전사는 여행의 목적이 무엇이든 간에, 최소한 여섯 군데의 맥도널드 레스토랑으로 그를 안내해야 했다. 소리 소문 없이 매장에 나타난 그는 그렇게 불시에 감찰활동을 했다. 청결·품질·신속, 이 세 가지가 반드시 통과되어야 했다. 그곳이 할리우드이든 도쿄이든 상관없었다.

그러나 레이먼드 크록은 자신이 거둔 승리 중 최고의 것을 지켜볼 수 없었다. 세계적인 맥도널드 기업의 창시자인 그는 1984년 81세의 나이로 평화롭게 잠들었다. 그리고 10개월 뒤 그가 세운 거대한 기업은 「다우존스 공업평균지수」에 포함되었다. 다시 말해, 미국에서 가장 중요한 30개 기업 안에 들게 된 것이다.

컨베이어 벨트의 햄버거가 언젠가는 큰돈을 벌게 해줄 것이라고 굳게 믿었던 레이먼드 크록. 그가 아마 조금만 더 오래 살았다면, 자신의 기업이 국가경제의 중요한 버팀목인 자동차나 항공기 회사들과 나란히 한 리스트에 오르는 것을 지켜보고, 자신의 믿음이 옳았음을 새삼 확인할 수 있었을 것이다.

맥도널드는 오늘날 전세계적으로 2만 5천 개가 넘는 분점을 갖고 있다. 게다가 매년 약 1,700개의 새로운 분점이 오픈한다. 맥도널드의 전세계적인 판매액은 지난해 360억 달러에 달했다.

한편 리처드 맥도널드는 평소에 딕(Dick)이라는 별명으로, 그의 동생 모리스 맥도널드는 맥(Mac)이라는 별명으로 불렸다. 그런데 모리스는 세상을 떠난 지 수십 년이 지난 지금까지도 여전히 모든 사람의 입에 오르내린다. 바로 「빅 맥」으로.

승리의 상징 「나이키」 로고를 만든 캐롤린 데이비드슨

단돈 35달러짜리 로고

안드레

아가시가 수건 속에 얼굴을 파묻었다. 그는 방금 2세트를 잃었다. 2세트는 단지 32분 만에 끝났다. 하지만 21분밖에 걸리지 않은 1세트에 비하면, 점점 더 승부가 치열해지고 있었다. 이제 남은 한 세트를 더 잃고 나면 승리는 러시아에서 온 상대선수 안드레이 메드위듀에게 돌아간다. 다른 무엇도 아니고, 그랜드슬램이 이루어지느냐, 마느냐의 순간이었다. 안드레 아가시에게 그랜드 슬램은 그동안 이어진 수많은 승리의 환호 속에서도 아직까지 이루지 못한 마지막 과업이었다. 그의 수건이 땀으로 축축해졌다.

"오, 이런, 이번 세트를 이겼어야 하는데⋯⋯."

캐롤린 데이비드슨은 안절부절못했다. 포틀랜드 시간으로 새벽 6시였다. 그녀는 마치 안드레의 승리를 빌어주기 위해 미리 시간을 맞춰놓은 듯 그 시간에 깨어 있었다. 하긴 그녀는 오늘따라 잠을 이룰 수 없었고, TV를 켜자 마침 경기가 중계되고 있었을 뿐이다. 그래도 생중계를 보게 된 건 어쨌든 뜻밖의 행운이었다. 유럽과 오리건 간의 아홉 시간이라는 시간차 때문에 이 중요한 시합을 보게 된 것이다.

"내가 운이 좋은 것처럼, 그의 그랜드 슬램 달성에도 행운이 깃들였으면⋯⋯."

캐롤린은 마치 자신이 아가시의 트레이너라도 되는 듯 들떠 있었다. 그녀는 간절하게 외쳤다.

"제발⋯⋯. 넌 할 수 있어!"

하지만 세계적으로 유명한 4대 토너먼트전에서 모두 우승해야 하는 그랜드 슬램을 달성하지 못한 사람은 안드레 아가시말고도 많았다. 그녀는 생각에 빠졌다. 이반 렌들도 유서 깊은 영국 코트에서 한 번도 이긴 적이 없었지. 윔블던의 녹색 잔디 코트는 그에게 정복할 수 없는 영토였어. 마치 안드레 아가시에게 파리의 「롤랑 가로스 스타디움」의 빨간 클레이 코트*가 그런 것처럼.

"안됐어, 내가 신이라면 기꺼이 그의 편이 되어주었을 텐데."

캐롤린은 아가시와 거의 하나가 되어 있었다. 아가시는 그동안 세계순위 122위로 밀려났다. 게다가 사생활도 그리 행복해 보이지 않았다, 적어도 남들 눈에는. 브룩 실즈와 헤어진 것이다. 그녀는 그동안 그가 하는 경기마다 쫓아와 관전하고, 그를 돌보는 보호자 역할을 했다. 영화배우인 그녀에게 쉬운 역할이었는지도 모른다. 카메라가 그녀를 비추면, 그녀는 언제나 안드레를 위해 파이팅을 외쳤다, 그녀의 방식대로. 그녀의 사소한 행동은 편집되어 방송 중간중간에 제공되었다. 그녀의 사랑스런 연기는 정말로 오스카상 감이었다. 최소한 테니스 코트의 관중들 앞에서는.

그러나 이번 시합에는 중간편집이 없었다. 카메라는 단지 승패의 갈림길에 서 있는 안드레 아가시의 상황만 비출 뿐이었다. 사람들이 익히 다 아는, 그 특유의 찡그린 채 울 것 같은 표정을 하고 그는 의자에 앉아 깊은 생각에 빠져 있었다. 마치 '내가 왜 이 시합을 해야 하는 거지? 만일 다른 선수와 시합을 한다면⋯⋯'이라고 생각하고 있는 듯했다.

"타임!"

경기는 이어졌다. 메드위듀와 아가시는 자리에서 일어나 코트로 걸

* 모래와 자갈을 깐 토대 위에 찰흙으로 다져 만든 테니스장.

어 들어갔다. 그러나 테니스 경기는 세 세트를 먼저 따낸 사람이 이기는 것이다. 마치 축구 경기가 90분 걸리는 것처럼. 하긴 「맨체스터 유나이티드」나 「바이에른 뮌헨」과 같은 팀은 93분도 허용하지만.

아가시는 세번째 세트를 6 대 4로 이겼다. 메드위듀가 잠깐 방심한 것일까? 아니면 아가시가 다시 살아난 것일까? 계속 이렇게만 되었으면……. 캐롤린 데이비드슨은 마음을 졸였다. 그런데 그것은 정말로 아가시의 부활이었다. 그가 네번째 세트마저 6 대 3으로 이겼기 때문이다.

"그가 다시 일어섰어, 그가 해낸 거야!"

캐롤린은 소리를 질렀다. 두 시간 50분 만에 첫번째 매치 포인트 타임이 되었다. 안타깝게도 아가시에게는 불운이었다. 그리고 나서 두번째. 이번에도 졌다. 아웃이 되었던 것이다. 그리고 세번째, 역시 꺾였다. 이제 두 시간 52분 만에 네번째 매치 포인트였다.

"게임, 끝!"

아가시가 승리했다. 그는 눈물을 터뜨렸다. 라스베이거스에서 온 29세의 이 청년은 지난 30년 이래 처음으로, 그리고 통틀어서는 네번째로 네 경기 모두 이겨 그랜드 슬램의 위업을 달성했다. 아가시에 앞서 30년 전에 그랜드 슬램을 달성한 사람은 전설적인 인물 로드 레이버였다. 호주인인 레이버가 그랜드 슬램을 이룬 해는 1969년이며, 그전에 그는 이미 1962년에 「진정한」 그랜드 슬램을 달성했다. 즉 한해 동안 모든 대회를 석권한 것이다.

아가시한테는 7년이란 세월이 필요했다. 1992년 윔블던, 1994년 뉴욕, 1995년 멜버른의 승리 이후 안드레 아가시는 1999년 6월 6일 마침내 그토록 갈망하던 타이틀을 획득했다. 안드레 아가시가 전 그랜드 슬램 정복자 로드 레이버로부터 8킬로그램짜리 그랑 프리를 넘겨받는 순간, 카메라에 크게 확대된 그의 얼굴을 보면서 캐롤린 데이비드슨은 마치 자신이 아가씨라도 된 것처럼 감격에 겨워 눈물을 글썽였다.

"정말 멋져!"

캐롤린이 이렇게 크게 외칠 때, 갑자기 남편 닐이 방으로 들어왔다.

"안드레가 이겼어? 당신 말이 맞았군. 정말 멋진걸."

캐롤린은 미소를 지으며 남편을 향해 고개를 돌렸다.

"여보, 내 말 뜻은……."

■ ■ ■

캐롤린과 닐은 대학 때 만났다. 포틀랜드 주립대학에서 닐은 회계학을, 캐롤린은 그래픽을 전공했다. 그녀에게 디자인과 미술은 삶의 전부였다. 캐롤린은 학구열이 대단히 높아, 거의 모든 강의를 쫓아다니며 수강했다. 그녀는 그것이 장차 그래픽 디자이너로 대성하는 데 큰 도움을 줄 거라 생각했다.

당시 그녀는 작은 기숙사 방에서 살았다. 그 방은 얼마나 좁았는지 작은 탁자가 식탁, 싱크대, 책상의 역할을 다했다. 1964년 스물네 살에 닐 데이비드슨과 결혼했을 때, 그들은 대학에서 멀지 않은 곳에 있는, 기숙사보다 그다지 크지 않은 집으로 이사했다. 그들의 생활에서 경제적인 풍요는 찾아보려야 찾아볼 수 없었다.

1971년 학기 초, 수강할 과목을 선택하고, 학비를 내야 하는 기간이었다. 캐롤린은 친구랑 학교 대강당에 앉아, 근심어린 얼굴로 대화를 나누고 있었다. 캐롤린은 모든 강의를 들을 만한 여유가 없었다. 그러나 반드시 돈 문제 때문만은 아니었다. 캐롤린은 인생에서 한 가지 원칙을 고수하기로 마음먹었다. 즉, 한꺼번에 두 마리의 토끼를 잡지 않겠다고 말이다. 그녀는 양보다는 질이 중요하다는 것을 깨달았다.

"아무래도 유화 과정은 포기해야 할까 봐."

그녀는 친구 미첼에게 말했다. 그런데 그 목소리가 어찌나 컸던지, 밖에서 지나가던 사람들도 다 알아들을 정도였다. 이를테면, 몇 분 뒤 짙은 색 양복을 입고 그들 앞에 갑자기 나타난 한 남자도 예외는 아니었다.

"안녕! 난 필이라고 해. 네가 유화 과정을 포기해야 한다는 그애지?"

의문형이지만, 왠지 묻는 것처럼 들리지 않았다. 캐롤린은 의심스런 눈길로 그 남자 대신 친구를 바라보며 속삭였다.

"저 남자가 그런 건 왜 묻지?"

그러고는 그를 향해 살짝 고개를 끄덕이며,「흐음……」이라고 한마디 했다.

"너에게 아르바이트 자리를 제의하고 싶은데……."

낯선 남자가 이렇게 말했다. 얼마 안 있으면, 일본에서 그의 사업 파트너가 방문하는데, 그에게 보여줄 포스터와 플래카드를 디자인할 사람이 필요하다는 것이다.

"좋아요!"

캐롤린은 그의 제의를 받아들였다. 이 한마디로 그녀는 자신의 고민을 해결할 수 있었다.

필은 1963년 퓨마와 아디다스 같은 독일제 신발의 독점 상황을 깨기 위해, 일본에서 스포츠화를 수입하기로 마음먹었다. 패기 만만한 이 젊은 사업가는 일본으로 출장을 떠나, 타이거사의 오니쓰카 사장에게 자신을 블루 리본 스포츠사의 대표라고 소개했다. 말하자면,「블루 리본 스포츠」는 이렇게 대화중에 설립된 셈이다. 그후 필은 수천 컬레의 타이거 신발을 수입해서 팔았다.

직원이 20명인 이 작은 회사에 캐롤린도 다니게 되었다. 그녀는 회사에 필요한 디자인 작업을 도맡아 했다. 제품설명서에서 플래카드, 다양한 종류의 광고물까지.

필은 친구이자, 유진에 있는 오리건 대학의 트레이너였던 빌 바워맨과 함께 회사를 이끌었다. 빌은 새로운 모험을 즐기는 사람이었다. 그가 생각하기에 타이거 신발은 너무 **딱딱**해서 신고 다니기 불편했다. 어느날 아침 그는 멋진 아이디어가 떠올랐다.

아침에 그가 식탁 앞에 앉아, 아무 생각 없이 와플 기계를 보았을 때만 해도 아직 잠에서 덜 깬 상태였다. 그때 갑자기 묘안이 떠올랐다. 이 와플 기계는 신발을 만드는 데 매우 유용하게 쓰일 것 같았다. 그러자 갑자기 잠이 확 깼다. 바로 이 기계를 사용하여 신발의 밑창을 만드는 것이다. 그러면 착용감이 부드러워 신고 다닐 때도 발이 훨씬 편할 것이다. 그는 재빨리 기계 안에 고무를 채워넣고, 고무로 된 와플을 만들었다. 그리고 조심스럽게 오려내 신발의 바닥에 붙인 뒤, 잘 아는 운동선수에게 신어보게 했다.

"한번 신어보고 어떤지 말해 줘. 엄격하게 따져보고 솔직하게."

그 신발을 신어본 운동선수는 매우 만족하여 높은 점수를 매겼다.

"이 신발은 곧 세상을 바꿀 거야!"

필 역시 확신에 차서 소리쳤다. 이제 결론은 분명했다.

"우리는 이 신발을 반드시 시장에 내놓아야 해!"

신발을 만들 가죽과 고무를 주문하는 일부터 신발을 포장할 상자의 인쇄까지 모든 것이 준비되었다. 그런데 단 한 가지, 하마터면 빠뜨릴 뻔한 게 있었다.

필은 당장 캐롤린을 불렀다.

"로고가 필요해, 캐롤린. 줄무늬 말야."

스포츠화의 양 옆에 부착되는 로고는 아디다스의 영향으로 줄무늬이건 아니건 간에 모두 「줄무늬」로 불렸다.

캐롤린은 일에 착수했다. 스포츠화를 위한 로고. 그녀는 거의 모든 것을 디자인해 봤지만, 「줄무늬」는 처음이었다. 캐롤린은 먼저 경쟁사들의 로고를 연구하기 시작했다. 물론 가장 적수는 아이다스 상표의 세 줄 무늬였다. 며칠 동안 그녀는 새 디자인에 몰두했다. 새로운 도안을 만들고 또 그것을 폐기하고……. 그렇게 수도 없이 반복했다. 마침내 그녀는 그리스 신화의 세계에서 원하던 것을 발견했다. 제우스 신을 비롯해 신화 속에 등장하는 모든 신의 날개를 모티프로 삼기로 한 것이다. 그들에게는 무언가가 있었다. 그것은 사랑도 다른 어떤 것도 아닌 승리였다.

"시합에서 가장 중요한 것은 당연히 승리하는 것이지!"

캐롤린은 큰 소리로 중얼거렸다. 그녀는 일에 열중한 나머지 바로 옆에서 전화벨이 울리는 것조차 몰랐다. 수화기를 통해 들려온 소식은 그녀를 깜짝 놀라게 했다.

"캐롤린, 지금 당장 디자인이 필요해! 내일 모레 신발 상자가 인쇄돼야 한다고!"

캐롤린은 한쪽 팔에 서류가방을 낀 채 포틀랜드의 회사로 향했다. 도착하자, 네 명의 남자가 그녀를 기다리고 있었다.

"흠, 내 맘엔 들지 않아."

한 명이 말했다.

"꼭 퓨마 로고를 거꾸로 누인 것 같지 않아?"

이번엔 다른 사람이 말했다.

"이걸 보니 몇 년 전에 보았던 크라이슬러 캠페인이 떠오르는군."

세번째 남자가 말했다. 게다가 네번째 남자는 심한 거부반응을 보였다.

"아디다스의 줄무늬는 신발의 곡선을 강조하고, 퓨마 로고는 축구를 강조하지. 그리고 타이거의 로고는 둘 다 돋보이게 한다고. 그런데 이건 아무런 의미가 없어. 단지 장식용일 뿐이야."

이제까지 헛수고를 했군. 캐롤린은 속으로 생각했다. 「멀리서도 눈에 잘 띄는 줄무늬를 만들어줘. 속도, 도약, 움직임을 상징하는 걸로 말야」 하던 필의 말이 아직도 귓가를 맴돌았다. 여기 그녀의 디자인이 펼쳐져 있었지만, 네 명의 평가단은 오로지 냉소적인 반응만 보일 뿐이었다.

캐롤린은 점점 행운이 멀어지는 걸 느꼈다. 아니, 괴로워서 미칠 지경이었다. 이 사람들은 모두 아디다스의 줄무늬에 푹 빠져 있어. 그들은 새로운 걸 원하지 않아. 관습적인 사고에서 벗어나지 못하는 거야. 바로 아디다스의 로고에서 말이야. 캐롤린은 그들과 그 스포츠화에 호감을 갖고 있었다. 그런데 반응은 전혀 뜻밖이었다.

그러나 거기엔 필이 있었다. 그가 이 일을 부탁한 사람 아닌가.

"흠, 마음에 꼭 든다고 말하지는 않겠어. 하지만 점점 애정이 생길 것 같아."

이런 기대감으로 문제가 해결되었다. 사실 다른 방도도 없었다. 왜냐하면 인쇄소의 공정이 이미 정해져 시간이 촉박했기 때문이다. 필은 그 도안을 받아들였고, 캐롤린이 원한 대로 35달러를 지불했다.

1972년 초, 캐롤린 데이비드슨이 디자인한 로고의 신발이 시장에 첫선을 보였다. 그로부터 몇 주일 뒤, 사람들은 「갈고리 모양」의 로고가 붙은 신발을 찾기 시작했다. 캐롤린이 그리스 신화의 날개에서 영감을 얻은 갈고리 모양이 이제 트레이드마크가 되는 순간이었다.

■ ■ ■

캐롤린 데이비드슨은 그동안 포틀랜드에서 원맨 숍 형태로 디자인 숍을 경영했다. 그녀가 혼자서 일을 하는 이유는 가장 좋아하는 일을 할 수 있기 때문이었다. 즉 자신의 아이디어를 마음껏 창조해 내는 일이다. 그동안 그녀는 그림엽서, 신문광고, 팜플렛, 벽지 등을 제작했다. 그녀가 가장 아끼는 작품은 워싱턴에 있는 야키마 모텔의 벽지 디자인이었다. 그리고 지금은 없어졌지만, 미용 숍을 운영하던 회사의 로고나 한 제과회사의 빵에 붙이는 상표를 제작한 것도 그녀에겐 가슴 뿌듯한 일이었다. 이 디자인들은 모두 그녀의 손길을 스쳐갔지만, 전혀 다른 이미지를 보여주었다.

캐롤린은 로고 사건 이후에도 몇 번 더 필과 함께 일했다. 그렇지만 청탁은 점차 뜸해졌다. 이 신발회사는 나날이 그 규모가 커졌지만, 캐롤린은 그녀가 원하는 것, 즉 「원맨 숍」을 운영하는 데 만족했기 때문이다.

그 전화벨이 울린 건 1983년의 늦여름 어느날이었다. 전화를 받아 보니 필이었다. 필은 마치 둘 사이가 적어도 친척간이라도 되는 것처럼 친근하게 이름을 부르며 말을 이었다.

"그동안 안 본 지 오래 됐지? 점심식사에 초대하면 응해 줄 거야?"

캐롤린은 오랜 생각 끝에 짧게 대답했다. 「흐음……」이라고, 마치 그를 처음 만났을 때처럼. 캐롤린은 필을, 그리고 그의 유머를 좋아했고, 그가 자신의 로고를 정말로 마음에 들어했다고 생각했다. 그것도 대단히 만족했을 게 분명하다고 그녀는 확신했다.

1983년 9월 15일 약속장소에 도착했을 때, 그녀는 주차할 공간을 찾지 못해 애를 먹었다. 레스토랑 앞은 차들로 꽉 막혀 있었다. 마침내 실내로 들어섰을 때, 그녀는 내빈들로부터 정중하게 인사를 받았다. 레스토랑 안은 온통 그녀가 만든 로고로 뒤덮여 있었다. 12년 전에는 아무도 좋아하지 않던 그 갈고리 모양의 로고 말이다. 게다가 어떤 것은 초콜릿으로 만든 것도 있었다.

"필! 이 모든 걸 날 위해 준비한 거예요?"

캐롤린은 감격 그 이상의 감정이었다. 필은 그녀에게 반지를 선사했다. 갈고리 모양 안에 다이아몬드가 박혀 있는 반지였다. 그리고 캐롤린이 그 「갈고리 로고」를 만든 사람이라는 증서도 전달했다. 그러면서 그는, 이 증서는 신발이 망가져서 반환받으려는 사람들을 위한 보험증서라고 덧붙였다. 그것은 필의 유머였다. 그는 짧게 감사의 말을 하고 나서 캐롤린에게, 그동안 세계적인 기업으로 성장한, 그리고 세계에서 가장 유명한 스포츠 상표가 된 회사의 주식을 얼마 건네주었다.

나이키. 그것은 다이내믹함과 운동, 성공을 뜻했다. 그리고 그것은 승리의 상징이었다.

■ ■ ■

필 나이트는 블루 리본 스포츠사가 타이거사와 갈라진 후, 1972년 나이키사를 세웠다. 미국의 육상선수 스티브 프리폰테인은 나이키 신발을 신은 최초의 운동선수로 기록되었으며, 5년 뒤에 대만과 한국에 최초의 공장이 세워졌다. 그리고 1978년 최초의 큰 거래가 이루어졌다. 존 매켄로가 광고계약에 서명한 것이다. 다시 1년 뒤 나이키는 스파이크화의 넘버 원이 됨과 동시에 리복과의 경쟁에서 이겼다. 800미터에서 1만 미터까지의 모든 달리기 세계기록은 나이키를 신은 선수들에 의해 이루어졌다.

필은 신의 은총을 받았다. 그는 정확한 감(感)을 가졌을 뿐만 아니라 유능한 사람에게 찾아온다는 행운 또한 가졌다. 예를 들어 광고 모델을 찾던 그는 마이클 조던이라는 선수를 만나게 되었다. 사실 필은 당시 최고의 육상선수였던 매직 존슨이나 래리 버드와 계약하고 싶었으며, 농구선수는 아예 생각조차 않고 있었다. 그러나 이 두 육상선수와는 계약할 기회를 얻지 못했다. 그래서 할 수 없이 노스캐롤라이나 대학 졸업생인 조던을 선택한 것이다.

나이키사는 조던을 위해 특별한 신발을 만들었는데, 그것이 바로 「에어 조던」이다. 하지만 NBA에서 검은 신발은 허용되지 않았기 때문에 검은색과 빨간색으로 된 그 신발은 불법이었다. 그래서 조던에게는 매 경기마다 1천 달러의 벌금이 부과되었는데, 필은 그 벌금을 순순히 지불했다. 결국 「에어 조던」은 토론의 대상이 되었고, 심한 찬반 양론으로 갈라졌다. 하지만 그것은 광고보다도 더 효과적이었다. 점점 더 많은 사람이 이 신발을 원하게 되었다.

어쩌면 그때 필이 캐롤린 데이비드슨에게 말을 건 것은, 필이 천부적으로 가지고 있던 성공에 대한 직감력 때문이었는지도 모른다. 결국 그녀가 역사상 가장 유명한 로고를 창조해 냈으니 말이다. 그것도 아주 신속하게.

유명한 『US 스포츠』지의 리키 릴리 기자는 어느 논평에서 이렇게 썼다.

「그녀의 이름이 역사의 한 페이지를 장식하는 것은 당연하다. 이 갈고리 모양은 스포츠 역사상 가장 유명한 상징이다. 이 갈고리는 기업의 상호가 나타나지 않아도 될 정도로 막강한 힘을 발휘한다. 광고에도, 신발에도, 심지어 이 기업의 편지지에도 갈고리 표시만 찍혀 있다.

그렇더라도 그 속에 어떤 의미가 숨어 있는지 모르는 사람은 없다. 갈고리 표시는 공기처럼 가볍고, 바람에 펄럭이며, 기분을 고조시킬 뿐 아니라 인생에서 가장 중요한 문서를 작성할 때 기꺼이 만년필로 살짝 그어올린 마지막 작은 표시와 같다.」

그러나 캐롤린은 인생의 가장 중요한 문서에 이런 멋진 표시를 그려넣지는 못했다. 그녀가 세계에서 가장 유명한 로고를 만들고, 그 대가로 요구한 것은 겨우 35달러였다. 그로부터 12년이 지나 몇십억 달러의 매상을 올린 뒤, 필 나이트는 작은 주식 분배로 이 창조주에게 고마움을 표시했다.

"당시 그들은 더 지불할 능력이 없었어요. 더 많이 요구했다면, 아마 내 디자인을 쓰지 않았을 거예요. 그들도 돈이 없었으니까요."

캐롤린은 확고하게 말했다. 그녀에게 배당된 주식은 감사의 표시였다. 양이 얼마나 되는지 캐롤린의 가족말고는 아무도 모른다.

"그렇다고 백만장자가 된 건 아니에요."

이 말이 그 규모에 대해 그녀가 밝힌 유일한 정보다.

하지만 그녀의 로고는 수백만 달러의 가치를 가지고 있다. 만약 그녀가 다른 식으로 계약을 체결했더라면, 상황은 크게 달라졌을 것이다. 예를 들어, 사업이 성공하면 이윤의 몇 퍼센트를 받는 조건이었다면 말이다. 나이키사는 여전히 매년 90억에서 100억 달러의 수입을 올린다.

"난 디자이너였을 뿐, 판매원은 아니었답니다."

캐롤린 데이비드슨은 스스로를 방어하듯 말했다.

오늘날 캐롤린 데이비드슨은 디자인과 미술을 전공하는 수많은 학생들의 우상이다. 하지만 그녀가 나이키 로고를 만들었을 때와는 세태가 많이 달라졌다. 이제 사람들은 자신이 만든 로고가 히트하기를 바랄 뿐만 아니라 마땅히 그에 따른 풍족한 사례를 받고자 한다. 모든 사람이 캐롤린처럼 소박한 생각을 하는 것은 아니다.

"사람들을 만나면 먼저 신발을 보게 되지만, 갈고리 모양이 몇 개나 있는지 세어보지는 않아요."

하지만 그러면서도 그녀는 자신의 작품에 강한 자부심을 느낀다. 특히 마이클 조던의 모자에서, 메리 피어스의 머리띠에서, 가브리엘 리스의 비치 발리 볼 상의에서, 브라질 축구대표 팀의 팀 운동복에서 그 로고를 발견할 때면…….

혹은 그날처럼 안드레 아가시의 티셔츠나 수건에서 그 로고를 발견했을 때, 캐롤린은 「최고」라고, 아니 「정말 최고」라고 감탄하는 것이다.

수치심만

아니었다면 에마는 큰 소리로 엉엉 울었을 것이다. 대신 애꿎은 베개 속에 얼굴을 파묻고 이따금씩 흐느끼는 것으로 만족해야 했다. 어떤 일이 있어도 다른 소녀들이 눈치채게 해서는 안되었다. 이제 다시는 이러지 말아야 할 텐데, 엄마가 보고 싶다고 이렇게 징징 짜는 건 나이에 어울리지 않고 품위도 없는 짓이야. 마돈나는 굳센 여자이고 자의식도 강하니까 이렇게 울지 않았을 거야.

마돈나, 광기의 여자! 에마는 그녀처럼 세계적인 가수가 되고 싶었다. 우상인 마돈나를 생각하면서 자신을 달래보지만 순간의 위로일 뿐 18세 소녀는 계속 쏟아지는 눈물을 닦아내었다. 흐르는 눈물을 닦아본들 무슨 소용이랴, 잠시 후면 또 쏟아질 텐데.

오늘 그녀는 파고들고 싶을 만큼 따스한 엄마 품에서 잠잘 수도 있었다. 마돈나는 너무 먼곳에 있어 닿을 수 없지만 그녀의 엄마는 같은 도시 안에 있었다. 하지만 가까이 있어도 찾아갈 수 없으니 아주 멀리 있는 것과 별반 다르지 않았다. 대개 소녀들이란 심하게 울 때면 약간 격정적으로 되게 마련이어서, 에마는 드디어 이불까지 뒤집어썼다. 집을 떠나온 첫날부터 이럴 줄이야, 미처 예상하지 못했던 일이다.

남자친구 팀이 안아주었더라면 엄마와 헤어진 슬픔을 쉽게 이겨낼 수 있었을지도 모른다. 하지만 그 바보 같은 녀석은 다른 여자애 때문에 2년 전 자신의 곁을 떠났다. 더러운 자식. 에마는 앞으로 그와 같은 이상적인 남자를 다시는 만나지 못할 것이라고 확신했다. 런던의 한 소극장의 무대 옆에서 팀은 부드럽게 애무해 주었고 그녀를 진정한 여자로 만들어주었다. 아, 잊을 수 없는 그날!

하지만 지금 에마는 엄마도 팀도 없이 런던의 근교에 자리잡은 한 별장에 있다. 잘 알지도 못하는 네 명의 다른 선발된 소녀와 함께 한 지붕 밑에 있게 된 것이다. 앞으로 몇 달 동안 그들과 좁은 공간에서 함께 자고, 함께 먹고, 함께 일해야 한다. 그들의 매니저는 짜여진 스케줄에 따라서 그녀들을 매일 군인처럼 연습시켰다.

늦은 밤, 보브와 크리스는 부엌에서 맥주를 마시고 있었다. 오늘 하루, 그들은 여러 문제를 해결하느라 진땀을 뺐기 때문에 술을 찾을 만도 했다. 하마터면 그들의 야심찬 프로젝트가 시작부터 수포로 돌아갈 뻔했기 때문이다. 다행스럽게도 그들은 에마를 발굴해 냈고, 이 소녀는 정말 재능이 번뜩이는 녀석이어서 장차 스타가 될 만했다. 스타가 되기 위해 필요한 것들은 이제 자신들이 가르쳐줄 것이다. 그들은 소녀들이 실신할 때까지 연습시킬 작정이었다.

매니저들은 얌전하기보다는 남자 같은 모습을 한 소녀로 구성된 그룹을 만들 계획이었다. 그들은 아직 팝계에 이런 그룹이 없다는 것을 발견했다. 〈Take That〉과 〈East 17〉이란 두 곡은 남자의 목소리가 전혀 들어가지 않고 대신 소녀들만 부른다.

보브와 크리스는 자신들의 계획을 추진해 나가면서 처음부터 신이 나 있었다. 「마음」 매니지먼트 회사는 자유분방하기로 소문나 있었고, 두 명의 사장은 부자간인 동시에 서로에게 가장 좋은 친구였다. 아직 그들의 프로모션 회사는 작은 가족기업이었으나, 지금 진행하고 있는 소녀 그룹으로 놀랄 만한 돌파구를 만들고자 했다.

그들은 앞으로 이 프로젝트를 어떻게 진행시킬지 처음부터 끝까지 철저하게 준비해 놓고 있었다. 당장 보브와 크리스에게 급한 것은 다섯 명의 톡톡 튀는, 노래도 부르고 춤도 출 수 있는 소녀들을 찾는 일이었다. 두 사람은 그 분야의 신문인 『스테이지』지에 광고를 내기로 결정했다. 1994년의 어느날, 구인란에서 다음과 같은 광고를 볼 수 있었다.

「넌 18세에서 23세 사이니? 넌 노래를 부르고 춤을 출 수 있니? 야망이 있고 특별나며 의무감이 있니? 「마음」 매니지먼트는 아주 성공한 뮤직 매니저의 집단으로서, 레코드 녹음을 위해 지금 여성 팝 밴드를 모집하고 있음.」

영국 전체에서 600명의 소녀가 바로 자기야말로 그들이 찾고 있는 주인공이라고 생각했다. 결과를 말하면, 크리스가 값싼 경비행기를 타고 원하는 여자애들을 찾기 위해 몇몇 배우학교와 무용학교를 기웃거릴 필요조차 없었다. 왜냐하면 오디션이 있던 1994년 3월 4일, 런던에 있는 한 작은 스튜디오는 소녀들로 인산인해를 이루었기 때문이다. 보브와 크리스는 자신들의 프로젝트를 생각하면서 흐뭇해졌다. 그러기 위해서 오늘은 우선 1차로 10명의 소녀만 선발해야 했다.

■ ■ ■

오늘따라 어머니 페니가 몸이 좋지 않아서 미셸 스티븐슨은 차 시간에 조금 늦었다. 그녀는 어머니의 이마에 키스를 한 뒤 런던에서 열리는 오디션에 참석하기 위해 서둘러 짐을 꾸렸다. 신문에 실린 광고는 그녀가 고향인 옥스퍼드 주의 애빙던을 떠나 좀더 넓은 세계로 나갈 수 있는 좋은 기회였다.

오디션을 30초 동안 한다고? 설마 농담이겠지. 미셸은 정말 이해할 수 없었다. 그렇게 짧은 시간에 누가 재능이 있는지 어떻게 알 수 있다는 거지?

30초 동안 오디션을 받게 된다는 말에 화가 나서 미셸은 마치 벌떼에 둘러싸인 여왕벌처럼 사람들로 둘러싸인 여성 조연출자에게 다시 한 번 물어보았다. 대답은 마찬가지였다. 30초! 좋아! 미셸은 오디션을 위해 꼼꼼하게 준비해 두었던 곡을 즉석에서 다른 노래로 바꿔버렸다.

새로 선택한 곡은 다이너 캐롤의 〈Don't be a stranger〉였다. 시간이 너무 짧아 곡 전체를 부를 수는 없는 노릇이라, 멋진 후렴구 부분만 부르면서 세련되게 춤을 춘다면 반드시 성공할 것이다. 지금까지 이 노래를 부르는 자신을 보고 반하지 않은 사람은 아무도 없었으니까. 사람들은 모두 미셸의 목소리를 칭찬했고, 게다가 그녀는 예쁘기까지 했다.

하지만 그것으로 모든 일이 해결되지는 않았다. 복도에서 오디션을 준비하느라 신경이 예민해져 있는 다른 여자애들 역시 예쁘긴 마찬가지였기 때문이다. 이들과 경쟁해서 선발될 수 있을지 미셸은 확신할 수 없었다. 어쨌거나 오디션에 들어가기 전, 그녀는 마지막으로 야성적으로 보이는 자신의 검은 곱슬머리를 빗었다. 잠시 후 그녀가 호명되었다.

쇼 타임!

오디션에서 심사위원들로부터 박수를 받았던 때가 언제였는지 미셸은 기억할 수 없었다. 그녀는 기대했던 것보다 반응이 훨씬 좋아서 얼굴이 발개졌다. 보통 때 같으면 오디션을 마치고 무대를 내려올 때 「조만간 연락드리죠!」라는 정중하고도 형식적인 말만 들었을 것이다. 그러나 심사위원들로부터 박수를 받다니! 그녀의 이름은 당당하게 합격 리스트에 올랐고 최종 후보자 10명 가운데 들어갔다.

4월 28일에 이루어진 두번째 심사는 형식적인 것이었다. 미셸은 이 날 최고의 컨디션이었다. 심사위원들은 후보자들의 노래, 춤, 외모와 인간성에 1점에서 10점까지의 점수를 매겼다. 미셸 스티븐슨이 유일하게 최고점수를 받았으며, 세 명의 다른 소녀들이 이어 영예를 차지했다.

마지막으로, 제리는 모델일 때문에 첫번째 오디션에는 참가하지 못했지만 끈질기게 부탁해서 예외로 노래를 부를 수 있었다. 크리스 허버트는 그녀가 다른 소녀들보다 나이가 약간 더 많다는 사실을 그 자리에서 알아챘다. 그래서 실제로 몇 살인지 묻자 제리는 교묘하게 얼버무렸다.

"편할 대로 생각하세요. 원하시면 지금보다 나이가 훨씬 많이 들 수도 있고, 또 어려 보이길 원하시면 가슴이 커다란 10대 소녀도 될 수 있죠."

그러자 크리스는 더이상 묻지 않았고, 이로써 제리는 마지막 멤버로 그 밴드에 들어왔다.

이 소녀 밴드는 팝계를 휩쓸기 위해 「터치(Touch)」라는 이름으로 등장했다. 얼마 후 그들은 밴드의 이름을 「스파이스 걸스(Spice Girls)」로 바꾸며, 팝계뿐 아니라 전세계를 손아귀에 넣었다.

■ ■ ■

윌리엄 왕자는 영국에서 가장 인기 있는 청년이다. 부자고 잘생겼으며 왕위 계승자인 그는 영국에 있는 모든 소녀, 아니 모두는 아니더라도 거의 모든 소녀를 가질 수 있다. 하지만 그렇게 젊고 잘생긴 왕자도 자신의 기숙사 침대 위에 붙여놓은 포스터에서 보듯, 뻔뻔스런 표정으로 웃고 있는 다섯 명의 뜨거운 소녀들을 손에 넣을 수는 없다. 소녀들 또한 윌리엄 왕자를 가까이할 수 없기는 마찬가지다.

여왕은 만약 손자가 되바라진 팝계의 계집애들 중의 한 명과 연애한다는 소식을 듣게 되면 즐거워하지 않을 것이다. 남자들과 자면 어떤 점이 좋은지 거리낌없이 얘기하고, 화분에 오줌을 갈겨대고, 식탁 모서리에 코딱지를 바르는 것이 재미있다고 생각하는 소녀들이 왕자와 사귄다면 영국 왕실의 자랑거리가 결코 못 될 테니까.

'전문가가 되려고 대학에 갈 필요는 없어. 그러니 교육은 더더구나 필요없지. 머리에는 든 게 없어야 하고, 성공을 위해서는 과감히 뛰어들어야 하며, 짧은 스커트를 걸치는 것도 잊어서는 안되지. 그것으로 충분해'라는 생각으로 어차피 엘리자베스 여왕이 살고 있는 성으로 들어갈 수는 없을 것이다.

여왕에 비하면 영국의 총리인 토니 블레어는 그 정도로 완고하지는 않았다. 「외로운 섬에 혼자 있게 된다면 당신은 뭘 가져갈래요?」 이렇게 묻는다면 그는 분명 반항적인 소녀 밴드의 CD를 가져갈 것이다. 물론 하고많은 사람 중에 그가 아주 싫어했던 전임자 마가렛 대처 수상을 소녀들이 자신들의 우상이라고 말했지만. Mel. B, Mel. C, 빅토리아, 제리, 에마는 철의 수상 대처야말로 세계 최초의 「스파이스 걸」이라고 생각했다.

「스파이스 걸스」는 오늘날 하나의 대기업이라 할 수 있다. 레코드판을 판매해서 나오는 수입만 하더라도 밴드 한 사람당 2,100만 유러를 벌었고, 그외에도 펩시와 같은 세계적인 대기업과 광고계약을 하거나 상거래 특허를 통해 4,900만 유러를 벌어들였다. 마스코트, 자체 모델 라인, 포스터의 로고들, 커피잔, 아이스크림, 과일 주스, 소형 오토바이, 비디오와 드라이기를 다루는 업종은 이 밴드를 광고에 이용해서 팝 역사상 가장 어마어마한 돈을 창출해 내었다. 또한 다섯 명의 가수이자 사업가인 소녀들은 한 권의 책과 한 편의 영화를 내놓기도 했다.

「스파이스 걸스」는 그처럼 대단한 것을 해냈다. 소녀들의 파워여 영원하라! 물론 모든 분야에서 성공했다기보다는 재정적인 면에서 그 러했다. 밴드가 활동하는 사이에 제리가 멤버에서 떠났지만, 돈 상자 는 계속 채워졌다. 세계적인 히트곡들이 연달아 발표되면서 그로부터 들어오는 엄청난 수익금이 그렇게 빨리 고갈될 리가 없기 때문이었다. 한번 「스파이스 걸」이 된 사람은 평생 생활고에 시달리지 않아도 될 정도였다.

하지만 미셸 스티븐슨은 그같은 행운의 주인공이 될 수 없었다. 밴 드의 초창기 멤버로서 재능은 특출했지만 너무 일찍 밴드를 떠나버렸 기 때문이다. 그녀 대신에 들어와 베이비 스파이스(Baby Spice)로 더 유 명한 에마 리 번튼이 세계적인 스타가 되었다.

■ ■ ■

미셸은 개성이 강했다. 그녀는 사생활에서뿐 아니라 예술활동을 할 때에도 자신만의 독특한 스타일을 가지고 있었다. 런던의 근교에 있 는 한 별장에서 선발된 네 명의 소녀들과 함께 지내야 하는 것은 받아 들일 수 있는 문제였다. 하지만 사람들이 그녀의 성격을 바꾸려고 했 을 때 미셸은 그저 당하고만 있을 수 없었다.

밴드는 멤버 각자보다 더 중요하고, 전체는 부분을 합한 것 이상이 라는 점은 물론 맞는 말이다. 미셸은 언제까지 계속될지 모르는 노래 와 춤연습을 끝까지 책임감 있게 해낼 만큼 프로 정신도 갖추고 있었다. 또한 기본적으로 그 밴드가 설정한 목표에 대해서도 전혀 반대하지 않았다. 소녀들의 파워, 왜 안되겠어? 새롭게 결성된 밴드가 대중의 인기를 얻기 위한 경쟁에서 눈에 띄려면 뚜렷한 특징이 있어야 한다. 하지만 그 모든 것은 한계가 있게 마련이다.

다른 소녀들은 미셸과 같은 고민이 없었다. 그들은 매니저가 원하는 모든 일을 한다는 사실이 오히려 미셸에게 놀랍기만 했다. 그리고 그들은 골치아픈 질문도 하지 않았다. 아직까지는. 어쩌면 그들이 단순하기 때문에 그랬을지도 모르지만, 어쨌든 미셸은 그런 점에 대하여 화를 내는 것은 결코 아니었다. 그러나 미셸은 옆에 있는 계집애들처럼 무례하고 돼먹지 못한 여자애가 아니라 천성적으로 고상한 기질을 가지고 있었다. 「스파이스 걸스」라는 밴드의 이미지에 맞추기 위해 그녀는 자신의 개성을 조금씩 바꿔야 했는데, 그런 식으로 계속 살아갈 수는 없었다.

다른 소녀들과 싸우지는 않았지만 미셸이 그 밴드에서 아웃사이더라는 사실은 일찌감치 드러났다. 천성에 맞지 않았기 때문에 그녀는 다른 소녀들처럼 욕설을 밥먹듯 할 수 없었고 멍청한 짓거리도 하지 않았기에 자연스럽게 구분되어 버렸다.

엎친 데 덮친 격으로 다른 문제까지 생겨서 미셸은 밴드가 성공하기 전에 「스파이스 걸스」를 떠나야 했다. 미셸은 유방암에 걸린 어머니 곁에서 병간호를 맡았다. 마침내 건강을 회복한 미셸의 어머니는 그녀에게 평생토록 고마워할 것이다.

밴드를 떠나고 어머니가 완쾌된 뒤 미셸은 다시 대학으로 돌아가 고전문학과를 졸업했다. 현재 그녀는 솔로 경력을 쌓기 위해 열심히 일하고 있다. 런던 극장에 출현하는 것 외에도 직접 팝송을 쓰고 있으며 언젠가 녹음도 하려 한다. 이번에는 「스파이스 걸스」처럼 행동하거나 노래할 필요 없이 자신만의 스타일을 살리면 된다.

미셸이 제 발로 밴드를 떠난 뒤 스파이스 걸스의 매니저 보브와 크리스는 그녀가 밴드를 탈퇴한 이유에 대해 이러쿵저러쿵 떠들 필요가 없었다. 그녀를 대신해서 다른 소녀를 구하면 되었으니까. 미셸이 떠난 자리를 에마가 임시로 메워주다가 정식으로 그룹에 들어오게 되었고, 이즈음에 이르러 보브와 크리스가 발굴해 낸 소녀들은 자신들의 주장을 내세울 수 있을 만큼 훌쩍 커버렸다.

그들의 첫번째 히트곡 〈Wannabe〉가 발표되기 전, 매니저와 소녀들 사이에 생겨난 불화는 한계에 부닥치게 되었다. 거의 1년간 계속되었던 연습기간이 끝나가고 있었지만 그들이 반드시 성공하게 되리라는 확신도 없었고, 그러면 그럴수록 Mel. B, Mel. C, 빅토리아, 제리와 에마는 매니저들에게 강하게 반발했다. 매니저가 원하는 밴드의 이미지는 약간 사악한 소녀 밴드였으나 정작 소녀들은 그야말로 거칠고 돼먹지 못한 모습으로 대중 앞에 나서고 싶어했다.

본격적으로 활동을 시작하기 전에 매니저들을 해고하면서, 「스파이스 걸스」는 여성 파워가 무엇을 할 수 있는지 분명하게 보여주었다. 버진 레코드사와 계약을 체결하고, 「유리스믹스」의 여가수였던 애니 레녹스를 새로운 매니저로 채용하면서 소녀들은 보브와 크리스에게 돈을 지불했다.

"우리는 프랑켄슈타인을 만들었고 그는 우리를 배반했습니다."

나중에 보브 허버트는 자신들을 해고한 소녀들을 염두에 두며 간략하게 말을 했다. 그러나 그는 「스파이스 걸스」의 초창기 시절에 관해서 더이상 속속들이 얘기할 수는 없었다. 왜냐하면 입을 다물기로 계약서에 사인했기 때문이다. 한편 소녀들은 그가 혹시 약속을 어기지나 않을지 두려워할 필요가 없게 되었다. 1999년 8월, 보브 허버트는 자동차 사고로 사망하고 말았기 때문이다.

「베이비 스파이스」라는 가명을 가진 수백만장자 에마 리 번튼은 예전처럼 지금도 런던에 있는 작은 집에서 어머니와 함께 살고 있다. 여러 차례 세계공연을 다니면서 혼자 자는 것에 익숙해졌지만, 그러는 가운데도 그녀가 얼마나 어머니를 그리워하는지는 뮤직 비디오에 담긴 노래를 들어보면 알 수 있다. 어떤 사람도 메가톤급 히트곡인 〈Mama〉를 베이비 스파이스처럼 열정적으로 부르지는 못할 것이다. 하지만 미셸 스티븐슨이라면 더 잘 부를 수 있을지도 모른다.

한 번의 서명으로 부와 명예를 놓친 「테트리스」 발명가, 바딤 게라시모프

게임 오버

바딤 게라시모프는 자석에 이끌리듯, 붉은 광장을 향해 황급히 몰려드는 군중을 따라갔다. 이 17세 소년은 그곳에 어떤 흥미로운 것이 기다리고 있을지 전혀 감을 잡을 수 없었다. 언뜻 눈에 비친 것은 단지 수많은 인파였다. 그가 곧 목격할 것은 비행기였는데, 그것은 「몰로트제스」라는 단어말고는 다른 어떤 말로도 표현하기 어려웠다. 러시아인들은 특별히 놀랍고 감탄을 자아내는 사람을 몰로트제스라고 불렀다. 몰로트제스는 영웅이었다. 구소련에서 영웅은 언제나 대중을 사로잡는 자석이었다.

바딤이 붉은광장에 도달했을 때, 수백 명의 인파가 이미 모여 있었다. 이 군중 한가운데서 발견한 것은 작은 경비행기인 세스나 172였다. 바딤과 비슷한 나이로 보이는 한 젊은이가 서구에서 경비행기를 몰고 날아와 크렘린 궁전 위를 우아하게 한 바퀴 돌고 난 후 바질리우스 대성당 뒤에 있는 레닌의 묘 근처에 착륙한 것이다.

"세상에, 믿기지 않아!"

바딤은 감동받아 더이상 말이 나오지 않았다. 그는 비행사를 가까이에서 보려고, 그리고 그의 입으로 직접 모험담을 들으려고 비행기 쪽으로 다가갔다. 하지만 쉽지 않았다. 사실 여기 모인 사람들은 모두 비행기 쪽으로 몰려드는 중이었고, 이미 수많은 사람들이 자신을 환영하는 분위기를 즐기는 것처럼 보이는 그 젊은이를 에워싸고 있었다. 그 청년은 기꺼이 자신의 모험담을 들려주었다. 물론 서로 의사소통

이 이루어지는 한도 내에서 말이다.

바딤을 포함한 학생들과 군인, 농부들은 청년의 말을 한마디도 놓치지 않으려는 듯 그의 입술의 움직임을 주의 깊게 응시했으며, 그중 몇몇은 사인을 받기도 했다. 한 노부인은 장바구니에서 빵 한 덩이를 꺼내 그 청년에게 건네주었다. 그토록 긴 여행을 한 뒤라면 배가 고플 거라고 생각한 것이다. 몇몇 군인과 크렘린 궁의 보초, 그리고 KGB 요원들조차 이 비행사와 함께 기념사진을 찍었다.

그러나 아무도 1987년 5월 28일 18시경 이루어진 이 착륙이 허가를 받지 않고 이루어졌다고는 생각지 않았다. 하지만 어느 순간 크렘린 궁에서 민병대가 나타나더니 마티아스 루스트라는 이름의 이 청년을 끌고 갔다. 그는 심문을 당한 후에 악명 높은 모스크바의 레포르토보 교도소로 보내졌고, 거기서 몇 년을 살아야 했다.

"그 녀석은 말이야, 우리나라 사냥개들한테 총세례를 받지도 않았대. 헬싱키에서 저공비행으로 수백 킬로미터를 날아오면서 소비에트 영공을 거쳐 모스크바까지 아무 제약도 받지 않고 날아온 거야."

다음날 바딤은 학교 친구들 앞에서 자랑스레 떠들었다. 친구들은 그 방법이 궁금했다. 바딤은 친구들의 궁금증을 기꺼이 풀어주었다.

"원래 좌석이 네 개인데, 세 개를 떼어내고 추가 연료탱크를 만들었대. 멀리 날기 위해서 말이야."

마티아스 루스트는 모스크바에서 연일 화제였다. 그 사건은 하루 이틀이 아니라 몇 주일 동안이나 사람들 입에 오르내렸다. 어쨌든 그 독일 청년의 무허가 착륙은 국방부 장관 마샬 세르게이 소콜로프를 해임하는 결과를 낳았다. 그렇지만 그 일은 오히려 미하일 고르바초프에게는 내심 반가운 일이었다. 그로서는 체르넨코 시대의 군간부들이 여전히 세력을 잡고 있는 게 가뜩이나 불만스럽던 참이었으니까.

하지만 방공 사령관 마샬 알렉산더 콜두노프 역시 자리를 물러나야 했다. 결국 마티아스 루스트의 용감무쌍한 행동이 구소련 전체를 한 바탕 뒤집어놓은 것이다.

그리고 그 일은 바딤 게라시모프에게 마침 그날 한 장의 종이에 자신이 서명했다는 사실을 까맣게 잊어버리게 했다. 동업자 알렉세이 파이트노프와 드미트리 파블로프스키가 그에게 내민 서류에 서명한 사실을 말이다.

■ ■ ■

드미트리 파블로프스키는 모스크바 학문 아카데미의 컴퓨터 전문가였다. 그의 근무지는 「아카데미 소프트」라고 불리기도 하는 컴퓨터 센터였다. 거기서 그는 언어인식 프로그램과 인공지능을 연구했다. 그가 바딤 게라시모프를 알게 된 것은 1985년이었다.

당시 15세의 학생이었던 바딤은 컴퓨터에 굉장한 관심을 가지고 있었다. 바딤을 가르치던 교사였던 드미트리는 컴퓨터를 마음껏 쓸 수 있도록 그를 학문 아카데미로 끌어들였다. 바딤은 비범했으며, 컴퓨터 기술과 프로그래밍에 거의 빠져 있었다. 그는 이해가 빨랐으며, 이 방면에 천부적인 재능을 가진 듯이 보였다.

바딤은 학문 아카데미에서 컴퓨터로 시간을 보낼 수 있어서 매우 기뻤다. 매일 수업이 끝나면 서둘러 집으로 가서 잽싸게 밥을 먹고는 곧장 바빌로바 거리에 있는 컴퓨터 센터로 뛰어갔다. 그는 대개 늦은 저녁에, 때로는 한밤중에 집으로 돌아왔다. 처음에 그의 어머니는 걱정을 많이 했다. 하지만 아들이 여가시간에 축구공이 아닌 컴퓨터를 가지고 노는 것에 금방 적응했다. 그녀는 아들에게 일어나고 있는 변화가 아들의 장래를 결정지을 것이라고 느꼈다.

드미트리는 바딤에게 확실히 행운의 인물이었다. 그가 바딤에게 지원해 주는 일들은 그의 어머니로서는 결코 베풀 수 없는 것들이었다. 어머니 이다는 한 달에 300루블도 벌지 못했다. 그 돈은 간신히 모스크바 스베르니카 거리에 있는 작은 집의 방세를 내고, 바딤과 누이동생 이나를 먹여 살릴 수 있을 뿐이었다.

"컴퓨터를 장만한다는 것은 거의 꿈도 못 꿀 일이었죠."

바딤의 말처럼, 그의 취미는 그의 처지에서 볼 때 사치스러운 것이었다. 그렇지만 컴퓨터를 가지고 노는 것은 그에게 운명과도 같았다. 그는 언젠가는 그것이 자신의 직업이 될 것이라 믿었다.

학문 아카데미에서 바딤은 드미트리와 함께 많은 걸 공부하면서, 그와 친하게 되면 여러 모로 도움이 될 것이라고 생각했다. 바딤은 컴퓨터 게임을 즐기는 것만으로 만족할 수 없었다. 그는 곧 진짜 전문가가 되었다. 그는 컴퓨터 게임, 폐쇄 프로그램, 도용방지 소프트웨어 — 그중 가장 유명한 것은 「실드(Shield)」였다 — 등을 직접 만드는 것을 좋아했다. 그는 안티바이러스 프로그램 — 그중 하나의 이름은 프로그램 성격에 걸맞게 「닥터(Doctor)」였다 — 을 보완하고 개발했다. 심지어는 다른 사람의 컴퓨터에 바이러스를 심어서, 모니터 화면을 약간 망가뜨리기도 하였다.

바딤은 드미트리 스스로도 어려워하는 분야에서 뛰어난 기량을 보였다. 바딤은 IBM사가 개발한 서구식 컴퓨터도 매우 능숙하게 다룰 줄 알았다. 서구식 컴퓨터의 작동방식이 러시아제 컴퓨터랑은 완전히 다른데도 말이다.

언젠가 한번은 드미트리가 이 어린 친구를 시험해 본 적이 있었다.

"바딤, 내가 컴퓨터 게임을 개발했는데, 이걸 서구식 PC에서도 잘 작동되도록 해볼 수 있겠어?"

바딤은 게임 프로그램을 제대로 보지도 않고 말했다.

"물론이지, 아무 문제 없어."

지체없이 그는 일을 시작했고, 성공했다. 그가 그 컴퓨터 프로그램을 새로운 PC 버전으로 만드는 데는 하루도 채 걸리지 않았다.

"아주 좋아."

드미트리는 감동했다. 그는 동료 바딤의 어깨에 팔을 얹으며, 감동에 거의 목이 메어 말했다.

"이제부터 우리 같이 일해 보자."

이렇게 두 사람으로 시작된 팀은 곧 세 사람이 되었다. 알렉세이 파이트노프가 새로 영입된 것이다. 바딤은 알렉세이와 안면이 있었다. 그리고 바딤은 그가 프로그래밍과 컴퓨터 게임을 만드는 데 능숙하다는 것도 알고 있었다. 알렉세이는 바딤에게 자신이 개발한 것을 보여주었고, 두 사람은 그들이 가장 좋아하는 분야를 함께 하기로 다짐했다. 즉, 컴퓨터 게임을 개발해서 시장에 내다 파는 것이었다.

"우리는 아마도 한 다스의 게임을 개발해 낼 거야."

두 사람은 마치 비밀결사대처럼 결의를 했다. 기본 컨셉은 단순했다. 즉 누구나 하기 쉬운 게임이되, 재미있어야 했다. 컴퓨터에서 눈을 뗄 수 없을 만큼.

판매에 관한 부분은 알렉세이가 맡았다. 그는 이미 이 분야에 경험이 있었다. 당시 16세에 불과했던 바딤은 그것을 당연하게 여겼다. 바딤은 '난 그냥 프로그램을 만들 거야. 다른 건 아무래도 상관없어'라고 생각했다. 당시의 그에게 돈 따위는 큰 의미를 갖지 못했다. 하지만 그는 그때 상업적인 재능이 무엇을 뜻하는지 진작 알아차렸어야 했다.

매일 수업이 끝나는 대로 바딤은 자리에 앉아, 알렉세이와 드미트리한테서 받은 컴퓨터 게임 프로그램을 번역하거나 PC 버전을 만들어 냈다. 그러는 틈틈이 기발한 아이디어들이 나왔다. 그 부분이야말로 그들의 작업에서 가장 흥미진진한 것이었다. 그들은 공동으로 새로운 게임을 연구했고, 다양한 변주를 시도했다. 몇 개월 뒤 하드 디스크와 디스켓은 컴퓨터 게임으로 가득 찼다. 세 사람은 만족했다. 하지만 아직 그들이 원하는 목표에 도달한 것은 아니었다.

"내 생각에는 그래픽이 들어간 게임을 시도해 보면 좋겠어."

알렉세이가 말했다.

"네모나게 각진 것들로 만들면 어떨까?"

처음에는 게임을 하는 동안 기하학적인 모양에서 새로운 모양을 조합해 낼 수 있는 프로그램을 만들었다.

"흥미롭긴 해. 하지만 더 재미있게 만들 수 없을까?"

바딤이 말했다. 나머지 두 사람도 그의 의견에 공감했다.

"이 모양들을 창(窓) 속으로 떨어지게 해보자."

그것은 알렉세이의 의견이었다. 그 생각은 나쁘지 않았다. 첫번째 시제품이 일렉트로니카 60을 위해 개발되었고, 거기서 바딤은 PC 버전을 만들어냈다. 그리고 나서 그들은 그 게임을 더 보완했다. 거의 1년 동안이나 그들은 아주 세밀한 부분까지 보완했다.

최종적인 버전에서는 사각형의 조각들이 창 속으로 떨어졌다. 그리고 맨 마지막 줄이 완전히 차면 사라졌다. 가장 많은 줄을 없애는 사람이 이기는 식이었다. 몇 시간이고, 몇 주일이고 그들은 그 게임에 빠져 살았다. 그들은 그 게임에 거의 중독되었다. 물론 그들은 2인용 버전도 개발했다. 이 게임에서는 창에 바닥이 없었다. 한 사람을 위해서는 사각형의 조각들이 위로 올라갔고, 다른 한 사람을 위해서는 아래로 떨어졌다.

하지만 이 프로그램은 외로운 투쟁을 해야 했다. 알렉세이의 노력에도 아랑곳없이 아무도 사려고 하지 않았던 것이다. 그들은 깊은 상심에 빠졌다. 결국 사업의 실패는 팀의 내분을 가져왔다.

세 명의 컴퓨터 인재들은 서로 갈라섰다. 하지만 그건 너무 성급한 결정이었다. 왜냐하면 「테트리스」라는 이름의 이 컴퓨터 게임은 그후 러시아에서 보드카 이후 최고의 발명품이 되었기 때문이다.

■ ■ ■

테트리스가 팔리지 않은 가장 큰 이유는 아이로니컬하게도 너무나 큰 인기를 얻었기 때문이다. 그 게임은 전염병처럼 퍼져나갔다. 그러나 아무도 돈을 내고 살 생각은 하지 않았다. PC 버전이 채 완성되기도 전에 테트리스는 구소련 전체로 퍼져나갔다. 모스크바, 이르쿠츠크, 페테르부르크 등 어디서든 사람들은 테트리스를 즐겼다. 바딤은 자신이 만든 PC 버전에 대한 자부심으로 신이 났다.

그때는 아직 소프트웨어 시장이란 게 존재하지 않았다. 그래서 사람들은 요즘처럼 상점에서 소프트웨어를 구입할 수 없었으므로, 테트리스 불법복제가 판을 쳤다. PC를 가진 사람은 누구나 이 게임을 즐겼고, 너무도 열광한 나머지 디스켓에 복사하여 다른 사람에게 전파했다. 그 결과 몇 주 되지 않아, 테트리스를 깔지 않은 PC는 러시아에서 찾아볼 수 없게 되었다.

지적 소유권? 저작권? 바딤은 이제 스스로 몰로트제스가 된 마당에, 그런 것들은 그리 중요하지 않았다. 특허 신청이 뭐 그리 중요해? 내가 개발한 것이 지금 사람들을 이토록 열광시키고 있는데 말이야.

이런 상황에서 알렉세이 파이트노프가 바딤에게 한 장의 종이를 내밀었을 때, 그는 그게 무슨 의미인지 몰랐다. 그 종이에는 바딤이 테트리스에 대한 권리를 포기한다고 적혀 있었다. 바딤은 그 종이에 서명을 했다.

"난 그때까지만 해도, 그 게임이 서구에서도 인기를 누릴 것이라고는 상상도 할 수 없었어요."

그는 나중에 이렇게 말했지만 이미 때는 늦은 것이다.

바딤의 유일한 위안거리는, 그에게 서명하도록 유도하고, 혼자 특허권을 행사하려던 알렉세이 역시 부자가 되지 않았다는 사실이다. 그 대신 모스크바 학문 아카데미, 러시아 상공부, 그리고 서구의 수많은 사업가들이 떼돈을 벌어들였다. 테트리스가 서구에까지 퍼지는 데 비록 3, 4년이 걸렸고, 미국에 등장하기까지는 더 많은 세월이 걸렸지만, 어쨌든 수입을 올릴 수 있었다.

테트리스는 먼저 헝가리에서 코모도르 64와 애플 II 컴퓨터 사용자들에게 인기를 얻었다. 그러자 헝가리의 한 소프트웨어 회사가 소유하지도 않은 이 게임에 대한 권리를, 영국에 있는 그들의 에이전트를 통해 미국의 캘리포니아에 있는 스펙트럼 홀로바이트사에 팔아넘겼다. 원저작자인 세 명의 러시아인들은 그의 이름을 결코 잊어버릴 수 없을 것이다. 그의 이름은 로버트 스타인이었다. 그야말로 테트리스 스토리에서 가장 심하게 뒤통수를 때린 사람이었다.

로버트 스타인이 법적 권리를 확보하기 위해 모스크바로 왔을 때, 그가 이미 그 프로그램의 소유권을 다른 데로 팔았고, 그런데도 추가로 더 얻고자 하는 것임을 사람들은 전혀 몰랐다. 어쨌든 그는 빈손으로 러시아에서 돌아갔다. 하지만 그렇다고 그가 「철의 장막 뒤에 가려진 최초의 컴퓨터 게임」으로 장사를 하지 못한 건 아니었다. 그는 즉시 테트리스를 어느 헝가리 프로그래머 팀이 발명한 것으로 조작했다. 그리고 그것을 팔아넘겨 돈을 챙겼다. 그는 최소한 「IBM PC에 적합한 버전」을 손에 넣는 데 성공했던 것이다. 그것은 바딤 게라시모프가 개발한 바로 그 시스템이었다.

그러나 1988년 1월 「CBS 이브닝 뉴스」에서 폭탄이 터지고 말았다. 알렉세이 파이트노프를 테트리스의 발명가로 소개한 것이다. 바딤 게라시모프의 이름은 한 자도 언급되지 않았다. 테트리스에 대한 권리를 포기하는 서류에 서명했으니 당연한 일이었다. 그러자 이 시대의 가장 유명한 컴퓨터 게임을 둘러싼 공방이 뜨겁게 불붙었다. 이 일에 연루된 사람, 회사는 한 군단을 이룰 정도로 많았다. 모스크바에서 개발된 이 게임은 결국 미국에서 승리를 거두었다.

이 발명품은 미국에서 세세한 부분까지 보완되었다. 이제는 정사각형의 조각들이 위에서 아래로 떨어질 뿐 아니라 러시아의 분위기가 풍기도록 디자인함으로써 제품의 탄생지에 대해 경의를 표했다. 즉 러시아 음악, 러시아 전쟁, 붉은광장과 세스나기를 탄 마티아스 루스트의 영웅적인 착륙 장면, 인류 최초로 우주비행에 성공한 유리 가가린의 모습이 테트리스에 실렸다. 1989년, 소프트웨어 발행인연합 시상식에서 이 게임은 컴퓨터 게임의 오스카상을 받았다.

오늘날 바딤 게라시모프는 당시 자신이 서명한 것이 실수였음을 인정한다. 매우 어수룩한 실수였다.

"내 생애에 그처럼 바보 같은 날은 다시 오지 않을 것입니다."

그의 말을 믿어도 좋을 것이다. 왜냐하면 그가 이처럼 성공적인 컴퓨터 게임을 다시 개발할 가능성은 희박해 보이기 때문이다. 지금까지 대략 5천만 개의 테트리스가 팔려나갔고, 닌텐도 게임으로는 3천만 개가 팔렸다. 그런 일은 자주 이루어지는 게 아니다.

한편 그는 요즘 팔리고 있는 테트리스 게임에 대해서 그리 기분 나빠하지 않는다. 특히 서구에서 유통되는 가장 최근 버전에 대해서는 말이다. 이 버전에서는 정사각형의 조각 대신 남자와 여자를 상징하는 다양한 모양이 떠다니는데, 변화가 많은 위치에서 「짜맞춰져야」 한다. 이런 결합에 성공하는 횟수가 많아질수록 점수가 높아지고, 더불어 게임하는 사람의 흥분도 고조된다. 어쨌든 그와 같은 컴퓨터광의 애정놀이에 바딤도 간접적으로는 기여한 셈이다.

바딤 게라시모프는 브레주네프가 집권했을 때 학교에 입학했고, 안드로포프가 정권을 잡았을 때 컴퓨터 센터에서 컴퓨터 게임에 열중했다. 그리고 체르넨코 시대에는 테트리스를 개발했으며, 고르바초프가 글라스노스트나 페레스트로이카 등 개혁정책을 펴나갈 때, 테트리스 프로그램을 판매하기 시작했다. 그리고 옐친이 대통령이 되었을 때, 바딤은 모스크바를 자유롭게 떠날 수 있었다. 마티아스 루스트와는 달리, 불법으로 여행하는 것이 아니라 여행허가증을 손에 쥐고서 아에로플로트 항공(러시아 국영 항공)을 타고 미국으로 건너간 것이다. MIT의 장학생 자격으로서.

바딤 게라시모프는 더이상 사업가로서 성공하려고 하지 않는다. MIT에서 세계 최고 수준의 컴퓨터학을 배우고 있는 그는 매우 유능한 컴퓨터 전문가로 인정받는다. 그러나 그가 테트리스의 PC 버전을 개발했다는 사실을 아는 학생은 극소수다. 물론 그의 아내 타티아나는 알고 있다. 그리고 딸 마샤도. 하지만 그가 정말로 백만장자가 될 수도 있었다고는 의식하지 못하고 있다.

모든 엄마를 위해 일회용 기저귀를 발명한 마리온 도노반

남자들 때문에 묻혀버린 발명품

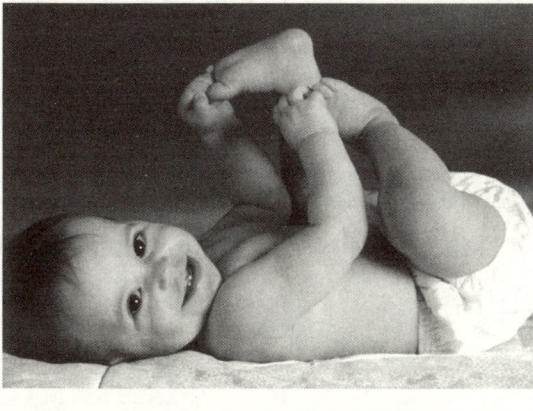

"**아니**, 이건 형제라서 하는 말이야."

마일즈는 이렇게 말하며, 단호히 거부하듯 머리를 세차게 흔들었다.

"읽어보면 알겠지만, 이건 너무나 형편없어."

"그래도 읽히기만 하면 되는 거 아냐?"

"바보."

마일즈는 대꾸하며, 원고를 구겨서 휴지통으로 던졌다. 구겨진 종이는 높게 원을 그리며 날아가, 마치 조롱이라도 하듯, 농구공처럼 휴지통의 벌어진 입 주위를 한 바퀴 돌더니 바닥으로 우아하게 떨어졌다. 오늘은 재수가 없군. 마일즈는 한숨을 내쉬었다.

"우리가 만드는 사용설명서는 선반을 위한 거지, 동물백과사전을 위한 것은 아니라고. 그러니까 의자에 엉덩이를 붙이고 앉아 처음부터 다시 시작해. 난 총을 만지러 가야겠어. 네가 이제부터 얼마나 고생을 하든 나랑은 아무 상관 없어. 난 공장으로 간다. 누구든 일을 해야 하잖아."

무시당한 원고의 작가는 자신과 똑같이 생긴 상대방을 유심히 쳐다보았다. 저렇게 화를 낼 일은 아닌데, 무슨 걱정거리가 있는 걸까? 그는 자기 자신보다 더 자신 같은 쌍둥이 형제에게 걱정스런 눈길을 던졌다. 그리고 나서 서랍에서 새 종이를 꺼내 마일즈가 명령한 대로 처음부터 다시 시작했다.

리처드는 앞에 놓인 하얀 종이를 내려다보며, 침울한 표정으로 지난 일을 떠올렸다.

마일즈와 그는 공장에 틀어박혀 매일같이 밤을 새우다시피 일했지만, 나중에는 피로가 쌓일 대로 쌓여 거의 자포자기할 지경에 이르렀다. 좀더 실용적인 선반(旋盤)만 개발해 낸다면, 지금보다 훨씬 좋은 성능의 총을 더 빠르고 손쉽게 생산할 수 있을 거라는 아이디어는 이미 오래 전에 나온 상태였다. 그러나 일이 진척되지 못한 것은「어떻게」라는 문제 때문이었다. 하루속히 그 방법을 터득하지 못한다면, 전쟁은 끝나고 말 것이다. 그러면 아무 소용이 없게 된다.

'그렇지만 지금은, 누가 봐도 납득할 수 있는 문장을 만들어야 해. 아니면, 마일즈는 아마 화가 복받쳐서 쓰러져버릴지도 몰라.'

리처드는 이렇게 생각하고 펜을 잡은 손에 힘을 주었다. 마일즈가 몇 시간 뒤 공장에서 돌아왔다. 마일즈는 쌍둥이 형제가 쓴 글을 대강 훑어본 뒤, 이날 처음으로 얼굴에 미소를 지었다. 그는 만족스럽게 말했다.

"좋아, 이제야 무슨 뜻인지 알겠어."

그리고 이 사용설명서는 78개국에서 환영을 받았다.「선반으로 작업하는 방법」이라는 제목을 달고 있는 이 사용설명서의 성공은 선반의 발명만큼이나 대단했다. 마일즈와 리처드 형제가 파트너가 되어 원래는 무기생산을 위해 개발한 이 선반은, 제1차 세계대전이 끝나고 12년 뒤에는 일반 사람들도 응용할 수 있는 기계가 되었다. 특히 자동차 기어의 세공에 안성맞춤이었다.

그들은 특허를 내자마자, 인디애나 주의 사우스벤드에「사우스벤드」선반제조회사를 설립하여 막대한 부를 이루었다. 한편 이들이 만든 사용설명서는 약 115만 부가 팔릴 정도로 베스트셀러가 되었다.

마일즈는 동생이 쓴 글을 다 읽은 뒤 조심스럽게 종이를 한데 모았다. 그리고 나서 아무 말 없이 5분 동안 간간이 종이의 모서리를 접으면서 뭔가 표시를 해나갔다.

리처드는 자신이 쓴 글을 다루는 형의 태도에 기분이 상했지만, 그냥 지켜보기만 하였다. 마침내 리처드는 쌍둥이 형제만의 직감으로 그에게 물었다.

"그런데?"

그러자 마일즈가 대답했다.

"마리온 때문에 걱정이야."

■ ■ ■

"아이들에 관한 한 도저히 참을 수 없는 게 두 가지 있어."

마일즈의 딸 마리온이 말했다.

"아이들에게 언제 무슨 일이 생길지 모른다는 불안감 속에 살아야 한다는 것과 늘 기저귀를 빨아야 한다는 거야."

누구에게 들으라고 하는 말은 아니었다. 사실 그곳엔 아무도 없는 것이나 마찬가지였으니까. 그녀의 딸 크리스틴과 샤론이 곁에 있었을 뿐이다. 두 아이는 제2차 세계대전이 끝나고 1년 뒤 베이비 붐의 시기에 신이 선물한 작고 앙증맞은 존재로서, 한시도 가만히 있지 못하는 어린 아이들이었다. 크리스틴은 이제 말귀를 다 알아들었지만, 아직 자신의 의사를 표현하지는 못했다. 그리고 또 한 아이 샤론은 아직 기저귀를 차고 있었다.

"왜 아무도 이런 충고를 해주지 않은 거야?"

마리온은 허공에 대고 물었다. 그러면서 그녀는 샤론의 엉덩이를 감싸고 있던 흰색 아마천을 풀어주었다. 그러자 그 천은 더이상 흰색

이 아니었다.

"사람들은 「아이를 낳는 게 얼마나 경이로운지 아세요?」라고 하면서, 정작 아이를 기르는 일이 얼마나 힘든지에 대해서는 한마디도 하지 않지. 예외적인 사람은 아빠밖에 없었어. 아빠는 늘 그러셨어, 날 키우느라 정말 힘들었다고. 세상에나……."

그녀는 말을 이었다.

"이 조그만 녀석이 어쩜 이렇게 많이도 쌀까?"

그때, 늘 그렇듯이 전화벨이 울렸다. 전화벨은 항상 이렇게 바쁠 때면 울려댔다.

마리온은 더러워진 기저귀를 일단 다시 샤론의 작은 엉덩이에 대강 채워주고는, 전화기로 급히 뛰어갔다. 샤론은 이런 식의 처리가 못마땅한지, 불만을 나타내며 낑낑대기 시작했다.

"아빠란다, 아가야."

마리온은 아기를 달래주려고 엉덩이를 살짝 두드려주었다. 하지만 이미 아기의 울음소리로 알 수 있듯, 샤론이 당장 원하는 것은 그것이 아니었다.

"네, 여보세요?"

마리온이 수화기에 대고 말했다. 그러고는 일상적인 하루의 행사가 또 되풀이되었다.

"여보세요? 누구세요?"

마리온이 수화기에 대고 크게 말했다. 수화기에서 흘러나오는 목소리는 아기의 커다란 울음소리 앞에서 무력했다. 그렇게 얼마 동안 이리저리 헤매는 건 다반사였다.

"아가야, 제발…… 한마디도 못 알아듣겠다. 여보세요? 샤론, 그만 좀 해! 죄송합니다. 누구시라고요? 잠깐만요, 샤론, 그만 입 좀 다물지 못해? 그래, 조금만 참아, 지금 끊는다고."

마리온은 샤론을 보며 한마디 보탰다.

"고맙구나, 이 괴물단지야."

샤론에게 다시 돌아왔을 때에야 비로소 마리온은 크리스틴 생각이
났다. 보통 샤론의 시끄러운 울음소리는 언니 크리스틴에게 일종의
신호와 같은 기능을 했다. 그것은 「언니, 빨리! 재미있는 게 있어!」란
의미를 전달했다. 그런데 크리스틴이 잠잠한 걸 보면, 뭔가 더 재미있
는 놀이에 빠져 있음을 뜻했다. 마리온은 새 기저귀를 손에 들고 급히
샤론을 어깨에 메고는 아이들 방으로 뛰어갔다.

그곳엔 기가 막힌 광경이 벌어져 있었다. 크리스틴은 좀 전에 샤론
의 기저귀에 묻어 있던 똥덩어리 위에 기분 좋게 앉아 있었다. 아이의
하얀 피부는 원래 무슨 색깔이었는지 조금도 알아볼 수 없을 정도였
다. 침대에도 새로운 색이 덧칠해져 있었다. 아이를 중심으로 반경 2
미터 이내의 방바닥 역시 원래 색깔이라고는 조금도 남아 있지 않았
다. 샤론은 만족스러운 웃음을 터뜨렸다. 크리스틴은 빙긋 웃었고, 마
리온은 죽고만 싶었다.

"난 정말 더이상 참을 수 없어, 제임스."

마리온은 남편의 팔에 안겨 흐느껴 울었다.

"난 스물아홉 살이고, 전쟁에서도 살아남은데다, 로즈몬트 대학에
서 영문학을 전공했어. 그리고 『하퍼스 바자』에서, 나중에는 『보그』
지에서 미용부서 전문기자로 일했어. 그리고 나서 당신과 함께 이곳
웨스트포인트로 이사했지. 그런데 이 모든 게 무엇을 위한 것이란 말
야? 왜, 무엇 때문에?"

제임스는 크게 충격을 받고 눈을 감았다. 한순간 그는 아내의 울부
짖음이 고막을 찢어버릴지도 모른다고 생각했다. 그러나 곧 그는 아

내가 낮게 흐느끼는 소리를 들었다. 그는 아내의 등을 어루만지며 위로했다. 비록 심리학자가 아니라 가죽수입상에 불과했지만, 등을 어루만지는 게 평소 샤론에게 효과가 있었던 걸 보면 — 최소한 가끔이라도 — 이 순간 아내에게도 나쁘지 않을 것 같았다.

"아이들을 팔아버렸음 좋겠어."

마리온이 울면서 말했다.

"아니야, 차라리 누구한테 돈을 주고 맡겼다가 애들이 열네 살이 되면 다시 찾아오자."

마리온은 여전히 코를 훌쩍거리며 넉넉하게 정정했다.

"아냐, 열여덟 살이 되면."

"다시 좋아질 거야."

제임스는 거짓말을 했다. 아무리 생각해 봐도 더 좋은 말이 떠오르지 않았던 것이다.

"우리 엄마처럼 나도 일찍 죽어야 할까 봐."

마리온은 괴롭게 탄식을 했다.

"당신 어머니는 당신이 일곱 살 때 돌아가셨잖아."

제임스는 기억을 떠올렸다.

"하지만 이대로라면 앞으로 우리에게 무슨 일이 닥칠지 너무 뻔하잖아……"

제임스는 아내를 번쩍 안아 욕실로 데려갔다. 박하향이 풍기는 뜨거운 물은 극도로 흥분된 신경계에 아주 적절한 조치였다.

"당신을 위해서 욕조 커튼을 쳐줄게. 여보, 이제 눈을 감으면, 더 이상 당신을 괴롭히는 것은 아무것도 없을 거야."

마리온은 아무 대답도 하지 않았다. 그녀는 물 속으로 잠겼다. 다른 세계로 빠져든 것이다, 더 나은 세계로. 똥 묻은 기저귀가 없는 세상으로…….

1분 뒤 다시 물위로 나왔을 때, 그녀는 거의 예전의 마리온 도노반 자신으로 돌아와 있었다. 포기하는 대신 문제를 해결하려는 적극적인 성향의 바로 그 마리온 도노반으로. 아빠도 그렇게 하셨을 거야, 틀림 없어. 마리온은 늘 자신을 가장 잘 이해하는 사람은 아버지인 마일즈 도노반밖에 없다고 생각했다. 제임스는 매사에 깔끔하고 성실하며 정확했지만, 아무 도움이 되지 못했다.

마리온은 생각에 잠겼다. 아빠는 자식들이 힘들게 할 때마다 늘 혼자서 해결하셨어. 난 학교에서 돌아오면, 오후에는 대개 공장에서 놀았지. 거기선 무슨 일이든 일어날 수 있었어. 아이들에겐 위험한 곳이었으니까. 그와 비교하면 나의 문제는 히스테리야. 아버지는 공장에서 일하시느라 바쁜 중에도 아이들에게서 눈을 뗄 수 없었지. 그렇지만 아버지는 아일랜드 사람이니, 당연히 완고한데다 독창적이셨어. 하긴 나도 마찬가지야. 근데 샴푸는 어디 갔지?

마리온은 샴푸를 찾으려고 욕조 커튼을 제쳤다. 그런데 갑자기 그녀는 그 자리에서 꼼짝도 하지 않았다. 그렇게 몇 분이 지났다. 마리온은 머리가 젖은 채로 물 밖으로 나와, 욕조 커튼을 잡아당겨 뜯어냈다. 그리고 커튼을 손에 들고 온몸의 물방울을 뚝뚝 떨어뜨리면서 급히 다락방으로 뛰어 올라갔다. 다락방은 이 집에서 오로지 마리온만이 드나들 수 있는, 그녀만의 공간이었다.

제임스는 놀라서 젖은 물자국을 따라 쫓아갔다. 방문은 꼭 잠겨 있었다. 그는 잠깐 만족스런 미소를 짓고는 도로 침실로 돌아갔다. 아내는 좌절감에서 벗어날 수 있는 무언가를 발견한 것이다.

그리고 몇 시간 뒤 마리온 도노반이 다락방에서 들고 나온 물건은, 세상의 모든 엄마들에게는 마치 수레바퀴의 발명이 인류에게 가져다준 것과 똑같은 의미를 가지는 것이었다. 그것은 세계 최초의 방수 기저귀였다.

마리온은 욕조 위에 걸려 있던 비닐 커튼을 잘라 헝겊 기저귀에 대고 감싼 후 꿰매서 팬티를 만들었다. 비닐 커튼으로 만든 이 팬티는 한 방울의 물도 새어나올 수 없을 만큼 완벽했다. 기저귀의 천이 젖더라도 입고 있는 옷이나 침대보, 혹은 다른 사람의 옷을 적시는 걸 방지할 수 있는 것이다. 이제 사람들은 아기에게 이 새로운 기저귀를 채워주기만 하면, 더이상 수시로 침대보를 갈거나 옷을 갈아입힐 필요가 없게 되었다.

하지만 마리온은 1946년 자신의 발명품 「보터스(Boaters)」에 대한 특허를 따놓은 상태에서, 2년간이나 기저귀의 재료를 결정하지 못해 고민하고 있었다. 결국 방수 나일론 ─ 주로 우산의 소재로 쓰인 ─ 을 사용하기로 결정하고, 그녀는 짐을 꾸렸다. 마리온이 자신의 발명품을 들고 향한 곳은 뉴욕 5번가에 있는 고급 상점 삭스(Saks)였다.

1948년부터 1951년까지 3년 동안 이 혁명적인 아이디어는 날개 돋친 듯 팔려나갔다. 당연한 일이었다. 「아기도 젖지 않게, 시트도 젖지 않게」라는 슬로건을 단 이 제품을 거부할 엄마들은 이 세상에 없었기 때문이다. 비록 공짜가 아니라 그 대가로 1.95달러를 지불해야 했지만. 아이들은 새로운 기저귀에 잘 적응했고, 이 기저귀는 절대 새지 않았다. 이전에는 삼중고(三重苦)를 의미했던 것이 이제는 세탁 한 번으로 끝났다.

한편 마리온은 이 세상의 엄마들을 세탁에서도 해방시키고 싶었다. 그녀는 자신의 발명품을 끊임없이 개선시켰다. 먼저 아기의 배설물이 쏟아지지 않게 고정시켜 주는 기존의 안전핀을 플라스틱으로 만든 접착 밴드로 바꿨다. 그리고 기저귀의 재료를 천이 아닌 흡수력이 강한 종이로 — 그러면 기저귀를 갈아주고 나서 바로 쓰레기통으로 버리면 된다 — 바꾸고자 했다.

그러나 그 계획은 벽에 부딪히고 말았다. 종이산업을 이끄는 거의 모든 사람들이 그녀의 아이디어를 듣고 코웃음을 친 것이다. 물론 그들은 마리온 앞에서는 좀더 공손하게 거절의사를 전달했지만. 어쨌든 그 사람들은 마리온의 생각에 조금도 공감할 수가 없었다. 그들은 모두 아버지들이었으니까.

1951년 마리온 도노반은 자신의 발명품이 더이상 개선될 수 없다는 결론을 내렸다. 그래서 결국 100만 달러에 자신의 작품을 팔아버렸다.

■ ■ ■

"안돼! 제발 그것만은 안돼!"
빅터 밀스는 거의 절망의 끄트머리에 서 있었다. 그것도 아주 가까이에서.

손주가 처음 태어났을 때만 해도, 빅터는 그 아이를 기적의 산물처럼 여겼다. 하지만 자기 자식이 태어난 지 20여 년이 지난 지금, 그는 이 작은 기적 덩어리가 보통 사람과 똑같이 기능한다는 사실을 완전히 잊고 있었다. 이 기적 덩어리는 다른 사람처럼 70퍼센트가 물로 이루어졌다. 그 결과 대충 헤아렸을 때, 이중 90퍼센트는 아이와 빅터의 옷을 적셨다. 그리고 나머지 10퍼센트는 멋진 곡선을 그리며 빅터의 몸으로 바로 날아왔다.

빅터는 어찌 할 바를 몰랐다.
"뭐라고 좀 바짝 마른 소리라도 하시구려."
아내가 옆에 있었다면, 아마 그렇게 말했을 것이다. 아내는 말장난을 좋아하는 유머 있는 사람이었으니까. 하지만 아내가 이날 반드시 외출해야 한다고 우긴 것은 별로 즐거운 일이 아니었다. 그것도 이 젖먹이의 부모와 함께 말이다.

"애네들도 기분전환이 필요하다고요."

아내는 그 이유를 밝혔다.

지금에서야 빅터는 무엇 때문에 그들에게 기분전환이 필요한지를 알 수 있었다. 그리고 그 이유는, 빅터가 작은 기적 덩어리라고 생각해 온 그의 손주가 분명하게 보여주었다. 바로 이렇게 자신의 내부에 무엇이 들어 있는지를 보여줌으로써 말이다.

빅터는 그날 저녁 일을 결코 잊을 수 없었다. 수많은 여성들이 침투성이 약한 기저귀를 찾아헤매면서 수백 년의 세월을 흘려보낸 뒤, 이제 한 남자가 이 문제를 해결하려고 팔을 걷고 나선 것이다. 그 결과 1956년 최초의 종이 기저귀가 탄생했다.

화학자 빅터 밀스가 프록터 & 갬블사의 연구개발부서에 근무한 것은 마침 좋은 기회였다. 이런 식으로 그는 마리온 도노반이 종이 생산업자들 때문에 겪은 고충에서 면제될 수 있었다.

"종이 기저귀라고요? 도대체 그걸 만드는 데 얼마가 드는지 알기나 하십니까?"

그들은 마리온을 비웃었다. 하지만 빅터는 다니던 회사에서 필요한 재료를 손쉽게 구할 수 있었다. 게다가 이곳에서는 제품의 연구개발에 얼마간의 지원비가 늘 제공되었다. 가장 최근에는, 즉 1998년에는 2천만 달러 이상이 지원되었다.

빅터가 손주의 오줌으로 옷을 적신 지 3년 만에, 그의 제품에 「팸퍼스(Pampers)」라는 이름이 붙었고, 뉴욕 주의 로체스터에서 3만 7천 개의 테스트용 샘플이 최초로 생산되었다. 다시 2년이 지나자 생산과정은 더욱 발전했고, 마침내 판매가 가능해졌다.

그동안 이 일회용 기저귀는 최소 33그램에서 최대 66그램의 무게를 가지게 되었다. 또한 폴리아크릴라트 성분의 고분자 망상(網狀) 젤을 사용함으로써 기저귀 자체 무게의 50배까지 액체를 흡수하여, 기저귀 전체에 고루 퍼지게 하는 기능을 가지게 되었으며, 표면도 베이비 로션으로 부드럽게 처리되었다. 하지만 빅터는 그 이상은 더 만족할 수 없었다. 팸퍼스의 신제품, 즉 유니섹스 기저귀가 세상에 나왔을 때 그는 이미 이 세상 사람이 아니었던 것이다.

■ ■ ■

1998년 11월 4일, 81세의 나이로 맨해튼의 레녹스 힐 병원에서 심장 질환으로 숨을 거둔 마리온 도노반은 빅터 밀스와는 아주 대조적이었다. 그녀는 크리스틴에 이어 샤론 역시 더이상 기저귀가 필요없게 되자 곧 기저귀 프로젝트를 정리했다.

하지만 그녀 안에 내재된 욕구가 그녀를 가만히 둘 리 만무했다. 그녀는 41세의 나이로 예일대에서 건축학 공부를 시작하면서, 미국 국립마술(馬術)협회의 책임자였던 존 버틀러와 두번째 결혼을 했다. 그리고 그리니치에 있는 자신의 집을 디자인하느라 시간을 보냈다.

그런 생활 속에도 시간이 남자, 그녀는 문명사회의 인간이 더 편리하게 살 수 있는 방법이 무엇일까, 고민했다. 그녀에게는 늘 아이디어가 넘쳤다. 「아하, 그럼 좋겠다.」 이 말은 그녀가 즐겨 쓰던 말이었다. 그녀는 좋은 생각이 떠오를 때마다 이 말을 내뱉었다.

「덴타 루프(Denta Loop)」가 그녀의 다음 발명품이었다. 그것은 미리 잘라 구부려놓은 치실로, 이 발명품의 일등공신은 그녀의 남편이었다.

매일 아침 남편이 치실로 구강을 청소할 때, 그 모습을 관찰하면서 아이디어를 떠올렸기 때문이다. 그밖에 그녀는 「지피티두(Zippity-Do)」라는 탄력이 뛰어난 변형 지퍼를 발명했다. 이 발명품은 뭐니뭐니해도 옷 뒤에 지퍼가 달렸을 때 가장 편리했다.

미국 특허청에서 마리온 도노반의 이름으로 낸 특허는 10여 가지가 넘는다. 그녀는 30벌 이상의 옷을 걸 수 있고 보통 때는 접을 수도 있는 벽걸이형 옷걸이와 철사로 만든 비누받침을 발명했다. 이 비누받침이 다른 보통 받침과 다른 점은 비누 찌꺼기가 남지 않고 바로 세면대로 흘러내리도록 되어 있다는 것이다. 또한 그녀는 몇몇 회사의 신상품 개발부서에 자문을 해주었다.

마리온 도노반은 이런 특허품으로 적지 않은 수입을 올렸다. 그중 「보터스」로 벌어들인 100만 달러가 최고였다. 그러나 50년대 초반에 들어서자, 그 금액은 거의 껌값 수준이 되어버렸다. 다시 말해 팸퍼스, 하기스 등 일회용 기저귀들, 그러니까 그녀가 비닐 커튼에서 아이디어를 얻어 개발한 창작품에서 발전한 이 제품들이 창출해 낸 수십억의 부와 비교하면, 거의 아무것도 아니라는 것이다.

물론 세상의 모든 엄마들이 마리온 도노반에게 감사해야겠지만, 그녀의 첫번째 발명품에 특히 강한 인상을 받은 한 남자가 있었다. 바로 그녀의 아들 제임스였다. 제임스는 어릴 때부터 커서 어떤 직업을 가질지 미리 정해 두었다. 그리고 그는 정말로 비뇨기과 전문의가 되었다.

복사기가 대중화될 것을 믿지 않았던 오토 코르네이

성공을 코앞에 두고 떠난 사나이

"마리아!"

오토 코르네이는 종이 한 장을 앞에 놓고 곧 숨이 넘어갈 듯 아내를 불렀다.

"마리아, 제발 좀 도와줘! 어떻게 써야 할지 모르겠다고!"

그는 다시 한 번 애원하듯 아내에게 도움을 요청했다. 무슨 말을 어떻게 써야 할지 몰라 그는 몇 개의 단어를 썼다가 지우기를 반복하고 있었다. 오토는 구직광고에 낼 문장을 영어로 만들고 있는 중이었다. 하지만 적당한 표현이 떠오르지 않았다. 어쩌면 이 광고 몇 줄이 직장을 구하느냐 마느냐를 결정할지도 모르기에 그는 신경이 날카로워질 수밖에 없었다.

"마리아, 직업을 엔지니어로 쓰는 게 좋을까, 아니면 물리학자로 쓰는 게 좋을까? 어느 쪽이 더 유리할까? 어떻게 생각해?"

아내 마리아는 남편이 뭘 하더라도 잘할 수 있는 사람이라고 믿고 있었다.

"오토, 두 가지 다 써요, 엔지니어와 물리학자 모두. 그래야 엔지니어를 구하려는 사람도 물리학자를 구하려는 사람도 광고를 읽을 테니까요."

지금처럼 직장을 구하지 않으면 안되는 상황에 놓이자 오토는 머릿속이 복잡하기만 할 뿐 차근차근 일을 진행시킬 수 없었다. 그는 투덜거렸다.

"물리학자란 실험을 통해서 결론을 이끌어내는 방법에 익숙하니까 사고방식도 논리적이라야 해. 그런데 난 구직광고에 낼 문장 하나 완성하지 못해 쩔쩔매다니……."

고향 도시 빈에서는 아무도 그의 능력에 대하여 불평하지 않았고 오히려 만족했다. '만족한다는 건 무엇을 의미할까? 그들의 마음에 든다는 거겠지.' 어쨌든 지난 몇 달 간은 코르네이 가족에게 아주 힘든 나날이었다. 오스트리아가 히틀러와 손을 잡은 후 예상치 못한 일들이 일어났다. 정치적인 신념이 다르다는 이유로 한때 다정했던 이웃끼리 반목을 일삼았으며, 불온사상자로 몰린 많은 사람들이 국가사회주의자들을 피해서 도망을 가야 했다.

국가사회주의자들이 자랑스럽게 떠들어대던 「새로운 세계」는 코르네이 부부에게 아무 희망도 주지 못했다. 생필품이 거의 바닥이 나게 되자, 오토는 다급한 마음에 이 회사 저 회사 할 것 없이 문을 두드려보았으나 소용없었다. 매번 일자리가 없든가, 아니면 그가 너무 고학력자라는 말을 듣기 일쑤였다.

그런 우여곡절을 겪은 뒤 마지막 방법으로 전기관련 전문잡지에 구직광고를 내기에 이르렀다. 오토는 아내의 도움으로 광고문장을 다 작성한 뒤 우체통에 넣었다.

'이번에도 직장을 구하지 못한다면…….' 오토 코르네이는 이런 생각을 하자 절망적인 기분이 들었다.

■ ■ ■

체스터 찰슨은 배터리로 유명한 뉴욕의 맬로리 전기회사의 특허 사무실 책상에 앉아 있었다. 그는 안경을 다시 고쳐 쓰고 오른쪽 엄지와

검지손가락에 침을 묻혀 잡지를 넘기기 시작했다.

『전기』지의 새로운 호가 방금 나왔다. 이 잡지에는 항상 최신 기계의 발명에 관한 기사들이 가득 실려 있었다. 체스터는 발명품에 대해서라면 이미 많은 것을 알고 있었다. 특허전문 변호사가 되기 위해 야간반 수강신청을 해놓은 특허전문가인 그로서는 쓸모가 있든 없든 간에 각종 발명품에 대해 알아야 할 필요가 있었다. 잡지를 읽던 그는 순간 눈이 번쩍 뜨이는 광고를 보았다.

「독일 출신의 엔지니어 겸 물리학자가 직장을 구함. 경험 풍부함.」

체스터는 연락할 주소를 발견하자마자 종이를 꺼내서 적기 시작했다. 광고를 낸 이 사람은 바로 그가 찾고 있던 사람이었다. 체스터는 자신이 물리학을 전공했지만 특정 장비나 기계의 부품을 개발하는 데 필요한 능력이 부족하다고 생각해 왔다. 그러니까 「엔지니어 겸 물리학자」는 그에게 꼭 필요한 사람이었다.

■ ■ ■

"마리아!"

오토 코르네이는 뭔가 적혀 있는 종이를 손에 든 채 우렁찬 목소리로 아내를 불렀다.

"마리아, 어떤 사람이 나에게 일자리를 준대!"

오토 코르네이는 우편함에서 편지를 발견했을 때 흥분을 가눌 수 없었다. 『전기』지는 나온 지 일주일밖에 안되었는데, 이토록 빨리 반응이 올 줄이야 기대하지 않았다.

"마리아, 이제 모든 게 달라질 거야."

오토는 몇 달 만에 처음으로 희망을 가질 수 있었다. 편지를 받은 그날, 그는 당장 답장을 썼다. 그 편지는 구직광고에서 받은 유일한 것이었다.

■ ■ ■

"안녕하시오. 체스터라고 합니다!"

새로 입사한 직원 오토에게 사장은 자신을 소개했다. 체스터는 훤칠한 키에 마른 편이었으며, 시애틀 출신으로 나이는 32세였다. 거의 비슷한 나이였던 두 남자는 첫눈에 서로 호감을 갖게 되었다. 체스터가 말했다.

"월급을 많이 줄 수는 없지만 그 대신 우린 흥미로운 실험을 하게 될 거요."

정작 그가 지금까지 해온 흥미로운 실험이란 실험을 한답시고 더럽힌 바닥을 매일 닦아내는 일이었는데, 오토에게 그 광경을 보여주었더라면 흥미가 생기기는커녕 시큰둥해졌을 것이다. 어쨌든 오토에게 중요한 것은 직장을 구해 미래에 대한 희망을 갖게 된 것이다.

사실 뉴욕 시 퀸스 구의 에스토리아에 있는 이 새로운 직장은 그다지 전망이 밝아 보이지 않았다. 회사는 건물의 2층에 있었는데, 아래층에는 스탠드 바와 뷰티 살롱이 있었다.

"이곳으로 쫓겨나 버렸어요."

체스터는 자신의 아내를 염두에 두고 한 이 말이 조금 심한 표현이라고 생각했는지 겸연쩍은 미소를 지었다. 그의 집은 퀸스 구의 잭슨 하이츠에 있었는데, 원래는 실험실도 집 안에 있었다. 체스터는 오토에게 집에서 쫓겨나게 된 이유를 설명했다.

"전기 레인지의 반은 늘 화학약품이 담긴 냄비들이 차지하고 있었어요. 그래서 아내가 요리라도 할라치면 이만저만 힘든 일이 아니었죠. 한번은 실수로 말이죠, 유황을 전기 레인지 위에 쏟아버렸단 말입니다. 기절초풍할 뻔했죠. 또 한번은 약품이 불길에 옮아갔던 적도 있었어요. 이 지경이었으니 아내가 두손들어 버린 거죠."

체스터의 얘기는 본인은 물론 오토에게도 재미있었다. 사장이 가장 좋아하는 얘기는 아내를 알게 된 사건에 관한 것이었다. 한번은 실험을 하느라 온 동네에 화학약품 냄새를 풍기면서 자신의 집마저 날릴 뻔한 적이 있었다. 그러자 화가 난 이웃집 여자가 단단히 벼르고 그의 집을 찾아왔다. 하지만 고무 앞치마를 두른 채 수줍고도 기죽은 모습으로 체스터가 나타나자 그녀는 측은한 마음에 그만 화를 풀고 말았다. 그런 일이 있은 지 얼마 지나서 두 사람은 결혼을 했다. 그런데 남편이 여전히 실험을 한다고 집 전체를 엉망으로 만들자 아내는 실험실을 집에서 내쫓아버린 것이다.

실험이라……. 오토는 실험이란 말을 들어도 별로 흥미롭지 않았으나 체스터의 말은 재미있었다. 체스터는 자신이 하는 일을 간편하게 만들고 싶어했다. 예를 들어 특허전문가였던 그는 각종 특허 출원에 필요한 서류와 도면의 사본을 여러 장 만들기 위해 일일이 먹지를 대고 베껴야 했는데, 이런 단순업무는 아주 질색이었다.

"중세시대 수도승처럼 이런 일을 해야 하다니!"

그는 투덜거리곤 했다.

하지만 이제 자신을 누구보다 잘 이해하는 물리학자 오토가 옆에 있으니, 그와 함께 정말로 하고 싶었던 일을 할 수 있을 거라는 자신이 생겼다. 그 일은 다름 아니라 그가 귀찮아하는 자질구레한 일을 대신 떠맡아줄 기계를 발명하는 것이었다.

두 사람은 무엇에 홀린 듯 일만 했다. 특히 오토는 야간작업까지 하느라 첫째 주에 체스터에게 받아야 할 10달러를 생각할 여유조차 없었다. 실험실에서 오토는 거의 사장이나 다름없었다. 왜냐하면 체스터는 특허일 때문에 낮에는 맬로리사의 특허 사무실에 있다가 퇴근시간이 되어서야 비로소 실험실에 나타났기 때문이다. 체스터가 원하는 기계를 만들기 위해서는 부품이 필요했는데, 이 부품은 어디서도 구할 수 없었기에 오토 자신이 직접 만들었다.

그렇게 정신없이 일을 하다가 체스터로부터 10달러를 받긴 했으나, 오토는 그 돈을 실험재료를 사는 데 썼다. 물론 제때에 실험재료를 살 수 있는 것도 아니었다. 체스터는 실험에 필요한 재료들이 떨어져도 몇 달이 지나서야 돈을 내놓았기 때문이다.

그들은 몇 주 동안 여러 번 실패를 거듭한 뒤에야 마침내 성공할 수 있었다. 예전에 체스터는 혼자 실험을 하다가 「광전도 현상」을 알게 되었다. 예를 들어 유황이나 셀렌 같은 재료들은 빛을 받으면 전기 전도성이 증가하는데, 그들은 이 재료들을 이용하기로 했다. 우선 금속판에 유황을 입힌 다음 무명천으로 세차게 문질러서 — 나중에 그들은 토끼털을 이용했다 — 정전기를 일으켰다. 그리고 슬라이드 글라스 위에 잉크로 실험 날짜와 장소를 적었다. 「10월 22일, 에스토리아 38번지.」 그런 다음 오토는 금속판 위에 슬라이드 글라스를 놓았다.

"체스터, 커튼을 치시죠!"

오토가 긴장된 목소리로 말했다. 방안이 어두워지자 오토는 전구에서 나오는 강한 빛을 슬라이드 글라스 위에 비추었다. 몇 초 뒤 슬라이드 글라스를 들어내고 금속판에 석송 분말을 뿌린 다음 부드럽게 불어냈다. 그러자 거기에는 「10월 22일, 에스토리아 38번지」라는 글자가 복사되어 있었다. 글자의 상이 비친 곳에만 정전기에 의해 석송 분말이 달라붙은 것이다. 이번에는 왁스 종이를 금속판에 대고 밀착

시켰다가 떼어냈다. 그러자 다시 정전기에 의해 금속판의 석송 분말이 그대로 종이 쪽으로 옮겨붙었다. 종이 위에는 「10월 22일, 에스토리아 38번지」라는 글자가 또렷하게 찍혀 있었다. 드디어 체스터와 오토는 인류 역사상 최초로 복사기술을 발명한 것이다.

"다시 한 번 해보자고!"

그들은 몇 번이나 반복해서 실험했으며, 그때마다 성공했다.

"오토, 바로 이거야! 우린 위대한 것을 발견해 냈어!"

체스터는 감격해서 소리를 질렀다. 이 실험이 어떤 결과를 가져올지 생각하자, 그는 몹시 흥분되어 가만히 있을 수가 없었다.

"갑시다, 오토. 축하 파티를 해야죠!"

체스터는 오토를 점심식사에 초대했다. 그때가 1938년 10월 22일이었다.

■ ■ ■

체스터는 그들의 발명이 성공을 거둘 거라고 확신했으나 오토는 약간 미심쩍어했다. 얼마 후 오토는 오하이오 주에 있는 한 회사로부터 새로운 일자리를 제의받았다.

"체스터, 화내지는 않겠죠? 그곳에서 일하면 더 많은 돈을 받을 수 있어요. 가족을 위해서 돈이 더 필요하거든요."

체스터는 화를 내지 않았을 뿐만 아니라 파트너이자 발명 동료인 오토의 결정을 진심으로 이해했다. 왜냐하면 오토는 체스터의 실험실에서 일하기 시작했을 때부터 더 좋은 직장을 구할 예정이라고 솔직하게 말했으며, 일을 하면서 두 사람 사이에는 우정과 비슷한 감정이 생겼기 때문이다.

"이런 물건 어때요?"

체스터는 특허를 신청한 뒤 특허권을 팔 생각으로 그로부터 6년 동안 여러 회사에 발명품을 소개하러 다녔다. 미국에서 사무용품을 생산하는 회사 가운데 유명한 곳은 한 군데도 빠짐없이 찾아가 자신의 발명품을 한번 사용해 보라고 제안했다.

"이런 물건 어때요?"

유명한 타자기 회사인 레밍턴 랜드도 방문했지만 회사 간부들은 전혀 관심을 갖지 않았다.

"이런 물건 어때요?"

제너럴 일렉트릭 회사도 방문했으나 사람들은 발명품의 가치를 알아주기는커녕 그가 회사 건물을 나올 때 "잘해 보슈!"라고 빈정거릴 정도였다.

"이런 물건 어때요?"

체스터는 미국 라디오 주식회사인 RCA도 들렀고, 오토 코르네이가 다니고 있던 IBM에도 찾아갔으나 결과는 마찬가지였다.

어느 누구도 체스터와 오토의 발명품에 관심을 갖지 않았다. 게다가 체스터가 사람들 앞에서 실제로 복사과정을 보여주었을 때, 그 결과는 참담할 정도였다. 에스토리아의 실험실에서 했을 때보다 글자가 훨씬 희미하게 나왔고, 복사종이는 빛에 너무 노출되어 부풀기도 했다. 체스터는 쓰라린 실망을 안고 얼마간을 보냈으나 포기할 생각은 추호도 없었다. 늘 가방에 복사물을 넣고 다니면서 관심을 보이는 사람이라면 누구에게나 보여줄 준비를 하고 있었다. 물론 그런 사람은 아무도 없었지만.

특허를 사겠다는 사람이 없었기에 체스터는 맬로리사의 특허 사무실에서 6년 내내, 즉 1944년까지 일을 했다. 그러던 어느날 오하이오

주 콜럼버스에 본사를 두고 있던 사설 산업연구소인 배텔 메모리얼 회사의 대표 데이턴 박사가 맬로리사에서 보유한 특허에 관해 의논하기 위해 체스터를 방문했다. 여전히 용기를 잃지 않았던 체스터는 마음을 단단히 먹고 데이턴 박사에게 그의 복사물을 보여주었다. 그러자 데이턴 박사는 아무도 관심을 보이지 않았던 그 물건에 처음으로 관심을 보여주었다.

"이 아이디어로부터 뭔가를 만들 수 있을 것 같습니다. 자, 우리와 함께 배텔 연구소에 가서 얘기해 보도록 하죠."

체스터는 자신의 행운을 믿을 수가 없었다. 얼마 뒤 그는 콜럼버스에 있는 배텔 연구소에 가서 클라이드 윌리엄스 연구소 이사와 전문가들 앞에서 자신의 발명품에 대해 설명했다. 그들은 어떤 아이디어를 제품화시켰을 때 성공할 수 있는지를 미리 판단하는 사람들이었다. "곧 연락드리죠"라는 말을 끝으로 그들은 헤어졌다.

■ ■ ■

"「곧 연락드리죠.」 그들이 말한 것은 이게 전부였어요."

체스터는 콜럼버스에서 돌아와 오토 코르네이에게 그 소식을 전했다.

"그들에게 연락이 오면 나는 콜럼버스로 간 다음……."

오토 코르네이와 체스터 찰슨은 여전히 친구처럼 지냈으며, 복사기술을 발명한 주인공들답게 만나기만 하면 그 일을 화제로 올렸다. 오토는 체스터가 전해 주는 소식을 들으면서 사람들이 복사기에 대해 별로 관심을 갖지 않는다는 것을 느꼈다. '그 발명품으론 아무것도 얻을 수 없을 거야.' 체스터는 6년 전 다른 회사로 옮기길 잘했다고 생각했다.

배텔 연구소에서 소식이 왔을 때 체스터는 좌절감으로 1층에 있는 바에 가서 막 한잔하려던 참이었다. 배텔 연구소는 그의 아이디어를 제품으로 개발하는 데 3천 달러를 지원하겠다고 알려왔다. 즉, 배텔 연구소는 체스터의 발명품 개발에 참여함으로써 재빨리 대리인 역할을 맡은 것이다. 또한 앞으로 제품이 개발되어 생긴 이윤에 대해서는 60 대 40의 비율로 나눠 가지자고 제안했다.

"미쳤군, 반 이상을 가진다고!"

체스터와 오토는 소리를 질렀으나 그들의 발명품으로 돈을 벌 수 있다고 생각하자 흥분을 가눌 수 없었다. 불현듯 오토는 직장을 옮긴 것이 잘한 일이 아닐지 모른다는 기분이 들었다.

다음해에 개발된 전자 복사기의 품질은 상당히 좋아졌다. 그로부터 3년 뒤 뉴욕 주 로체스터에 있는 인화지 생산회사 핼로이드는 복사기를 생산할 준비가 되어 있었다. 1947년 1월 2일 계약이 체결되었는데, 이 거래는 핼로이드로서는 다소 위험부담을 안고 있었다. 왜냐하면 인수를 위해 지난 사업 연도에 이미 10만 1천 달러를 지불했으며, 앞으로 매년 최소한 2만 5천 달러를 투자해야 했기 때문이다.

에스토리아에 있는 좁은 실험실에서 실험을 시작한 지 정확히 10년 뒤인 1948년 10월 22일, 배텔 연구소와 핼로이드사는 디트로이트에서 최초의 복사물을 선보이게 되었다. 그리고 1년이 지나 처음으로 복사기가 나왔는데, 이 대형 장비는 엄청나게 비쌌으며 사용하기에도 불편하기 짝이 없었다. 한 장의 복사를 하려면 14단계의 과정을 거쳐야 했고, 단 하나의 과정이라도 잘못하면 복사가 되지 않을 정도였다. 복사하는 데 걸리는 시간도 한 장당 45초가 필요했다.

복사기를 개발하면서 핼로이드사는 복사기에 적합한 이름을 찾고 있었다. 「일렉트로포토그래피」라는 이름이 있었지만 발음하기가 쉽지 않았다. 그런 가운데 오하이오 주립대학의 한 교수가 「제로그래피(Xerography)」라는 이름을 붙이는 게 어떠냐는 제안을 했다. 그리스어로 제로스(Xeros)는 「건조한」이라는 뜻이고, 그라포스(Graphos)는 「쓰다」라는 뜻이므로, 두 단어를 종합하면 「건조하게 쓰는 것」이 된다.

핼로이드사는 최초의 복사기에 「제록스(XeroX) 모델 A」라는 이름을 붙였다. 두번째 X를 대문자로 표기한 이유는 로체스터에 있는 코닥(KodaK)사가 두번째 K를 대문자로 표기하는 데서 힌트를 얻었기 때문이다.

「핼로이드」라는 이름으로 출발한 이 회사는 1958년 「핼로이드 제록스」가 되었고, 3년 뒤에 핼로이드는 회사 이름에서 완전히 사라져 버렸다. 오늘날 「제록스」는 회사의 이름이 곧 상품 이름을 의미할 만큼 이 업계에서 타의 추종을 불허하는 회사로 자리잡았다.

1959년에 출시된 모델 914는 일반 종이로 분당 여섯 장의 복사를 할 수 있었다. 제록스는 이 제품으로 1961년 한 해에만 6천만 달러의 매상고를 올릴 정도로 대성공을 거두었다. 물론 가격이 너무 비싸서 대부분의 사람들은 복사기를 구입하지 못하고 빌려서 사용했다. 기본 임대료를 내면 매달 2천 장의 복사를 할 수 있었고, 그 이상을 하려면 한 장당 4센트의 비용이 더 들었다.

어느날 한 사람이 전시되어 있던 복사기 두 대를 보고 매료되었다. IBM은 한때 체스터 칼슨이 자신의 발명품을 소개하러 갔을 때 그의 아이디어를 「그다지 좋지 않다」고 판단, 거절하는 오판을 했다. 이제 IBM은 두번째 기회를 갖게 되었지만 또다시 이를 거부했다.

전시된 복사기를 보고 반해 버린 IBM측은 핼로이드와 동업할 계획으로 유명한 기업고문회사 사장인 리틀에게 조언을 구했다. 그러자 리틀은 미국 시장의 복사기 수요가 기껏해야 5천 대 정도에 불과할 거라고 예측했다. 리틀의 보고를 받은 IBM은 실망하여 동업을 거절하고 말았다. 하지만 리틀의 예측은 얼마 후 터무니없이 빗나간 것으로 판명되고 말았다. 1965년 복사기의 총 매상고는 5억 달러에 달했고, 1966년 미국의 정부청사에만 5만 5천 대의 복사기가 공급되었으며, 3년 후에는 10만 대 이상에 달했다.

한편 특허권을 소지한 배텔 연구소와 체스터에게도 제록스가 판매하는 복사기마다 60 대 40의 비율로 이익배당금이 돌아갔다. 그 돈으로 체스터는 부자가 되었다. 처음에는 누구 한 사람 원하지 않았던 발명품으로 그는 1968년 죽을 때까지 대략 1억 5천만 달러를 벌었으며, 이 가운데 1억 달러를 자선사업에 기부했다.

오토 코르네이는 이 부류에 속하지 못했다. 에스토리아에 있는 좁은 실험실에서 실험을 한 지 30년이 지나서 오토는 회사를 옮기기 전에 좀더 기다려야만 했다고 인정했다.

"전 용기를 잃었죠. 희미한 복사종이로부터 대단한 것이 나올 수 있으리란 생각을 못한 겁니다. 제게 미래를 예견할 능력이 있었겠어요? 전 결과만을 봤고 가망 없는 발명품으로 시간을 소비하는 것은 부질 없는 짓이라고 생각했던 겁니다."

능률 위주의 사회에서 복사기는 없어서는 안될 것 가운데 가장 먼저 떠올리는 품목이 되었다. 토너가 다 떨어지거나 복사기에 종이가 끼인다거나 고장이라도 나면 기술자가 오기를 기다려야 하는 번거로움은 있지만, 어쨌든 복사기는 생활을 간편하게 해주었다. 물론 사람들이 책을 마구 복사하는 바람에 한때 동구권 국가에서는 공공연하게 복사집들이 금지된 적도 있었다.

체스터 찰슨은 그의 친구를 완전히 잊지는 않았다. 몇 년 뒤 그는

100장의 제록스 주식으로 오토 코르네이에게 감사의 뜻을 전했다. 오토가 직장을 옮기지 않고 체스터와 함께 일하면서 벌었을 돈과 비교해 보면 그 액수는 별것 아니다. 만일 그랬다면, 오토 코르네이는 복사기에 달린 숫자판에 나오는 숫자만큼의 주식을 보유했을지도 모르며, 어쩌면 해마다 수백만 단위를 훨씬 넘는 돈을 벌 수도 있었을 것이다.

한번 먹으면 잊을 수 없는 「모차르트 쿠겔」의 아버지, 파울 퓌르스트

달콤한 과자 속의 쓸쓸한 진실

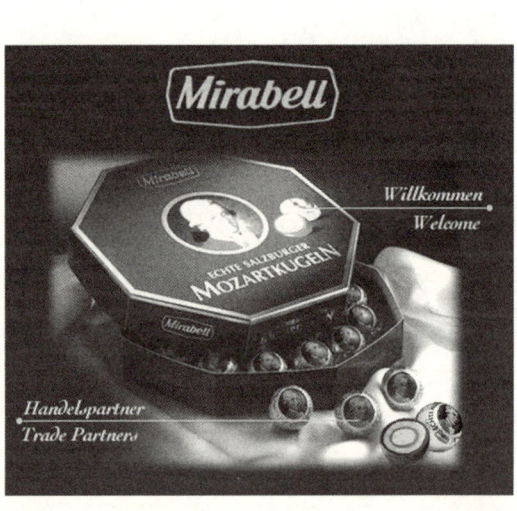

막스 라인하르트*는 대성당 앞 마르크트플라츠**를 느릿느릿 배회했다. 아주 천천히. 조금만 더 느리게 걷는다면, 뒤로 걷는 것과 별반 다를 바 없었을 것이다. 그럴 수밖에, 그는 오늘 급할 게 하나도 없었다. 다만 그의 머릿속을 오가는 생각만이 보통 때와 같은 템포를 유지하고 있었다.

그는 늘 산책을 하면서 뒤죽박죽 뒤섞여 있는 자신의 생각을 정리하곤 했다. 이를테면 잘츠부르크의 시가지를 어슬렁어슬렁 걷는 것 자체가 그에게는 창조를 위한 심호흡 같은 것이었다.

바로 이 봄날, 산책을 하던 그는 뜨거운 창작열에 사로잡혔다. 공기는 맑았고 햇살은 눈부시게 빛났다. 악명 높은 장마비의 어떤 조짐도 보이지 않는 화창한 봄날, 잘츠부르크 시민들은 날씨 탓에 다른 날보다 조금은 더 기분 좋게 하루를 시작했다.

빈 근처의 바덴에서 태어난 막스 라인하르트 역시 마찬가지였다. 비록 잘츠부르크 사람들은 그가 이곳의 시민이라는 사실을 이미 오래전에 잊어버렸지만. 하지만 그도 역시 그들과 마찬가지로 잘츠부르크 시민이었다. 지나가던 신사들이 이 축제연출가***를 보고 모자를 벗어 인사할 때면, 그도 공손히 답례를 하였다.

그날은 뭔가 달랐다. 라인하르트는 자신도 다른 사람들처럼 아주

---

* 독일의 연출가 · 극장 경영자(1873~1943). 1920년 잘츠부르크에 축제극장을 부활시켰음.
** 시장이 서는 곳.
*** 그가 잘츠부르크의 축제극장을 총지휘했으므로.

각별한 삶의 보람을 느끼게 되리라는 것을 감지했다. 공기 중에 아주 특별한 무언가가 떠다니고 있었다. 그것은 그와 잘츠부르크, 그리고 축제단을 위한 것이었다. 마르크트플라츠의 한가운데쯤 다다르자, 그는 갑자기 멈춰 섰다. 그의 눈길은 집들이 촘촘히 늘어선 골목을 따라 성과 대성당, 그리고 주변에 세워진 동상들로 옮겨갔다. 그러자 거기에 그의 시선을 붙잡는 것이 있었다.

그것은 무대였다. 이 작품에서 가장 중요한 것이지……. 이렇게 생각하자, 그 순간 그의 눈앞에는 환상이 펼쳐졌다. 대성당의 정문 앞에 길게 이어진 연회석에 감도는 밝은 축하 분위기, 화려한 등장과 동시에 이어지는 등장인물의 죽음, 화려하게 장식된 연애사건……. 그리고 그는 또렷하게 들을 수 있었다. 「예더만」*이라는 외침과, 도시 전체에 메아리치는 그 울림을. 그와 호프만슈탈이 잘츠부르크 축제극을 고안해 냈을 때, 그들은 바로 그런 것을 머릿속에 그렸다.

연극 연출의 천재, 막스 라인하르트는 대성당 앞 마르크트플라츠에서 못에 박힌 듯이 꼼짝도 않고 서 있었다. 연극의 환상 속에 빠진 그는 지금 그의 곁을 지나가는 사람들의 반 정도가 오늘 벌써 적어도 한 번은 그에게 모자를 벗어 인사한 사람이라는 것을 알아차리지 못하고 있었다. 그러나 그는 곧 자신이 최상의 시간에 최상의 장소에 서 있다는 것을 깨달았다. 1920년의 축제극은 연극의 역사를 다시 쓰게 될 것이다.

마침내 그는 환상에서 빠져나와 다시 몸을 움직이기 시작했다. 대성당 앞 마르크트플라츠를 지나 성터로, 그리고 거기서 비스듬히 나 있는 브로트가세 골목으로 접어들었다. 그러나 더이상 유유자적한 걸

---

* 예더만(Jedermaun)은 「누구나」라는 뜻. 오스트리아의 시인·극작가·소설가인 호프만슈탈이 쓴 희곡으로, 극중 「예더만」이라고 외치는 것으로 유명함.

음걸이가 아니었다. 그의 발걸음에는 힘이 넘쳤다.

그러나 또다시 그의 생각은 좀 전에 발견한 연극무대 주위를 고집스럽게 맴돌았다. 지금 그의 머릿속을 점령한 것은 오로지 마르크트 플라츠의 돌로 포장된 땅바닥뿐이었다. 그것만이 세상의 전부였다. 그것말고는 아무것도 존재하지 않았다. 거의 아무것도.

그런데 갑자기 콧속으로 빨려드는 향기가 그를 도로 현실로 돌아오게 만들었다. 그것은 설탕 시럽, 초콜릿, 견과류, 아몬드의 향이었다. 달콤한 보상의 냄새였으며, 마땅히 그가 누려야 할 것이었다. 라인하르트는 더 머뭇거리지 않고 곧장 브로트가세 13번지의 퓌르스트 제과점 안으로 들어섰다.

■ ■ ■

"좋아, 더 불어봐, 프란츨."

파울 퓌르스트가 말했다. 피리 소리가 천국의 향기에 묻혀 제과공장 안을 온통 채우고 있었다. 피리 소리가 커서, 바깥에 있는 가게에서도 들을 수 있을 정도였다. 프란츨은 갓 들어온 견습생이었다. 그는 새로 들어온 다른 견습생과 마찬가지로 견과류, 아몬드, 누가로 과자와 사탕을 만드는 일보다 그것을 맛보는 데 관심이 더 컸다.

달콤한 과자는 혀를 자극할 뿐만 아니라 아득히 먼 나라, 그러니까 그 과자의 재료가 배에 실려 유럽으로 오기 전까지 재배되던 곳, 즉 원산지의 맛이 났다. 그 달콤한 유혹에 저항하는 것은 악마의 유혹을 거부하는 것만큼이나 어려웠다. 그래서 견습생들은 제과과정을 지켜보면서 피리를 불어야 했다.

특히나 프란츨은 새로운 직장에서 일을 시작한 지 몇 분도 안되어 입 안에 침이 고이다 못해 거의 밖으로 새어나올 것만 같았다. 하지만 피리를 부는 동안엔 슬쩍 먹어볼 엄두도 내지 못했다. 그런 식으로 이 제과점의 주인은 값비싼 재료로 마술을 부리듯 만들어낸 과자나 사탕을 견습생들이 몰래 훔쳐먹지 못하게 했다. 그러니까 피리를 불지 않는 사람은 도둑으로 간주되는 것이다.

물론 서로 믿는 것이 가장 좋을 테지만, 피리를 불게 하는 것이 더 확실한 방법이었다. 피리는 이 제과점의 주인에게 최고의 감시도구였으며, 견습생에게는 알리바이를 제공해 주었다. 이 피리 불기는 이곳, 퓌르스트 제과점뿐만 아니라 전국의 거의 모든 제과점에서 쓰는 방법이었다. 물론 다른 제과점에서는 이곳만큼 맛있는 과자를 빚어내지 못했지만 말이다.

파울 퓌르스트는 피리 소리를 듣긴 했지만, 이미 오래 전부터 그 소리가 그의 의식을 침투하지는 못했다. 그에게 견습생들의 피리 연주는 빵 굽는 금속판이나 데커레이션 주머니처럼 제과점의 일부에 속했기 때문이다.

그는 능숙한 솜씨로 추커글라주어*를 만들기 시작했다. 먼저 설탕에 열을 가하고 물을 부어 알맞은 끈기를 가진 유동액을 만들어야 한다. 그래야 원하는 모양을 쉽게 만들 수 있다. 그리고 그 모양이란! 파울 퓌르스트는 단순한 제과업자가 아니라 장인이었으며, 그의 이름은 잘츠부르크 안팎으로 두루 유명했다. 단순한 설탕 시럽이 그의 손을 거치면 멋진 예술품으로 탄생했다. 백조나 그밖의 아름다운 장식으로, 혹은 조각품으로. 토펜스트루델**이나 사과 파이, 여러 종류의 케이크는 파울 퓌르스트에게는 기본이었다. 그러나 그가 완성시킨 작품은

---

* 설탕을 끓여 시럽 형태로 만들어낸 것.
** 과자의 한 종류.

바라보기만 해도 황홀할 지경이었다.

퓌르스트는 특별한 것, 눈에 띄는 것을 좋아했다. 그는 유럽 절반에 퍼져 있는 제과업자들과 그들의 비법을 잘 알고 있었다. 그는 코즈모 폴리턴이라 불릴 수 있는 사람이었다. 세계 각지를 여행하며 견문을 넓혔다. 오스트리아의 빈과 헝가리의 부다페스트, 그리고 프랑스의 파리와 니스에서도 교육받았다. 프랑스에서는 오펜바흐의 음악에도 심취했다. 하지만 '어떻게 프랑스의 오페레타 정도를 감히 슈트라우스 가문의 왈츠와 비교할 수 있단 말인가?'라는 생각을 은밀히 품고 있었다. 그는 음악에 대한 교양이 풍부한 제과기술자였을 뿐 아니라 예의 바르고 정중한 사람이었기 때문이다.

그렇지만 그가 가장 칭송하고, 위대한 인물이라고 생각한 사람은 모차르트였다. 그는 모차르트의 음악을 가장 좋아했다. 그러나 현명한 사람이라면 어떤 분야이든 다양하게 접해 보아야 한다. 결국 누구에게든 뭔가를 배울 수 있기 때문이다. 그런 식으로 그의 외국여행은 직업적인 수확 이상의 것을 얻는 값진 기회였다. 다시 말해서, 배움의 여행이자 인식의 지평선을 넓혀준 여행이었다. 그러나 그가 정착할 곳은 오로지 오스트리아였다. 그는 언제나 자기 생애의 걸작품을 고국 오스트리아에서 만들어내리라 굳게 다짐하곤 했다.

■ ■ ■

잘츠부르크는 파울 퓌르스트가 생각하기에, 모든 시대를 통틀어 가장 위대한 음악가인 모차르트가 태어난 곳이다. 그가 이곳에 정착한 것은 1884년의 일이었다. 잘츠부르크에 있는 모차르트의 생가에서 그리 멀지 않은 브로트가세 13번지에, 그는 그해 11월 제과점을 열었다.

개점 광고에 「주목해 주십시오. 사탕, 케이크 등의 특별 메뉴 외에도 커피, 초콜릿, 차가 제공됩니다」라고 그는 썼다.

그리고 얼마 되지 않아 잘츠부르크 시민들 사이에 그의 이름이 알려지기 시작했고, 퓌르스트 제과점은 사교의 중심지가 되었다. 여기저기서 이 제과의 달인에게 주문이 쇄도했다. 사람들은 너도 나도, 세상에서 가장 달콤한 것을 베풀어주는 신의 손길을 받고자 했다. 퓌르스트의 창조물이 빠진 차 모임은 즐거움이 반감되기 일쑤였다. 그가 아닌 다른 사람이 만든 추커글라주어는 달콤한 향과 반짝이는 윤기가 빠져 있는 것처럼 보였다.

어쩌면 빈에서는 그런 상황을 감수할지도 몰랐다. 하지만 이미 잘츠부르크에서는 그의 손길이 닿지 않은 과자나 빵은 아무도 건드리지 않게 되어버렸다. 19세기 중반 이후 — 그동안 잘츠부르크는 오스트리아에 귀속되었고, 합스부르크 황실의 직할지가 되었다 — 이곳은 귀족들의 사교모임의 중심지가 되었다. 귀족뿐 아니라 예술가, 문인, 상류계층의 시민들도 이곳으로 몰려들었다. 잘츠부르크는 그때 이미, 지금도 해마다 여름이면 되풀이되는 일을 겪게 되었다, 바로 관광 붐을. 그렇게 된 가장 큰 원인은 이미 오래 전에 고인이 된 볼프강 아마데우스 모차르트(1756~1791)에게 있었다.

이 까다로운 성격의 작곡가에 대해 잘츠부르크 시민들이 언제나 호감을 가진 것은 아니었다. 어쨌든 그는 잘츠부르크를 떠나 빈으로 갔으니까. 그러나 1842년 마치 아무 일도 없었던 것처럼, 모든 것이 잊혀지고 용서된 채, 팀파니와 트럼펫을 들고 있는 모차르트의 기념비 제막식이 거행되었다. 국제적인 저명 인사, 예술가, 문예애호가 들이 이 제막식을 위해 곳곳에서 몰려들었다. 이 위대한 예술가는 복권되었고, 그 와중에 다소 위선적인 관용마저 엿볼 수 있었다. 어쨌든 인간은 실수를 하게 마련인 것이다. 1888년에는 모차르트를 위한 단체도 결성되었다.

그런데 잘츠부르크 시민들은 한번 후해지자, 더욱이 모차르트가 시에 얼마나 이익이 되는지를 깨닫게 되자 지나치게 수선을 떨기 시작했다. 과거의 신동에 대한 뒤늦은 명예회복 이후 처음 몇 년 간은, 말하자면 모차르트 숭배의 붐이 일었다. 모차르트와 관련된 축제 프로그램, 모차르트의 전기물 간행, 모차르트의 동상들, 모차르트 피리는 물론 숙박업소마다 모차르트 방이 하나쯤은 준비되었고, 사람들은 모차르트 빵을 먹고, 모차르트 와인을 마셨다. 마치 머리에서 발끝까지 모차르트로 뒤집어쓰는 꼴이었다. 심지어 「모차르트 크림」이라는 구두약까지 「잘츠부르크 최고의 구두약」이라는 광고와 함께 팔려나갔다. 이렇게 장사가 이루어지는 곳에서는 어디서나 이 위대한 선조를 모셔가려고 난리였다.

파울 퓌르스트는 유행에 편승해서 이익을 챙기려는 사람들에게 쉽게 동조할 수 없었다. 그것은 그가 돈 굴러오는 소리를 싫어해서가 아니었다. 그들이 모차르트를 이용하는 목적이 천박하게 느껴졌기 때문이다. 그래서 그는 모차르트를 위해 좀더 특별하고 멋진 것을 만들어야겠다고 생각했다.

자신의 우상에게 어울리는 거룩한 기념비를 세우겠다는 생각은 마치 과자 위를 날아다니는 파리 떼처럼 성가시게 퓌르스트 주위를 밤낮으로 맴돌았다. 그는 몇 시간이고 제과공장에 죽치고 앉아 골똘히 생각에 잠겼다. 며칠이고 몇 주일이고 그의 머릿속은 온통 이 생각의 다양한 변주로 가득 채워졌다. 뭔가 특별한 것, 다른 무엇과도 비교할 수 없는 것, 타의 추종을 불허하는 것…… 그의 창작품은 모차르트의 음악처럼 독창적이고, 불멸의 것이어야 했다.

파울 퓌르스트는 마침내 이 일에 착수했다. 먼저 송로(松露), 아몬드, 검은 초콜릿으로 콘펙트*를 만들었다. 그러나 그는 만족스럽지 않았다. 검은 초콜릿은 고급스러웠지만, 나머지 재료가 마음에 들지 않았다. 파울 퓌르스트는 피스타치오를 집었다. 그리고 잘 빻아서 마지판** 에 넣고 섞었다. 그래도 그는 완전히 만족할 수 없었다. '볼프강도 좋아할 수 있는 맛을 만들어야 해.' 그는 마무리로 과자 위에 누가를 입혀보았다. 가장 섬세한 맛을 지닌 누가를.

파울 퓌르스트는 자신의 작품에 대만족이었다. 그의 아내 역시 이 달콤한 창작품에 넋을 잃었다. 그리고 그날을 기념하기 위해 예외적으로 견습생들에게도 맛볼 기회를 주었다. 그들은 모두 감탄했다. 물론 그후에는 한시도 쉬지 않고 피리를 불어야 했지만.

이 과자는 완벽했다. 다만 아쉬운 점이 있다면, 과자의 모양이었다. 파울 퓌르스트는 처음부터 콘펙트를 염두에 두고 만들었다. 마지판, 누가, 검은 초콜릿이 들어간 납작한 모양의 콘펙트였다. 하지만 각이 진 모양은 이미 이전에도 있었다. 게다가 모차르트의 음악은 각이 지지 않고 둥근 이미지를 가졌다. '긴 모양은? 아니야! 타원형은? 그건 고급스럽지가 않아, 아무래도 둥근 모양이 좋겠어!' 이렇게 해서 공 모양이 탄생하게 되었다.

파울 퓌르스트는 연둣빛 피스타치오 마지판을 공 모양으로 둥글게 만들고, 고운 누가로 옷을 입혔다. 그리고 가는 나무 꼬챙이를 꽂아 검은 초콜릿 액에 담갔다가 널빤지 위에 세워 응고시켰다. 그는 대만족이었다. 그렇지만 그래도 다시 한 번 냉정한 눈길로 자신의 작품을 여러 각도에서 훑어보았다. '좋아, 아주 좋아, 맘에 들어. 맛도 아주 좋

---

* 으깬 견과류와 설탕을 반죽해서 만든 과자에 설탕 시럽을 입힌 것.
** 아몬드 가루와 설탕, 달걀 등을 섞어 반죽해서 만든 과자.

고.' 몇 시간 뒤 그는 과자에서 나무 꼬챙이를 빼고, 그 구멍은 데커레이션 주머니에 든 검은 초콜릿을 짜내어 막았다.

「모차르트 쿠겔*」이 완성되었다. 파울 퓌르스트는 원하던 것을 이루었다. 뭔가 특별하고, 타의 추종을 불허하는 것을. 모차르트에 대한 그의 달콤한 숭배는 1890년 단번에 다른 모든 모차르트 제품에 찬물을 끼었었다. 사람들은 이 과자에 열광했다.

모차르트 쿠겔은 국제적인 명성을 얻게 되었다. 1905년 파울 퓌르스트는 자신의 작품을 파리 산업박람회에 전시했다. 까다로운 미식가로 소문난 프랑스인들도 그가 만든 초콜릿 과자에 찬사를 보냈다. 사람들은 그 맛에 매료되었고, 그 모양에 감탄했다. 기술 난이도가 높은 공 모양은 그 자체로서 예술작품이었고, 복잡한 제조기술은 금메달감이었다.

파울 퓌르스트는 보로트가세 13번지에 있는 자신의 제과점에서 초콜릿으로 마치 마술을 부리듯 작은 공을 만들었고, 그 공으로 세계를 정복할 수 있었다. 모차르트를 향한 그의 열렬한 사랑은 잘츠부르크의 상징이 되었다.

■ ■ ■

그리고 금고를 가득 채워줄 것이 확실했다. 그것은 흥행 보증수표였다. 그러니 이 맛을 흉내내는 아류가 속속 생겨난 게 당연했다. 이미 제1차 세계대전 이전에 그의 창작품을 모방하는 제과점이 줄을 이었다. 그들은 모차르트의 푸른색 실루엣이 인쇄된 은박지에 과자를 싸서 포장함으로써 원조인 퓌르스트제 모차르트 쿠겔을 똑같이 모방했

---

* 「쿠겔」은 공이라는 뜻.

다. 하지만 파울 퓌르스트는 오히려 자신의 생각이 적중했음을 확인하고 기쁨을 감추지 않았다. 그렇게 그의 반응은 유감스럽게도, 적대적이라기보다는 긍정적이었다.

심지어 오스트리아 밖에서도 그의 작품은 모방되었다. 1914년 베를리너 파스밴더사가 최초로 이 과자를 공장에서 생산하기 시작했다. 물론 이 표절작은 퓌르스트의 오리지널에 비교할 바가 못 되었다. 모든 공정이 기계로 이루어진 이 초콜릿 과자는 동그란 대신 전구 모양이었으며, 기계로 찍어낸 표시가 남아 있어 쉽게 원조와 구별되었다.

파울 퓌르스트는 생각했다. '역시 손으로 직접 만든 것은 달라.' 그렇지만 그는 동시대 사람들의 모방심리에 여전히 애정을 느꼈으며, 자신의 초콜릿 과자에 자신감을 갖고 있었다.

그러나 제과기술자로서 보여준 그의 업적이 그토록 완벽했음에도 법적으로는 아무런 힘도 발휘할 수 없게 되어버렸다. 그는 바로 특허라는 가장 중요한 「재료」를 새카맣게 잊고 있었기 때문이다.

그 사실은 가업을 대물림한 그의 후손에게는 실망스러운 일이었다. 양차 대전의 중간에 잘츠부르크의 라이지글사 또한 모차르트 쿠겔의 생산을 시작하면서, 퓌르스트제 모차르트 쿠겔은 판매에 엄청난 차질을 빚게 되었다. 나중에 오스트리아 경제를 대표하는 미라벨사로 재탄생한 이 회사는 모차르트 쿠겔을 동그랗게 만드는 데 성공한 최초의 제과회사이기도 했다.

그러자 나라 안이 온통 모차르트 쿠겔로 넘쳐났다. 심지어 사람들이 굶주리는 궁핍한 시절에도 이 붐은 멈추지 않았다. 잘츠부르크 시민들은 이때를 너무나 잘 기억하고 있다. "먹을 빵은 없어도, 공장 일대에서는 늘 모차르트 쿠겔의 달콤한 향이 코를 찔렀답니다."

그리고 모차르트 쿠겔을 생산하는 공장은 점점 더 늘어만 갔다. 제품에 대한 배타적 생산권이 없었기 때문에 아무 제약이 없었다. 모차르트 쿠겔을 모방하는 건 식은 죽 먹기였다. 그렇게 수백만 개가 생산되었다. 파울 퓌르스트가 제품의 질에 엄격했던 점과 비교해 보면 상황은 더욱 악화되었다. 더 많은 수익을 내기 위해서 어쩔 수 없이 질의 저하가 뒤따른 것이다. 이를테면 검은 초콜릿 대신「고급스럽지 않은」하얀 초콜릿이 사용되기도 했다. 하지만 누가 부자가 되기보다 고급한 것을 만드는 데 더 비중을 두겠는가?

제품은 조금씩 다양해져서 퓌르스트가 목표로 삼은 모차르트의 취향과는 상관없게 되었다. 마지판과 누가로 만들어지거나 마지판과 송로 덩어리 혹은 마지판과 피스타치오의 조합으로 다양하게 만들어졌다. 그러나 이 조합들은 퓌르스트가 실험단계에서 마음에 들지 않아 무시한 것들이었다. 맛과 모양, 생산기술을 통틀어 최선책은 오로지 퓌르스트가 만든「오리지널 잘츠부르거 모차르트 쿠겔」에만 깃들여 있었다. 그의 증손자가 오늘날에도 여전히 그렇게 하고 있듯, 바로 손으로 완성하는 행위 속에……

거의 한 세기가 지난 지금도 대략 90만 개의「오리지널 잘츠부르거 모차르트 쿠겔」이 브로트가세 13번지의 카페식 제과점에서 출고된다. 하지만 기계설비를 갖춘 다른 경쟁회사들에게는 수백만 개를 파는 것이 별로 대단한 일도 아니다. 그러니 원작자로서 퓌르스트가 라이선스 이용료를 한 푼도 받지 못하는 것은 정말 불행한 일이다. 모차르트 쿠겔의 창조자인 파울 퓌르스트의 증손자는 이 문제를 현실적으로 바라본다.

"그 사람들이 모차르트 쿠겔을 수백만 개씩 기계로 대량 생산하지 않는다면(오히려 그것이 홍보효과를 주기 때문에) 그들은 그렇게 큰 성공을 거두지 못할 것입니다."

결국 80년대 초반, 사람들은 더 큰 성공을 거두기 위해 서로 다투게 되었다. 누가 원조냐는 문제로 파생된 이 심각한 경제전쟁에는 단지 세 단어만이 중요했다. 「에히트(Echt, 진짜)」, 「오리지널」, 「잘츠부르거 (잘츠부르크산)」. 결론적으로 진짜 원조의 승리로 돌아갔다. 「오리지널」은 반드시 퓌르스트의 초콜릿 과자에만 사용할 수 있었다. 대법원 문서번호 OGH 4 Ob 2131/96에 기록된 판결 내용처럼. 그렇지만 「모차르트 쿠겔」, 「오스트리아 모차르트 쿠겔」, 「에히트 잘츠부르거 모차르트 쿠겔」과 같은 상표는 다른 사람에게도 허용되었고, 그들 또한 이 상표를 가지고 떼돈을 벌 수 있었다. 중국에서 칠레, 호주에서 키프로스까지 세계 50여 개국 이상에서.

모차르트 쿠겔은 「빈 소년소녀합창단」의 또 다른 형태라고 할 수 있다. 어쨌든 이 과자는 오스트리아를 대표하는 상징물로, 오스트리아 1000년 기념 축제기간에 열린 「오스트리아 최고의 디자인」 전시회에서 포르셰 911과 토네트 커피숍 의자와 나란히 전시되기도 했다.

오스트리아 최초의 우주비행사 프란츠 피뷔크가 러시아의 우주정거장 「미르」에 선물로 가져간 모차르트 쿠겔은 퓌르스트 가문의 제품이 아니었다. 하지만 그런 사실이 오리지널의 권위에 손상을 입히는 것은 아니다.

막스 라인하르트가 언젠가 잘츠부르크의 마르크트플라츠에서 창조적인 호흡 속에서 느꼈던 그 향기는 천상의 것이었다. 그러나 만일 이 작은 공(모차르트 쿠겔)의 향기가 그 천재적인 연극인을 다시 현실세계로 돌아오게 하지 않았다면, 어쩌면 〈예더만〉은 허공에 머물다 그대로 사라져버리고 말았을 것이다.

만약 그랬다면, 볼프강 아마데우스 모차르트 역시 섭섭하게 생각했을지도 모른다.

베네통의 히트 상품 「롤러 블레이드」를 처음 만든 스콧 올손

돈은 롤러 스케이트를 타지 않는다

Most hospitals dispense
tients yesterday, despi
orean Hospital Associa
eparate the doctor's pr
om that of pharmacist's
 g.

As the nation is not stil
e medical reform pack
ere trying to get medicin
ls.

In this situation, hospital
lowed outpatients to re
m their in-house drugsto
minimize inconvenience
patients.

Korea University Medica
am-dong allowed all ou
their prescribed drugs fr
al's pharmacy.

ther major general hos
nd to have asked only a s
of outpatients to buy d
r-the-counter pharmacies
ice with issued prescriptior

Catfish Farme

By Soh Ji-young
Staff Reporter

A fish farmer has been
compensation for damage
farm from noise at a nearby
he first of its kind in Korea.

The Central Environ
isputes Coordination Comr
EDC) yesterday ordered a
ner and gas alarm manuf
ompensate 5.08 million w
hwater catfish farmer L
, 73, in Pochon, Kyonggi-d
EDC is an affiliate of the M
nvironment that inquires in
es involving environmental
s, such as noise pollution,
tamination and waste pollu
e had filed for compensatio
million won with the commi
October, claiming noise from
ory had stunted the growth of
at his farm, as well as harming
lives of his family.

e factory was built 15.6 me

eople will be banned from cat
trading and eating snakes a

미네소타의

1년 기후는 겨울과 7월, 이렇게 두 계절로 나누어진다. 스콧 같은 열광적인 아이스 하키 선수에게는 최상의 조건이라 할 수 있다. 캐나다와의 국경에 근접한 미네소타 주의 전역에 널려 있는 1만 2천 개의 호수도 역시 좋은 여건을 제공해 준다. 얼어붙은 호수의 표면은 스콧과 그의 동생, 그리고 그들의 친구들과 같은 광적인 스케이트꾼이 마음놓고 내달릴 수 있을 만큼 단단하고 안전한 빙판이었다.

그 당시 스콧은 전세계적으로 가장 어렵다는 아이스 하키 리그전인 NHL에서 프로 선수권을 따는 것만이 인생에서 이룰 수 있는 유일한 성공이라고 믿고 있었다. 스케이트 끈을 매기만 하면 마냥 행복한 스콧이었다. 스케이트를 타기 시작하면서 그의 인생도 그만큼 만족스럽게 미끄럼질쳐 나가고 있었다. 단 한 가지 안타까운 것은, 해마다 찾아오는 여름이라 불리는 더위의 공격이었다. 이곳의 위도 때문에 여름이 그다지 길지는 않지만, 스콧과 같은 아이스 하키 중독자에게는 길게만 느껴졌다.

미국인에게 시간이란 의미는 언제나 다음 발사 순간까지를 말한다. 스콧은 가능하면 빨리 프로 선수권에 다시 한 번 도전해 보고 싶었다. 그래서 그는 1979년의 여름, 그 견딜 수 없는 공백기를 최대한 짧게 줄여야겠다고 결심했다.

스콧은 쇼핑하러 기웃거리며 돌아다니는 것을 증오했다. 아무 목표

160

없이 이리저리 걸어다니는 것은 그의 생리에 맞지 않았다. 미니애폴리스와 같은 도시에서는 더더군다나 그러고 싶지 않았다. 다행스럽게도 스콧은 일찌감치 스포츠 용품을 파는 가게를 찾을 수 있었다. 그곳은 물론 여름에도 아이스 하키 용품을 파는 가게였다.

언젠가 한번 우연히 들어가게 된 그 조그만 중고품 가게의 경우도 마찬가지였다. 그때 스콧은 다음 시즌을 위한 장비를 이미 구비하고 있었기에 특별히 찾고 있는 물건은 없었다. 그러나 그날 그곳에서 그는 훗날 모든 연령층의 사람들을 열광하게 만들 물건을 우연찮게 발견했다. 물론 그 물건이 그렇게 대히트를 하기까지는 시간이 좀 흘러야 했지만.

스콧이 어떤 인물인가 하면, 누가 코가콜라를 주문하면 그는 마시던 펩시콜라를 던져버릴 정도로 브랜드에 민감했다. 누가 승용차로 시골길을 누비겠다고 하면 스콧은 지프를 샀고, 사람들이 접착제를 찾으면 그는 틱소(Tixo)를 권했다.

코카콜라, 지프, 틱소는 평범하고 일상적인 상표는 아니다. 이런 이름들은 어떤 종류의 제품 자체와 동의어로 쓰인다. 코카콜라는 소프트 드링크의 한 종류를 대표하고, 지프는 도로가 없는 험한 지형을 달리는 차종을, 틱소는 접착용 리본을 대표한다.

하지만 소비자가 어떤 용도에 필요한 제품을 찾을 때, 이처럼 자동적으로 찾게 되는 상품을 만들어낼 수 있는 회사는 아주 극소수에 불과하다.

그런데 바로 이런 엄청난 마케팅 신화를 미국의 젊은 아이스 하키 선수 스콧이 이루어냈다. 스콧이 시장에 내놓은 제품의 이름은 1970년대 후반에 자기 형인 브레난과 함께 미니애폴리스에 설립했던 회사명과 같은 것으로, 그 이름은 전세계 사람들의 머릿속에 영원히 새겨져 있다.

올손 형제는 부모님과 함께 살던 집의 지하실에서 사업을 시작했다. 그들의 회사는 당시 폭넓은 대중에게 어필하는 데는 실패했지만, 그 대신 젊은 레저 스포츠 팬들에게는 폭발적인 인기를 누렸다. 이 회사의 이름은 한 세대를 휩쓸었던 인생관과 생활 양식을 대변해 주는 말이 되었다. 그러나 현재 이 회사의 소유주는 스콧이 아니라 베네통이다.

한 기업에서 광고가 차지하는 부분은 매우 중요하다. 이것은 베네통 같은 세계적인 기업에서도 마찬가지다. 그래서 이탈리아의 섬유회사들은 정기적으로 ― 좀 고상한 표현을 쓰자면 ― 비관습적인 광고로 대중에게 쇼크를 주고 있는 것이다. 매번 새로운 광고마다 전세계적으로 일대 센세이션을 일으키고 그렇게 불러일으킨 관심을 통해서 궁극적으로는 매출을 올리는 것이 그들의 광고정책이다.

베네통은 이와 같은 광고정책을 펼쳐나가기 위해 사내에 포멀 (Formal) 1팀을 두고 여기에 엄청난 경비를 쏟고 있다. 현재로선 이 하늘색 볼리드*가 생산성 면에서는 베네통의 다른 팀보다 한참 뒤에서 털털거리며 뒤쫓고 있는 형편이다. 그러나 중요한 점은 광고를 통하여 사람들이 브랜드에 대해 입을 연다는 것, 결론적으로 베네통이란 이름 석 자를 떠올리게 된다는 것이다.

베네통은 무엇보다도 패션 대기업이다. 그러나 그것만이 베네통의 전부는 아니다. 베네통 스포츠 시스템 산하에는 레저 스포츠맨에게 흥미로운 콜렉션을 제공해 주는 몇몇의 유명한 자회사들이 있다. 베네통은 세계 스키 신발 시장의 선도업체인 노르디카사를 합병했고, 최상품의 테니스 라켓을 생산하는 프린스사도 끌어들였다. 또 다른

* 경주용 자동차. 여기서는 베네통의 광고전속 포멀 1팀을 가리킴.

자회사인 캐스틀사는 스키족이라면 반할 만한 스키 용품을 생산하고 있다. 이 정도면 베네통이 만들지 않는 스포츠 용품이란 거의 없다고 할 수 있다.

1979년 스콧이 만든 물건은 베네통 스포츠 시스템의 간판 스타로 꼽을 만하다. 이 제품은 너무나 인기를 누리고 있기 때문에 광고를 할 필요가 없을 정도이다. 그 이름만으로도 저절로 팔려나가는 제품이다. 그러나 처음부터 그런 것은 아니었다. 처음 그 제품을 만들어낸 스콧에게는 참으로 유감스러운 일이지만 말이다.

■ ■ ■

작은 중고품 가게에서 스콧은 손에 들고 있는 물건을 이리저리 살펴보고 있었다. 그 물건은 처음 봤을 때는 아무짝에도 쓸모가 없을 것 같았다. 이 물건이 가게의 가장 후미진 구석에 숨겨져 있었던 것도 딱히 우연은 아닌 듯했다. 물건을 한참 들여다보던 스콧의 머릿속은 혼란스러워졌다.

그의 손에 들려 있는 것은 롤러 스케이트였다. 그런데 참으로 이상한 모양이었다. 일반적으로 롤러 스케이트는 아이들이 타는 스케이트로 알려져 있다. 그래서 대개는 바퀴가 옆으로 달려 안정감을 주게 되어 있는데, 이 스케이트는 바퀴가 앞뒤로 연결되어 있었다.

"인라인(In Line)* 스케이트죠."

점원은 물건을 포장하면서 신이 나서 설명을 덧붙였다. 그는 먼지만 잔뜩 앉아 있던 이 고물을 드디어 팔아치우게 되어 너무나 기뻤다.

처음에 형 브레난은 스콧 때문에 걱정스러웠다. 그후 얼마 지나지

---

* 롤러 블레이드처럼 바퀴가 일렬로 늘어서 있는 방식.

않아 이번에는 그들의 부모님이 두 형제를 걱정하게 되었다. 스콧과 브레난은 밤낮없이 지하실에 틀어박혀, 이상한 모양의 롤러 스케이트에 거의 미친 듯이 매달렸다. 취미 공작가들이 이 스케이트에 폴리우레탄류의 신소재를 새로 대어주었고, 발뒤꿈치에는 고무 브레이크 장치를 달아주었다.

두 형제는 여름철에도 시멘트 바닥에서 아이스 하키를 할 수 있다는 기대감에 도취되어, 안타깝게도 중요한 사실 한 가지를 놓치고 있었다. 그것은 이 이상한 롤러 스케이트로 큰 돈을 벌 수도 있다는 사실이었다. 결국 그 행운은 다른 사람의 손으로 넘어가게 된다.

두 형제가 자신들이 만든 인라인 스케이트를 타고 동네를 누빈다는 소식은 금세 아이스 하키계에 파다하게 퍼져나갔다. 두 형제가 타는 롤러 스케이트를 가지고 싶어하는 사람들이 처음에는 주변의 친구들에 불과했지만, 곧 얼마 지나지 않아 전혀 친분이 없던 사람들도 그런 스케이트를 구하러 그들을 찾아왔다. 그런데 이런 사람들의 숫자가 갑자기 늘어나자, 스콧과 브레난은 그들이 직접 손으로 만드는 것만으로는 그 수요를 미처 따라갈 수 없게 되었다. 이렇게 해서 두 형제는 회사를 세우기로 결정했다.

1980년, 회사의 사업자등록을 위해 스콧은 회사 이름이 필요했다. 올손이라는 자신의 성은 애초부터 물망에 오르지 않았다. 인라인 롤러 스케이트라는 최신 유행을 좇아 스콧의 집 앞으로 몰려드는 고객들에게 어울릴 만큼 「쿨」한 이름이라고 할 수 없었기 때문이다.

스콧은 「롤」이라는 말이 들어간 이름이어야 한다고 생각했는데, 마침 「롤러 블레이드」라는 이름이 어쩐지 좋게 들렸다. 한마디로 「쿨」했다. 실제로 이 이름은 너무나 좋고 쿨해서, 오늘날에도 여전히 울트라 휠스, K2 혹은 옥시켄과 같은 인라인 스케이트를 사러 오는 고객들조차 자신도 모르게 자동적으로 롤러 블레이드를 달라고 할 정도이다. 그러니까 롤러 블레이드는 인라인 스케이트와 동의어가 된 셈이다. 코카콜라가 어떤 특정한 소프트 드링크류의 동의어로 쓰이고, 또 지프가 도로가 없는 험한 지형을 달리는 차종을 대표하고, 그리고 틱소가 접착용 리본 그 자체를 의미하는 것처럼.

■ ■ ■

새로운 스케이트의 발명가인 올손 형제는 늘어나는 시장의 수요와 더 나은 품질을 원하는 고객들의 욕구를 다 채워줄 수 없었다. 결국 1981년 시카고 스케이트 회사의 특허를 껌값에 사들여, 바퀴부분을 획기적으로 개선한 롤러 블레이드를 생산하게 되었다. 하지만 전반적으로 볼 때 올손 형제의 회사는 하락세를 타고 있었다.

최초의 롤러 블레이드 시리즈는 결함이 많은 제품이었다. 우선 무거워서 손으로 들기 어려웠고, 쉽게 더러워졌으며, 볼 베어링에는 습기가 찼고, 바퀴도 너무 빨리 망가지는데다가 브레이크 역시 비효율적이었다.

질적으로 더 나은 스케이트를 생산하려면 많은 돈이 필요했다. 그러나 올손 형제는 그만한 돈을 가지고 있지 않았고, 또 딱히 어디서 구할 데도 없었기 때문에 1984년 보브 네겔레 Jr.라는 부유한 환전상에게 10만 달러를 받고 회사를 팔아넘겼다. 매각조건은 해마다 전체 매출에서 일정지분을 받는다는 것이 포함되었으므로, 최소한 거래상으로는 현명한 결정이었다고 볼 수 있다.

그 일정지분이라는 것이 정확하게 얼마인지는 알 수 없지만, 현재 소유주인 베네통이 롤러 블레이드에서 올리는 매출로 미루어볼 때 아무튼 상당한 액수가 오고 갔던 것만은 틀림없다. 그 돈의 액수야 어찌 되었든 간에 확실한 것은, 만약 올손 형제가 앞으로 얼마나 엄청난 롤러 스케이트 붐이 곧 전 미국을 휩쓸지 짐작이나마 할 수 있었던들, 결코 회사를 팔지 않았을 거라는 사실이다. 그들은 그 돈을 어디서 짜내든가, 긁어모으든가, 아니면 은행이라도 털어서 마련했을망정 결코 매각만은 하지 않았을 것이다.

스콧이 회사를 처분했을 무렵, 시대를 앞서 가던 미국인 2만여 명이 인라인 스케이트를 교통수단으로 이용하고 있었다. 그러나 불과 몇년 후인 90년대 초반에는 600만 켤레 이상의 스케이트가 팔려나갔고, 지금은 그 수요가 3,200만에 달하고 있다. 그것도 미국에서만 말이다. 이러한 추세는 미국뿐만 아니라 전세계적으로 확산되고 있으니, 실로 엄청난 시장을 가진 셈이다.

롤러 블레이드사를 베네통에 넘길 당시, 보브 네겔레 Jr.는 이미 성공한 사람이었다고 보아야 할 것이다. 그는 올손 형제가 양질의 대량생산을 하기 위해 애타게 구하던 자금력을 보유하고 있었다. 보브 네겔레 Jr.는 올손 형제의 회사를 인수한 후 전설적인 모델 「라이트닝 TRS」를 만들어 롤러 블레이드를 메가톤급 히트 상품으로 끌어올리는 데 결정적인 역할을 했다.

일약 대부호가 된 보브는 자신의 아이스 하키 팀을 만들려고 생각했을 정도였다. 그가 아이스 하키 팀을 가장 만들고 싶어한 곳은 미니애폴리스의 쌍둥이 도시로 알려진 인근의 세인트폴이었다. 이곳은 아이스 하키 팬인 스콧 올손이라면 경기를 관람하기 위해 쉽게 갈 수 있는 짧은 거리였다.

스콧 올손으로서는 전세계의 인라인 스케이트 시장을 리드하는 회사가 더이상 자기 소유가 아닌 것이 억울할 수도 있겠지만, 그렇다고 그가 롤러 블레이드사를 매각하고 빈손으로 떠난 것은 아니었다.

스콧보다 앞섰던 다른 롤러 스케이트 개척자들 중 어느 누구도 스콧만큼 자신의 몫을 챙기지는 못했다.

■ ■ ■

벨기에 출신의 유명한 악기제작자 조지프 메를린은, 입장은 자신의 취향대로 근사하게 했지만, 너무나 어처구니없는 꼴로 퇴장을 하고 말았다. 그 엄청나게 큰 수정거울이 하필이면 꼭 거기에 세워져 있어야 했는지…….

메를린은 관객들의 환호 속에 자신이 최근에 제작한 바이올린을 켜면서 1층 앞쪽의 관람석 쪽으로 롤러 스케이트를 타고 내려왔다. 18세기 말 런던 사람들은 이런 무도회를 즐겼다. 작은 바퀴가 일렬로 달린 스케이트를 타고 바이올린을 연주하는 메를린은 누가 뭐래도 그날 저녁의 스타였다. 적어도 브레이크를 걸지 못해 롤러 스케이트를 신은 채 곧장 그 엄청나게 비싼 거울로 돌진하기 전까지는 말이다.

조지프 메를린의 사건은 롤러 스케이트 분야의 개척자들이 앞으로 머리를 싸매고 고민하게 될 문제를 잘 보여주고 있다. 그것은 바퀴가 일렬로 달린 스케이트를 신고 전속력으로 달린 뒤에 어떻게 정지할 수 있는가 하는 문제였다. 바로 이 브레이크 문제를 해결하는 것이 롤러 스케이트의 성공의 열쇠였다.

인라인 스케이트에 대해서 세계 최초로 특허 출원을 한 사람은 프랑스의 프티블르뎅이다. 그는 이미 1819년에 특허를 얻었지만, 그의 발명품은 많은 소비자와 만나지 못했다. 그 뒤를 이어 영국인 로버트 존 타일러의 롤러 스케이트, 그리고 신발 바닥에 네 개의 바퀴를 달아 오늘날의 현대적인 롤러 스케이트의 원형을 만들어낸 미국인 제임스 레오나르드 플림톤의 1863년산 스케이트가 등장했으나 역시 대중적인 성과를 거두지 못했다.

그 뒤 채 100년이 지나지 않아 롤러 스케이트 붐이 일게 되었다. 시카고 스케이트 회사는 1960년에 인라인 스케이트 모델을 제작했는데, 이것이 그후 20년 뒤 — 앞에서 자세히 이야기한 — 미니애폴리스의 작은 중고품 가게에서 스콧 올손이 발견해 새로운 유행을 일으킨 그 고물 스케이트였다.

이런 오랜 전통을 가진 물건답게 롤러 블레이드는, 자신이 진짜 발명가라고 주장하는 사람들이 수없이 나타났다. 독일에서 베를린 장벽이 무너지고 난 뒤 나타난 두 명의 구동독 스케이트 트레이너도 그런 사람들이었다. 그들은 여름철에도 스케이트 연습을 하기 위해 빙판용 일반 스케이트에 플라스틱 바퀴를 달아 사용했는데, 이것이 롤러 블레이드의 시초라는 것이다.

이런 유의 진위가 밝혀지지 않은 전설 같은 이야기들은 일일이 헤아릴 수 없이 많다. 스케이트계의 자칭 선구자들 중 대다수는 허풍쟁이다. 그러나 적어도 프리드리히 마이어의 운명만은 정말로 비극적이며, 누가 지어낸 이야기도 아닌 사실이다. 지금 71세의 이 독일인이야말로 스포츠 산업계의 가장 재수 없는 사나이라고 불러도 좋을 것 같다. 마이어는 세상의 그 누구보다도 더 억울하게, 황금을 손에 쥘 수 있는 기회를 놓치고 말았다.

마이어는 스케이트 끝부분에 다는 브레이크 장치를 고안했다. 이 새로운 장치 덕분에 인라인 스케이트를 타는 사람은 전속력으로 달리다가도 언제든지 자신이 원하는 순간에 멈출 수 있게 되었다. 마이어는 1970년 10월 6일, 자신이 발명한 2바퀴 인라인 스케이트에 대한 특허 출원을 했다. 그러나 이 획기적인 발명품은 세인의 주목을 받지 못한 채 P 2048920.7이라는 특허번호만 덩그러니 달고 2년 동안이나 잊혀져 있었다. 그때만 해도 스포츠 용품 산업이 크게 발전하지 못했을 때였기에, 어느 생산업자도 이 아이디어의 가치를 꿰뚫어볼 줄 몰랐던 것이다. 낙담한 마이어는 1972년 4월 13일 자신의 특허를 공표했다. 만약 그가 10년만 더 참고 기다렸더라면, 오늘날 억만장자가 되었을 것이다.

같은 독일인인 게르하르트 틸히, 페터 브란트, 아르민 드레베스에게도 이 일은 남의 이야기처럼 들리지 않을 것이다. 세 사람은 독일 슈바인푸르트에 있는 스웨덴의 롤러 베어링 회사 SKF의 작업소에서 신제품 개발 업무를 맡고 있었다. 마이어의 경우와는 달리, 그들은 자신의 아이디어를 현실화할 수 있는 기회를 얻었다. 1976년 그들은 오늘날의 인라인 스케이트와 아주 근접한 모양의 스케이트를 5만 켤레 출시했다. 「스피디」라는 이름의 이 모델은 올손 형제의 「롤러 블레이드」를 능가할 수 있는 잠재력을 가지고 있었다. 그것도 정확히 1년 먼저 앞서서 말이다.

역사책을 보면 축구는 영국에서, 아이스 하키는 캐나다에서 발명되었다고 적혀 있다. 그러나 왜 롤러 스케이트가 독일에서 발명되었다고는 하지 않을까? 그 책임은 마케팅에 돈을 투자하기를 꺼렸던 SKF사 경영자의 그릇된 판단에 있었다.

"우리는 그저, 빙판 달리기 선수들에게 여름철에도 연습할 수 있는 스케이트를 제공하는 것으로 만족했죠. 다른 고객층이 있다는 걸 당시에는 예견하지 못한 겁니다."

이 말을 하는 페터 브란트는 지금도 여전히 머리를 긁적이며 안타까워한다. 현재 독일에는 600만 명이 넘는 사람들이 인라인 스케이트를 탄다. 그는 이렇게 탄식한다.

"상상해 보세요. 스피디 한 켤레마다 50페니히*만 받는다고 해도!"

그 당시에는 광고행사나 마케팅을 통하지 않고서 롤러 스케이트를 판다는 것은 불가능했기 때문에 SKF사의 경영진은 끝내 스피디 생산을 중단할 수밖에 없었다. 그리고 특허도 무료로 넘겨주고 말았다. 남아 있던 5천 켤레의 스피디는 공장 관계자들에게 헐값으로 처분되었다.

지금 슈바인푸르트 시에 남아 있는 스피디 모델은 몇 개 되지 않는다. 그리고 슈바인푸르트 시의 아이들은 「스피디」가 아닌 「롤러 블레이드」 타기를 더 좋아한다.

---

* 독일의 동전으로 마르크의 100분의 1에 해당함. 50페니히는 우리 돈으로 약 300원이다.

미그기의 발명보다 공산당원증이 더 유익했을 미하일 구레비치

아무도 기억하지 않는 미그기를 만든 G라는 사람

"여기는 로금석 소위. 자수한다, 쏘지 말라! 김포공항 착륙을 허락해 달라. 다시 한 번 반복한다. 여기는 로금석 소위. 자수한다, 쏘지 말라! 김포공항 착륙을 허락하라."

서울 인근에 있는 김포공항의 미공군 비행본부 안은 숨막히는 긴장이 감돌았다. 몇 분 전, 레이더는 미공군 감시 영공 내로 적군의 전투기 한 대가 침입했음을 알려왔다. 침입한 비행물체를 공격하기 위해 미군 전투기 F-86이 곧 출동했다. 하지만 몇 마디 문장을 겨우 외워 말하는 적군기 조종사의 어설픈 영어는 비행본부를 불안하게 만들었다. 그야말로 마른 하늘에서 날벼락이 내린 셈이다.

곧장 관제탑으로 달려가 레이더망 사이를 초조하게 오가던 지휘관은 군인들에게 물었다.

"파일럿 혼자인가?"

그러자 이번에는 부관이 물었다.

"다른 비행기가 뒤따라오고 있는가?"

무슨 꿍꿍이속이 있는 함정일 가능성이 충분히 있었다. 혹은 가미카제식 전투일 수도 있었다. 이미 극동 아시아에서의 전투 경험이 있는 미군으로서는 그 정도는 예측할 수 있었다.

"다른 비행기가 뒤따라온다면 조종사가 신고를 해올 리 없지."

지휘관은 이렇게 스스로를 안심시키려 했다. 이런 상황에서는 신속하게 결정을 내려야만 한다. 1초 1초, 그리고 적군기가 영내로 들어오는 1미터 1미터가 엄청난 결과를 가져올 수도 있는 일이었다.

"혹시 우리가 했던 제안에 반응하는 것일까요?"

"그건 벌써 5개월 전이잖아?"

이리저리 미친 듯이 날아다니는 전투기처럼 사람들의 목소리도 여기저기서 마구 뒤엉키고 있었다.

"기종이 뭔가?"

관제탑의 군인들은 이 질문이 나오리라 미리 짐작하고 있었다. 군인들의 대답을 듣자, 지휘관은 "아이쿠" 하고 놀라며, 오른손의 엄지와 집게손가락으로 눈 위와 콧대를 난처한 듯 쓸어내렸다. 그리고 천장을 잠시 올려다본 뒤 명령을 내렸다.

"쏘지 말고 유도 착륙시켜라. 우리에겐 이 기종이 꼭 필요하다. 그러나 뭔가 수상쩍은 짓을 시도하면, 바로 끝장을 내버려도 좋다."

그후 잠깐 동안 승리를 확신하는 듯한 조심스러운 침묵의 시간이 흘렀다. 이윽고 미공군의 지휘관은 말했다.

"우린 이 미그(MIG) 15기를 다른 방법으로도 얻을 수 있어."

■ ■ ■

5개월 전이었다. 1953년 4월 26일, 미공군의 B-29 두 대가 김포공항을 출발했다. 그들의 임무는 폭탄을 투하하는 것이 아니라 전단을 뿌리는 것이었다. 잠시 후 북방한계선을 지나자 전투기의 조그만 창구가 열리더니 전단이 뿌려지기 시작했다.

한국어로 된 그 전단에는 북한의 항복을 촉구하는 내용이 아니라 일종의 구인광고가 찍혀 있었다. 말하자면 미공군은 현상금을 내걸었는데, 미공군과 남한측에 온전한 상태의 미그 15 한 대를 몰고 오는 북한의 조종사에게 사례를 하겠다는 것이었다. 사례의 내용은 정치망명권과 5만 달러였다. 5만 달러면 당시로서는 큰 금액이었다. 그후 약 5개월이 지난 1953년 9월 21일에 — 미공군 중 아무도 5개월 전에 배포된 전단을 기억하는 사람은 없었다 — 로금석 소위가 남한 상공으로 날아와 김포공항에 착륙한 것이다.

"야, 저건 진짜 미그 15로군!"

활주로를 미끄러져 들어오는 전투기를 확인하던 지휘관은 지금 이 상황이 꿈인지 생시인지 구분이 안 갈 정도로 믿어지지 않았다. 착륙 구역 내에 무사히 안착한 미그 15의 모습을 본 군인들 사이에서 환호성이 터져나오자, 그제서야 지휘관은 제정신으로 돌아왔다. 하지만 그의 머릿속은 앞으로 자신이 받게 될 찬사와 훈장에 대한 생각으로 꽉 차 있었으며, 대통령 각하와 악수하는 모습까지 상상하고 있었다. 조종사와 사병들 역시 이 경사스러운 사건 때문에 열리게 될 파티 생각에 저마다 머릿속이 분주했다.

로금석 소위는 무슨 범죄행위라도 저지른 사람처럼, 착륙 즉시 후송되었다. 그러나 지휘관도 함께 자리한 심문을 끝냈을 때, 로금석은 더이상 적군이 아니었다. 그는 미군이 여러 달 전부터 군침을 흘리고 있던 미그 15를 가져다준 그들의 친구였던 것이다. 미그 15는 그 당시 존재하던 전투기 가운데 최고의 것이었다.

북한군 조종사 로금석은, 공식적으로는 그 전단의 발포에 대해서 자신은 전혀 아는 바가 없다고 주장했다. 그러나 그는 일말의 거리낌도 없이 5만 달러를 챙겼다. 정치망명권에 대한 미군측의 제안도 마찬가지로 스스럼없이 수용했다. 이런 이권에 대해 로금석이 치러야 할 대가는 간단했다. 미군에게 미그 15 전투기의 비밀을 가르쳐주기만

하면 되었다.

■ ■ ■

이 사건이 있기 13년 전의 어느날이었다. 모스크바 공군비행장에는 관계자 전원이 모였다. 비행기 제작소의 책임자인 아르툠 이바노비치 미코얀과 미하일 이오시포비치 구레비치, 그리고 두 사람의 엔지니어와 수학자, 마지막으로 테스트용 비행기를 조종할 조종사였다.

비행기 조종실에는 용감하고 민첩한 테스트 조종사인 알렉세이 그린치크가 앉아 있었다. 그는 엔진을 가동시켰다. 미코얀과 구레비치는 그 모든 동작을 하나하나 세심하게 확인했다. 얼마나 세심하게 확인하는지, 마치 모르는 사람이 보면 이 두 사람을 비행기에 같이 타게 될 테스트 승객이라고 여길 정도였다.

비행기가 이륙용 활주로에 들어서자, 지켜보던 사람들은 건강이 염려될 정도로 몹시 흥분하였다. 그들의 심장박동 소리는 엔진의 소음과 거의 맞먹을 정도로 커졌다. 이제 이 시점에서는 그저 모든 것이 차질 없이 진행되기를 바랄 뿐이었다. 마침내 비행기가 이륙하자, 그들을 무겁게 짓누르던 압박감이 사라졌다.

"미코얀, 비행기가 작동하네. 제트 추진이 가동한다고!"

미코얀이 아직 평소의 침착한 태도를 되찾지 못하고 있는 반면, 구레비치는 자신이 계산한 수치가 맞았음을 확인하고 기뻐했다. 구레비치의 머릿속은 언제나 숫자에 맞춰져 있었다.

기록에 따르면, 그날은 1946년 4월 24일이었다. 두 사람의 엔지니어에게는 기억해 둘 만한 날이었다.

"모든 것이 최상입니다."

여유를 부리며 비행기에서 내려오는 테스트 조종사 그린치크에게
도 역시 의미 있는 날이었다.

모두들 그린치크의 어깨를 두드리며 "최고야, 최고야!"라고 그의 말
을 여러 번 따라 했다. 그린치크는 잇따른 수많은 질문들, 비행기의
움직임이 어떤지, 문제가 어디에 있는지, 진짜 모든 것이 제대로 움직
이는지 등등에도 "최고야!"를 연발했다. 「모든 것이 최상」이라는 것
이었다.

미코얀 역시 이 말을 들었지만, 그는 듣기 좋은 말을 그대로 다 믿
지는 않았다. 그는 아직까지도 할 일이 산적해 있다는 것을 잘 알고
있었다. 미코얀은 사태가 악화될 가능성에 대해서도 마음의 준비를
하고 있었다. 그는 너무나 자주, 살벌한 현실로 되돌아온 경험을 했던
것이다. 성공과 실패는 아주 가까이 있다는 것을 그는 경험으로 잘 알
고 있었다.

■ ■ ■

이 일이 있기 1년 전 미코얀이 이끄는 팀이 모델명 I-250이라는 전
투기를 개발했다. 이 전투기의 테스트 조종사는 시간당 825킬로미터
라는 엄청난 속도를 기록했다. 비행고도는 7,800미터였다. 이 수치는
일대 센세이션을 일으켰는데, 그런 만큼 생사를 건 위험한 비행일 수
밖에 없었다. 결국 테스트 비행 도중 안전장치 하나가 부숴져 기체가
추락했다. 그리고 조종사도 목숨을 잃고 말았다.

"이 비행기는 방향조종이 어렵다고 데예프 동지께서 말씀하셨소."
미코얀이 구레비치에게 말했다. 구레비치는 당장 개선작업에 들어
가 I-250의 방향조종이 어려운 원인을 밝혀내는 데 성공했다. 테스트

비행은 두번째 테스트용 비행기를 이용하여 진행되었다. 구레비치는 비행기의 동체에 붙어 있던 수직 꼬리날개*를 다른 위치로 옮기고, 구조 역시 약간 바꿔야 한다는 것을 수학적으로 계산해 내었다.

구레비치의 생각은 — 언제나 그랬지만 — 역시 옳았다. 지느러미의 위치와 구조를 변화시키자 I-250은 1만 2천 미터의 높이까지 날 수 있었고, 대포도 네 대까지 탑재할 수 있었다. 미코얀이 보기에는 아직 좀더 개선하고 싶은 부분이 있었지만, I-250 모델은 곧 시리즈 제작에 들어갔다. 그런데 개선이라는 말은 그리 어울리는 표현은 아니었다. 왜냐하면 미코얀은 I-250을 세계 최초의 제트 비행기를 위한 모델로 제작하기를 원했기 때문이다.

그렇다. 제트 비행기야말로 미코얀과 구레비치가 추구한 최고의 목표였다. 그것은 참으로 어려운 시도였다. 둘은 무슨 일을 그저 하기 좋은 대로 쉽게 처리하는 사람들이 아니었기에 더욱 그러했다. 비행기 승무실의 과열을 어떻게 피할 것인가, 섭씨 800도까지 올라가는 엔진의 뜨거운 열방사로부터 어떻게 비행기의 동체와 바닥을 보호할 것인가 하는 어려운 문제가 걸려 있었다.

미코얀과 구레비치는 한 문제 한 문제씩 차근차근히 해결책을 찾아 나갔다. 그렇다고 해서 첫 제트 비행기에서 실패가 없었다는 말은 아니다. 브레이크를 이용해서 착륙시의 속력을 줄이기 위해 착륙조절판을 별도로 개발했고, 압축환기가 되는 승무실을 만들었으며, 테스트 조종사 그린치크의 제안을 좇아 캐터펄트 의자**도 설치했다.

"그린치크 동지가 죽었소."

이 소식을 전하는 미코얀은 목이 메어 소리가 잘 나오지 않았다.

---

* 비행기의 꼬리에 수직으로 붙은 날개.
** 전투기에서 자동탈출장치가 달린 의자.

구레비치는 멍하니 미코얀을 바라보더니, 겨우 이렇게 말했다.

"캐터펄트 의자는?"

그러자 미코얀이 대답했다.

"고공에서 뭔가 끔찍한 일이 일어났던 게 틀림없소. 아무래도 보조 날개가 떨어져나간 것 같소."

사고를 당한 그린치크는 두 엔지니어에게는 제작사무소 내의 바람막이와도 같은 존재였다. 그린치크가 내리는 판단은 사무소에서 영향력이 대단했다. 그는 기술자와 수학자들에게 무엇이 실천 가능한지 말해 주었다. 그린치크가 「작동할 수가 없다」고 판단한 것은, 실제로 작동하지 않았다. 그러면 설계작업이 다시 처음부터 시작되었다. 또 그린치크는 구레비치가 알고 있는 가장 유쾌한 사람이었다. 사무소에서는 모두 그를 「용감한 하늘의 기사」라 불렀다.

"미코얀, 그린치크가 몇 번째로 죽은 테스트 파일럿이지?"

구레비치는 여전히 억양 없는 목소리로 미코얀에게 몸을 돌리며 물었다. 그의 질문은 그저 형식적인 것이었다. 사실 두 사람의 머릿속은 그린치크의 아내에게 남편의 사고소식을 전달할 일로 꽉 차 있었다. 그리고 자신들이 계산하는 수치에 사람의 생명이 달려 있다는 생각을 그 어느 때보다 절실하게 하고 있었다.

"내 잘못이었을까? 내가 잘못 계산한 걸까?"

구레비치는 물었다. 그럴 때면 평소에는 그렇게도 잘 숨기고 있던 자신의 모습이 여실히 드러났다. 그는 아주 민감한 성격의 소유자였다. 어쩌면 그는 자신의 직업과는 어울리지 않을 정도로 지나치게 예민한지도 몰랐다.

"그린치크의 죽음이 새로운 비행기 제작을 막을 수는 없어."

미코얀은 일부러 매정하게 대꾸했다. 여기서 포기하면 그린치크의 죽음은 완전히 무의미한 것이 되어버리기 때문이었다. 대의명분을 중요하게 여기는 미코얀의 명예심이, 구레비치가 느끼는 지식인 특유의 회의감을 물리쳤다. 미코얀은 지금까지 늘 그래 온 것처럼 조금의 흔들림도 없이 목표를 향하여 앞으로 나아갔다. 사고가 난 다음날 미코얀은 벌써 그린치크를 대신해 죽음을 무릅쓸 새로운 테스트 파일럿을 찾아냈다.

■ ■ ■

이런 일이 있기 전에 벌써 두 차례의 세계대전이 일어났다.

현재는 쿠르스크 지역인 루반슈치나에서 화주 양조자 겸 엔지니어의 아들로 태어난 구레비치는 젊은 시절 한때 풋내기 혁명가였다.

하르코프 대학에서 수학을 전공하던 그는 학생운동에 가담했다가, 폭력혁명적 성향의 죄과를 혹독히 치러야만 했다. 하르코프 대학에서 쫓겨난 구레비치는 다른 대학에서 학업을 계속하려 했으나 폭력혁명 세력의 리스트에 올랐기 때문에 입학이 불가능했다. 러시아 내에서 전면적인 수학금지처분을 당한 것이다.

결국 구레비치 프랑스로 건너가, 몽펠리에서 계속 수학을 전공했다. 그러나 2년 뒤에 휴가차 고국을 방문한 구레비치는 제1차 세계대전이 터지는 바람에 그만 발목이 묶이고 말았다. 당시의 정치 상황은 수많은 사람들에게 불운을 가져다주었지만, 구레비치에게만은 적어도 행운의 전환점이 되어주었다. 왜냐하면 전쟁이 끝난 뒤 아무도 당시의 학생혁명을 기억하는 사람이 없었으므로 그는 하르코프 대학에서 다시 학업을 계속할 수 있었기 때문이다.

1925년에 그는 여객기 제작에 관한 공학논문으로 학교를 졸업했다.

만약 구레비치에게 비행기와 여자 중 어느 한쪽만 택하라고 했다면, 그 여성에게는 비참한 순간이 되었을 것이다. 왜냐하면 구레비치의 열정은 여성이 아니라 비행기에 있었기 때문이다. 비행기는 그가 여가시간에조차 열중하던 대상이었다.

조종사 클럽의 회원으로 활동하던 시절, 구레비치는 「황새」와 「부메랑」이라고 이름 붙인 두 대의 글라이더를 제작했다. 하지만 「부메랑」은 그 이름과는 달리 한번 날아간 뒤 다시는 돌아오지 않았고, 「황새」는 불시착하고 말았다. 구레비치는 잠깐 낙담했지만, 이 경험에서 많은 것을 배울 수 있었다.

하르코프에는 항공산업체가 없었기 때문에 구레비치는 모스크바로 갔고, 1929년에 프랑스인 비행기 제작자 폴 리사르의 사무실에서 일자리를 얻었다. 여기서 그는 수상비행기를 제작했으며, 장래에 함께 일하게 될 동료들도 알게 되었다.

그러나 리사르가 프랑스로 돌아가면서 비행기 제작사무실은 와해되었다. 결국 구레비치는 모스크바의 비행기 공장 Nr. 39 내의 중앙 제작사무소 ZKB에 들어갔다. 우수한 제작자와 기술자, 수학자 들은 언제나 인기가 있던 시절이기도 했지만, 구레비치는 단순히 우수한 정도를 넘어서는 탁월한 제작자였기 때문이다.

구레비치는 러시아 전투기 Tscha-3과 미국에서 개발한 DC-3(소련에서는 PS-84, 즉 파사시르스키 사몰요트라고 불린다)의 제작에 참여했다. 이렇게 해서 구레비치의 명성은 나날이 공고해졌다.

하루는 당시 가장 유명한 비행기 제작자였던 폴리카르포브가 자신이 운영하던 제작사무실에 구레비치를 초빙하기에 이르렀다. 그것은 구레비치의 명성으로 미루어 그리 놀라운 일은 아니었다.

"저는 아르툠 이바노비치 미코얀입니다."

폴리카르포브 사무실의 한 남자가 구레비치에게 악수를 청했다.

"저는 미하일 이오시포비치 구레비치입니다."

구레비치는 손을 맞잡았다. 그러나 두 사람은 이렇게 새삼스럽게 서로를 소개할 필요가 없을 만큼 상대방의 이름을 익히 들어 알고 있었다.

미코얀은 폴리카르포브의 고문이었다. 그는 광범위한 지식을 토대로 하여 모든 프로젝트에 관한 가장 정확한 판단을 내릴 수 있는 능력의 소유자였다. 또한 머릿속의 구상을 현실로 이루어내는 조직가이자 대외적인 활동도 큰 간판 인물이었다. 그는 자기 자신을 상품화할 줄 아는 사람이었다.

이런 미코얀과는 대조적으로 구레비치는 뛰어난 수학자이며 지식인이었다. 미코얀이 가진 능력을 구레비치가 갖지 못했고, 구레비치가 가진 능력을 미코얀은 갖지 못했다. 그래서 둘은 마치 전생에 하나의 존재였던 것처럼 서로를 완벽하게 보완하고 있었다. 결국 둘 사이에 앞으로 일어날 수밖에 없는 진실을 먼저 입 밖에 내어 이야기한 쪽은 미코얀이었다.

"내 생각에는, 우리 둘이 협력하여, 새 제작사무실로 독립하는 것이 좋겠어."

구레비치는 이 제안이 썩 마음에 들었다. 1939년 12월 8일, 두 사람은 폴리카르포브 사무실에 소속된 고속 비행기 제작소의 책임을 맡게 되었다.

"우리 비행기 이름을 뭐라고 지을까?"

두 사람은 새 사무실에 앉아 작업계획에 몰두해 있었다.

"우리 사무실에서 만든 비행기 이름은 제작자가 누구인지 금방 알 수 있는 그런 이름이면 좋겠어."

명예욕이 큰 미코얀이 말했다. 구레비치에게는 비행기 이름이야 무엇이든 그것은 부차적인 문제에 불과했고, 그가 가장 관심을 가지는 것은 비행기가 제대로 작동하는가 하는 문제였다. 그러나 미코얀은 비행기 이름을 그 자리에서 당장 결정하고 싶어했다.

"내가 생각해 둔 이름이 하나 있는데, 우리 두 사람의 이름을 영원히 남길 수 있고 게다가 의미도 있는 이름이야."

그 말에 구레비치 쪽에서도 호기심이 발동했다.

"그게 뭐야? 말해 봐."

"우리 비행기를 미그(MIG)라고 부르자고. 미코얀의 M, 그리고 구레비치의 G."

과연 이 말은 단순히 두 사람의 이름을 딴 것만은 아니었다. 그 말은 두 사람이 만든 비행기를 그야말로 정확하게 표현하고 있었다. 미그는 「순간, 즉시」를 뜻하는 러시아어로, 러시아 사람들은 일상적으로 이 세 글자를 「빠름, 속도」의 의미로 사용하고 있었다.

"우리 비행기는 적들의 비행기보다 훨씬 빠르니까 말이야."

미코얀은 손짓까지 해가며 자신의 아이디어를 강조했다. 구레비치도 충분히 이해했다. 그 이름은 과연 천재적이었다.

"자네, 내 이름 Mi가 앞에 나와 있는 걸 용서하게. 하지만 MIG가 GuM이나 GuMi보다야 듣기 좋은 것은 확실하잖아. 게다가 그런 이름은 아무 의미도 없고……."

이제 독립된 제작사무실이 생겼고, 비행기 이름도 정해졌으며, 아이디어나 프로젝트에서도 두 사람에게 빠지는 것은 아무것도 없었다. 무엇보다도 미코얀은 비행기 제작과 상품화를 연결시킬 수 있는 방법을 정확히 알고 있었다.

러시아의 전투기 I-15, I-16, I-153은 이미 구식이었기 때문에 새 전투기에 대한 공모가 나왔다. 러시아 내의 수많은 비행기 제작사무소들이 이 공모행사에 참가했고, 그중에는 당연히 폴리카르포브도 끼여 있었다. 그는 구레비치에게 이 프로젝트의 책임을 맡길 생각이었다. 그러나 구레비치가 특유의 겸손한 태도로 책임자의 자리를 사양하는 바람에 그 자리는 자연스럽게 미코얀에게 돌아갔다. 구레비치는 프로젝트의 2인자, 미코얀의 대리인으로 머물렀으며, 이러한 구도는 두 사람의 공동작업에서 변하지 않았다.

두 사람이 스탈린 앞에 나가서 자신들의 아이디어를 설명해야 했을 때, 실제로 권력자를 설득시킨 사람 역시 미코얀이었다. 두 사람은 정식으로 소련 정부의 위탁을 받아 미그기 제작에 들어갔다. 그들이 만든 첫번째 비행기는 I-2000으로, 나중에 미그 1로 이름이 바뀐 모델이다. 이 비행기를 더 발전시킨 것이 미그 3이었는데, 프로젝트는 이런 식으로 계속되어 그 유명한 제트 전투기 미그 9, 미그 15, 미그 19, 미그 21에서 최정점을 이루게 되었다.

무엇보다도 미그 15는 미국인들을 경악시켰다. 이 전투기 덕분에 소련은 공중전에서 선두주자의 유리한 고지를 차지했다. 바로 이 전투기의 우수성이 한국전쟁을 통해 알려지게 되었고, 급기야 미군은 1953년의 전단물 사건을 단행한 것이다.

미그 15가 나타나면 미군 파일럿들은 간담이 서늘해졌다. 미군 파일럿이 그나마 미그기에 접근할 수 있는 경우는 미그 15의 조종사가 소련군이 아닌 중국군이나 북한군이었을 때이다. 미군은 자신들의 F-86 전투기가 미그 15 전투기와 견줄 수 있다고 생각했지만, 사실 F-86은 미그 15에 비하면 초라한 존재에 불과했다.

한국전쟁에서 미군의 최우수 전투조종사가 대략 16대의 적기를 격추시킨 데 반해, 소련의 최우수 전투조종사의 실적은 평균 20대였다.

공식적으로 미국 언론은 715대의 미그기가 격추되었으며 그에 반해 F-86은 「겨우」 103대만이 희생되었다고 주장했지만, 전문가들은 이 수치를 사실무근한 것으로 보았다. 일명 「매」라고 불린 소련의 최우수 전투조종사들이 격추시킨 F-86만 해도 100대 이상이었으며, 아무리 우수하지 않은 조종사라 하더라도 나머지 전투조종사들이 단 한 대도 쏘지 못했다고 보기는 어렵기 때문이다.

미군에 의해 격추되었다고 주장하는 미그기 715대의 수치도 역시 믿기 힘들다. 이 추정치의 신빙성을 알아보기 위해서는 미군이 당시에 격추 건수를 어떤 식으로 산정했는지를 살펴볼 필요가 있다. 미군의 계산법은 좀 독특했다. 예를 들어 공중전에서 네 대의 F-86이 단 한 대의 미그기를 쏘아 떨어뜨리면, 네 명의 미군 조종사가 각각 0.5점의 승점을 받는 식이었다. 정확하게 계산해서 0.5 곱하기 4는 2가 되므로, 이런 식으로 하면 결국 원래보다 두 배가 되는 미그기가 사라지게 되는 셈이다.

미군이 이런 식으로 계산했다는 사실에서 우리가 알 수 있는 점은, 미군 내에서 소련제 전투기에 대한 두려움과 경외감이 두 배나 더 컸다는 사실이다.

■ ■ ■

한국전쟁이 한참 진행되는 동안, 미국의 항공 모함이 대서양을 지나고 있었다. 그런데 소련의 항구도시 블라디보스토크 부근에서 한 사건이 일어났다. 이 사건은 비밀에 부쳐졌지만, 그 일이 일어났다는 것만은 부인할 수 없는 사실이다. 그 당시 미국은 만약의 경우 발생할 수 있는 소련과의 마찰 가능성, 즉 미국 모함이 소련 영공 내로 우연히 들어가게 될 경우를 우려하여 해군 소속의 제트기를 순찰차 내보냈다.

이런 과정을 지켜보면서 소련 영공에서도 미그 15의 한 군단이 움직이기 시작했다. 그런데 이들의 행동으로 미루어보건대, 소련군은 미군 제트기를 가지고 노는 것이 확실했다. 그들은 사고를 유인하려는 듯 공중방어전 모습을 연기했는데, 소련군 중 일부는 공격받는 역할을 하고, 다른 일부는 추격자 역할을 하는 것이었다. 마치 미군 조종사들을 소련령 내로 끌어들이려는 듯한 행동처럼 보였다.

이런 놀음을 20여 분 한 뒤, 이번에는 네 대의 미그기가 편대에서 떨어져나오더니 미군 제트기를 추격하기 시작했다. 이것은 이른바 「개싸움」이라 불리는 것인데, 네 대의 적비행기 속에서 혼자 싸우는 전투가 시작되었다. 격추된 미그기가 한 대, 손상된 미그기가 한 대, 그러나 미군 제트기는 온전했다. 이 사고는 일급 비밀로 처리되었다. 미국은 이 일이 있고 나서 몇 년이 지난 후 간략하게 당시 「항공사고」가 한 건 있었다고 인정하는 것으로 마무리지었다.

비록 미군이 이 「개싸움」에서 승리하긴 했지만 그 전투의 주역이었던 미군 조종사들은, 미군 제트기가 미그기에 비해 전투력이 형편없다는 인상을 강하게 받았다. 조종사들은 이 사실을 자기네들만 알고 있는 데서 그치지 않았다.

"축하하네. 아주 잘했어."

사령관이 말하자 "감사합니다" 하고 조종사들이 이구동성으로 소리쳤다.

"제군들이 자랑스럽네. 자네들은 훌륭한 조종사야. 경의를 표하네. 자네들은 미그기를 아주 멋있게 쫓아냈어."

사령관의 이 말에 첫번째 조종사가 말했다.

"꼭 그런 것은 아닙니다. 그들이 우리를 쫓아낸 겁니다."

그러나 어느 사령관이 이런 말을 듣고 싶어하겠는가.

"상관없어. 자네들이 더 빨라서 적군에게서 빠져나온 거니까."

"아닙니다, 사령관님. 소련군이 우리보다 더 빨랐습니다."

이번에는 두번째 조종사가 굳이 진실을 밝히고 싶어했다.

"자, 그렇다면 자네들은 최소한 소련군보다 빨리 고도를 낮추어 날 수 있었겠지."

갑갑해진 사령관이 말했다.

"그것도 아닙니다, 사령관님. 그들은 우리보다 더 빨리 고도를 낮출 수 있었습니다."

"그렇다면 자네들이 최소한 적군보다 더 빨리 올라갈 수 있었다는 말이지."

사령관은 마지막으로 애써 사태를 마무리지으려 했으나 조종사들의 답변은 마찬가지였다.

"아닙니다, 사령관님."

사령관은 잠깐 입을 다물었다. 이제야 그는 조종사들의 의중을 알아차렸다. 미그기가 그 정도로 우수한 비행기라는 말이었다.

그럼에도 그 상황에서 사령관은 "축하하네"라는 말밖에 더이상 할 말이 없었다.

■ ■ ■

"축하합니다. 레닌 훈장을 수여합니다."

미코얀은 평생을 통틀어 이 말을 모두 여섯 번 들었다.

그는 1962년에 레닌 상을 받았고 1941, 47, 48, 49, 52, 53년에 러시아

국가상을 받았다. 소련에서 미코얀만큼 메달을 많이 받은 비행기 제작자는 아무도 없다. 자신이 받은 메달을 한꺼번에 몽땅 제복에 걸었다면 미코얀은 아마 그 무게에 눌려 쓰러졌을 것이다. 대부분의 전투기 프로젝트를 동료인 구레비치와 공동으로 수행했지만, 높은 직급의 정치국 간부라는 특혜를 입은 사람은 미코얀이었다.

이유는, 미코얀은 1925년부터 소련 공산당원이었기 때문이다. 제3 의회임기에서 제6 의회임기까지 그는 소련의 최고 소비에트인 의회에 소속되어 있었다. 그는 서기장의 총아, 비행기 제작자들의 스타 그리고 대외선전용 간판 역할을 했던 사람이다.

구레비치 역시 훈장과 메달, 상을 많이 받았지만 미코얀이 누린 만큼의 대단한 명성을 얻지는 못했다. 어쩌면 구레비치 스스로 그것을 원하지 않았는지도 모른다. 구레비치가 자신이 마땅히 누려야 할 만큼의 명성을 얻지 못한 가장 큰 이유는 공산당 입당을 계속 거부한 데 있었다.

"미하일, 글쎄 당에 입당하라니까."

구레비치는 얼마나 자주 이런 말을 들었던가. 그리고 그런 요구에 대해서 그는 얼마나 자주 거절해 왔던가.

"난 당이 필요없어. 지금 이대로도 행복해."

미코얀은 살아 있는 마지막 순간까지 제작사무실에서 일할 수 있는 허락을 받았다. 그는 정해진 월급 이외에도 — 미그기 제작 이후로 — 제작하는 전투기마다 특별수당을 받았다. 그는 여름용 별장을 가지고 있었고, 일종의 법률고문과 비슷한 지위를 누리면서 임종 때까지 병상에서 지시를 내렸다.

구레비치는 1964년에 은퇴했다. 공식적으로는 자주 아프다는 것이 이유였다. 은퇴 후 12년을, 그는 연금생활자의 신분으로 모스크바의 작은 주택에서 아무런 특별수당 없이 매달 지급되는 연금만으로 생활해야 했다.

　미코얀의 이름은 사전에 나오지만 구레비치라는 이름은 나오지 않는다. 구레비치는 비행기 전문가들이나 알고 있는 천재일 뿐이다. 대부분의 세상 사람들에게 미그(MIG)의 끝글자 G는 그저 하나의 글자에 불과하다.

멕 라이언, 킴 베이싱어, 멜라니 그리피스 그리고 도리스 데이의 잘못된 선택

영화산업은 도박!

"······넌 모든 여성에 대한 살아 있는 모욕이야. 그리고 난 엄연히 여자라고."

이렇게 말하며 그녀는 토스트를 베어 물었다.

"그건 좀 기분 나쁘게 들리는데. 하지만 지금까지 아무도 나한테 그런 불평을 한 사람은 없어."

진실에 관해 토론하는 것은 늘 그를 피곤하게 했다.

"네가 그렇게 빨리 사라져버리는데, 어떻게 가능하겠어?"

"내 생각에, 그 여자들은 한결같이 즐긴 거라고."

그는 그 사실을 믿을 뿐 아니라 200퍼센트 확신했다. 하지만 그녀는 틈을 보이지 않았다.

"그걸 어떻게 알 수 있지?"

"어떻게 알 수 있냐고? 난 알아!"

그는 확신에 차서 말했다.

"그러니까, 네 말은, 여자들이······."

그녀는 오른손으로 「그렇고 그러니까」란 뜻으로 정확하게 몇 번 허공에 동그라미를 그렸다.

"그래, 맞아, 그 여자들은······."

그도 당연한 듯 손가락으로 원을 그렸다.

"그 여자들이 정말 그런지 어떻게 알 수 있지?"

그녀는 귀엽게 원을 그리며 물었다.

190

"그렇다면 여자들이 오르가슴을 느끼는 것처럼 연기한단 말이야?"

"그럴 수도 있지."

"아냐, 그럴 순 없어."

"왜? 대부분의 여자들은 한번쯤 그런 연기를 한단 말야."

"물론 가능하지. 하지만 나하고는 아니야."

"그걸 어떻게 알 수 있냐니까?"

그녀는 승리를 예감하며 다시 한 번 토스트를 씹었다.

"난 알아. 그게 다야."

그는 이야기를 마무리지었다. 하지만 그녀는 아니었다.

"아, 미안, 맞아. 하마터면 잊어버릴 뻔했어. 네가 남자라는 걸."

"그게 무슨 뜻이야?"

"아, 아니야, 아니야, 아무것도 아니야. 그냥, 거의 모든 여자가 흔히 그러는데도 거의 모든 남자들이 자기한테는 일어나는 일이 아니라고 믿거든. 그러니까 잘 생각해 봐."

"넌 그럼 내가 그 차이를 눈치채지 못할 거라고 생각하는 거야?"

그러자 그녀는 더이상 아무 말도 하지 않았다. 이상한 변화가 그녀에게 일어나고 있었다.

"괜찮아?"

그가 물었다. 그녀의 대답은 식당 전체에 울렸다. 식사하던 사람들이 하나둘 그녀를 향해 고개를 돌렸다.

"이봐, 그만……"

그는 그녀를 진정시키려고 말을 꺼냈다. 하지만 그녀는 혼자서 이미 오르가슴에 도달한 뒤였다. 그러고는 마치 아무 일도 없었다는 듯, 미소를 지으며 토스트를 우적우적 씹어 먹었다.

그러자 한 중년여자가 주문하며 말했다.

"저 여자가 먹는 것과 똑같은 걸로요."

그러나 멕 라이언이 출연한 작품 중 몇 편은 그다지 옳은 선택이 아니었다. 그것은 (시나리오에는 나와 있지 않았지만) 라이언이 〈해리가 샐리를 만났을 때〉에서 영화 역사의 한 페이지를 장식한 이 장면, 즉 사람들 앞에서 공개적으로 오르가슴을 연기한 것과 거의 흡사했다. 말하자면, 보이는 것과 그 이면의 것이 다른 경우였다. 그것은 세상의 모든 날조된 오르가슴의 절정이었지만, 뭔가 빠져 있었다. 마찬가지로, 멕 라이언은 할리우드 최고의 스타에 속했지만, 그녀에게도 뭔가 채워지지 않은 부분이 있었다.

■ ■ ■

사실 멕 라이언은 완전히 영화를 잘못 선택했다. 그녀가 샐리로 캐슬 록 프로덕션에서 빌리 크리스털과 함께 카메라 앞에 선 후—뉴욕대학 신문방송학과에 재학중이던 그녀가 단지 학비 때문에 TV 광고에 출연한 이래, 어쨌거나 7년이 채 되지 않아—일약 세계적인 스타로 떠오르기 시작했을 때, 줄리아 로버츠라는 이름의 매춘부가 리처드 기어라는 이름의 독신 사업가와 만났다.

관객은 이 두 영화에 크게 열광했다. 하지만 〈해리가 샐리를 만났을 때〉는 9,300만 달러를, 〈귀여운 여인〉은 4억 달러를 벌어들였다. 샐리 올브라이트의 역할은 멕 라이언에게 13번째 역이었다.

처음엔 모든 게 순조롭게 시작되었다. 하이라 마가렛 메리 에밀리 앤—멕의 원래 이름이었다—은 단란했던 어린 시절과 질풍노도의 청소년기를 뒤로 하고, 신문방송학과 공부를 「거의」 마칠 때쯤, 아르바이트로 시작한 일이 계기가 되어 느닷없이 화려한 미래를 약속하는 영화배우의 길로 들어섰다.

첫 영화에 출연한 그녀에게 조지 쿠커 감독이 두번째 배역을 제의했다. 할리우드의 이 신화적인 감독은 그해, 1982년 〈여인의 계단〉이란 영화를 찍었다.

이 영화의 제목은 글자 그대로 매우 매력적이었다. 그렇지 않았다면, 멕의 어머니 수잔은 딸에게 그런 배역을 권하지 않았을 것이다. 멕이 열다섯 살이었을 때, 캐스팅 에이전트였던 수잔은 자신의 꿈을 이루기 위해 남편과 세 명의 자녀 곁을 떠났다. 바로 영화배우가 되기 위해. 그러나 그 결단은 코네티컷 주에 있는 페어필드의 엄격한 카톨릭 집안에서는 매우 이기적인 행동으로 비춰졌다. 어쨌든 멕은 엄마에게 몹시 화가 났다. 아직도 멕에게 어머니와의 관계에 대해 말을 꺼내는 사람은 예외 없이 곤경에 빠지고 만다. 사실을 말하자면, 그런 관계 자체가 존재하지 않는다.

조지 쿠커의 영화에서 단역으로 캔디스 버겐의 딸 역을 — 여기서 멕은 할리우드 영화에서 최초로 열 마디의 대사를 외웠다 — 맡은 이후로 처음엔 별다른 일 없이 시간이 흘렀다. 그녀는 〈애즈 더 월드 턴즈(As the World Turns)〉라는 TV 시리즈에서 배역을 맡았으나, 3차원 영화인 〈아미티빌 3(Amityville Ⅲ)〉에 출연하기로 결정했다. 이 영화는 그녀에게 끔찍함을 안겨주었는데, 공포영화라는 이유 때문만은 아니었다. 그래서 멕은 짐을 싸서 여행을 떠났다. 유럽과 그밖의 나라에서 또 다른 세계를 경험한 후 그녀는 돌아왔다.

그녀는 별로 인기 없는 TV 시리즈에서 작은 배역을 맡아, 서부로 갔다. 그런데 〈와일드 사이드(Wild Side)〉라는 TV 시리즈를 위해서는 황무지에 불과한 이곳이, 그녀의 앞날에 찬란한 햇빛을 비춰주었다. 멕은 뉴욕에서 로스앤젤레스로 이사했다. 그리고 톰 크루즈가 출연한

〈톱 건(Top Gun)〉에 단역으로 등장한 후, 정상을 향해 상승곡선을 그리기 시작했다. 미국 공군을 위한 최고의 영화라고 할 수 있는 이 영화는, 1억 7,700만 달러라는 엄청난 수입으로 박스 오피스 성공을 거두었다.

그후 두세 편의 영화를 더 찍었지만 별로 주목받지 못하던 멕 라이언은 〈이너스페이스(Innerspace)〉의 세트장에서 데니스 퀘이드와 만나 교감을 가졌다. 그들은 기존의 관계를 청산하는 데에만 1년의 세월을 보내야 했다. 그리고 나서 〈죽음의 카운트다운(D.O.A.)〉의 촬영중에 진지하게 사랑에 빠졌다.

그런데 나중에 멕은 데니스가 코카인 중독에서 벗어나지 못하고 있다는 사실을 알게 됨으로써 〈해리가 샐리를 만났을 때〉에 나오는 가식적인 오르가슴 상태에 빠지고 만다. 이 영화의 대성공 이후 이어지는 상승 무드 속에서 두 사람은 결혼식 준비로 골치를 썩이고 있었다. 물론 데니스는 멕과는 다른 고민에 빠져 있었다. 즉 그가 마약에서 헤어나오지 못하자, 멕은 즉각 펀치를 날렸다. 매우 현실적인 가치관을 가진 신부, 멕은 파티를 아예 망가뜨려버린 것이다. 그녀는 결혼서약을 물리고는 신랑에게서 반지를 빼앗았다.

그러자 데니스는 앞으로 절대로 코카인을 가까이하지 않겠다고 약속했다. 금단치료를 받은 후 데니스는 정상으로 돌아왔다. 그리고 그 점은 지금도 변함 없다. 1991년 발렌타인 데이에 마침내 이들은 벨에어 호텔에서 결혼식을 올렸다. 그들은 마침 로터리 클럽 회원들과 함께 식사하느라 그 자리에 있던 신부님을 모셔와 결혼식을 부탁했다.

이런 소동 속에 줄리아 로버츠가 〈귀여운 여인〉으로 벌어들인 4억 달러와는 그 격차가 어느 정도 줄어들었다.

멕 라이언은 〈해리가 샐리를 만났을 때〉로 로맨틱 코미디의 여주
인공이라는 이미지를 얻었는데, 그 이미지에서 쉽게 벗어날 수 없었
다. 그리고 바로, 90년으로 해가 바뀌고 몇 달 지나지 않아, 멕이 데니
스 퀘이드에게서 코카인을 떼어놓으려고 온 힘을 쏟은 뒤에, 그녀에
게 FBI 요원 클라리스 스탈링의 배역이 주어졌다. 멕은 시나리오를 읽
고, 그 영화는 자신에게 「너무 흉칙하고, 너무 위험하며, 너무 음침하
다」는 말을 전했다.

결국 멕 라이언 대신 조명을 받은 사람은 조디 포스터였다. 연쇄살
인범이자 정신과 의사인 한니발 렉터 박사, 피투성이의 간을 갈가리
찢어발기는 잔인하고도 지능적인 그 괴물과의 대화 장면은 이제까지
할리우드가 벌어들인 수익 중 최고치를 경신하며 영화 사상 엄청난
성공을 거두었다. 〈양들의 침묵〉은 이렇게 미국에서만 1억 3천만 달
러를 벌어들였다.

멕은 그 사이에 〈톰 행크스의 볼케이노〉란 영화에서 데데, 안젤리
카, 파트리샤의 1인 3역으로 삼등분된 상태였다. 이 영화는 마치 타이
태닉호 옆을 지나가는 작은 나룻배처럼, 조디 포스터와 안소니 홉킨
스 주연의 사이코 스릴러 옆을 지나쳤다. 다음해 멕이 짐 모리슨의 아
내로 출연한 〈도어스〉도 유감스럽게 대단한 히트작은 되지 못했다.
게다가 이때 벌어들인 3,500만 달러는 〈톰 행크스의 볼케이노〉라는
실패작보다도 약 5천 달러나 더 적은 액수였다.

다음해, 아들 잭 헨리가 태어난 바로 그해에, 멕 라이언은 굳게 결
심하고 영화제작사를 설립했다. 이번에야 비로소 다시 최고의 자리에
오를 수 있었다. 그녀의 프로덕션 데뷔작은 〈프렌치 키스〉였다. 그 영

화에서 그녀는, 실은 여태까지 그토록 벗어나고 싶어했던 배역을 맡았다. 역시 로맨틱 코미디의 주인공이 된 것이다. 그리고 기왕에 로맨틱 코미디로 다시 돌아온 그녀는 바로 다음 영화로 톰 행크스와 함께 〈시애틀의 잠 못 이루는 밤〉을 찍었다. 이 영화는 그녀에게 골든 글러브 여우주연상 후보에 오르게 해주었을 뿐 아니라 게리 포스터 프로덕션에 1억 2,800만 달러의 수입을 안겨주었다.

그러나 순수하게 경제적인 면으로만 따져봤을 때, 순위상 줄리아 로버츠나 조디 포스터보다 몇백만 달러의 차로 밀려나게 만든 그 역할들을 거절하지 못한 것은 어쨌든 그녀에겐 불행이었다. 멕은 한 인터뷰에서 "그 역할들을 맡은 것은 실수였다"고 시인했다. 그렇다고 물론 그녀가 그 두 영화의 주연을 맡았더라면, 더 대단하게 히트했을 거라는 뜻은 아니었다.

조디 포스터의 개인재산은 1991년 기준으로 거의 2,500만 달러로 추정된다. 그리고 『배니티 페어』, 『뉴스위크』, 『피플』 같은 잡지에서 줄리아 로버츠를 커버 모델로 내세울 때마다 판매부수의 기록을 세운 것도 맞는 얘기다. 또 〈시티 오브 에인절〉이나 〈유브 갓 메일〉의 성공 — 이 두 영화로 멕은 어쨌든 7,900만 내지 1억 1,600만 달러를 벌어들였다 — 후에 멕 라이언도 최고의 수입을 올린 배우 리스트에서 1991년 6월, 57위를 차지한 것도 사실이다.

하지만 17자리 위로 건너뛰면 조디 포스터가, 거기서 또 일곱 자리를 건너뛰면 줄리아 로버츠가 있다. 줄리아 로버츠는 최근 〈에린 브로코비치〉로 여배우 사상 최고의 개런티인 2천만 달러를 받음으로써 남자 배우들과의 개런티 차별을 없애는 데 한 몫 했다. 이 정도는 짐 캐리나 아담 샌들러의 수준이었다.

성공은 상대적인 것이다. 모든 사람이 그것을 숫자로만 따지지 않는다. 멕 라이언은, 예를 들어 조디 포스터처럼 출세지향적이지 않고, 줄리아 로버츠처럼 돈에 대한 욕심도 많지 않다.

"유명해지는 것은…… 일하면서 따라오는 부산물일 따름이죠."

그녀는 담담히 말했다.

멕은 남편, 아이와 함께 샌타모니카에 있는 집과 목가적인 농장을 오가며 살고 있다.* 촬영이 없을 때면 다른 주부와 마찬가지로 슈퍼마켓에서 장을 본다. 그녀에게는 혼탁한 영화사업 속에서 기본적인 생계비를 벌어들이는 남편 데니스 퀘이드와, 또 때로 잡지의 가십난에서 엄마의 사진을 보고 투덜대지만 어쨌든 사랑스러운 아들이 곁에 있다. 그녀는 이런 것이 지금보다 더 유명해지고 부유해지는 것보다 훨씬 의미 있다고 생각한다.

한편 아들 잭 헨리는 다시금 그녀의 배역이 조디 포스터에게 돌아가게 한 데 책임이 있었다. 그 영화는 〈매버릭(Maverick)〉이었다.

영화산업이란 일종의 도박판임이 분명하다.

■ ■ ■

도리스 데이는 이와 비슷한, 어쩌면 더 심한 실패를 겪으면서도 절대로 좌절하지 않았다. 멕 라이언보다 훨씬 전에 활동했지만, 그녀 역시 익히 알려진 대로 영화산업 안에서 활동한 사람이다. 그리고 그곳에서 그녀는 50년 이상 성공적으로 역할을 완수했다.

그런데 배우라는 역할은 그녀 개인적으로는 참으로 거머쥐기 어려운 것이었다. 그녀는 이미 어렸을 때부터 영화계에 발을 내디뎠다. 춤꾼으로 뛰어난 재능을 갖고 태어난 도리스 데이는 열세 살 때 할리우

---

* 2000년 8월 현재 멕 라이언은 데니스 퀘이드와 별거중이다.

드에 데뷔했다. 신시내티에서 로스앤젤레스로 이사하기 전날 밤, 그녀는 친구들과 함께 작별 파티를 끝내고, 차를 타고 집으로 가는 길에 철로를 건너다가 그만 기차와 충돌하고 말았다. 그래도 다행히 몇몇은 중상을 입었지만 기적처럼 네 명의 10대는 모두 살아났다. 도리스는 오른쪽 다리가 부러지는 바람에 몇 달 동안 휠체어에 앉아 있어야 했다. 할리우드로 달려가 성공가도를 달리는 꿈은 그때 그만 무산되고 말았다.

대신 그녀는 당시 인기 절정에 있던 몇몇 밴드에서 노래를 불렀는데, 그것은 상당히 성공적이었다. 그녀는 열일곱 살 때 트럼펫 주자와 결혼했다. 남편은 슈퍼마켓에서 어떤 이가 그녀에게 미소를 보였다는 이유만으로, 그녀에게 화를 내며 폭력을 행사했다. 그녀는 열여덟 살에 아들을 둔 엄마가 되었고, 스무 살에 전시(戰時) 유행가 〈센티멘털 저니〉의 번안곡으로 1944년 차트의 넘버 원을 차지했다.

재혼한 지 반 년도 안되어 두번째 이혼을 한 그녀는 고향인 신시내티로 돌아가려고 결심했다. 그런데 떠나기 바로 직전, 그것도 작별 파티에서, 마이클 커티즈 감독의 뮤지컬 코미디 〈리오의 환상적인 밤〉에 출연하기로 확정되었다.

1951년 도리스 데이는 베티 그레이블의 뒤를 잇는 두번째로 큰 별이 되었으며, 그녀의 세번째 남자이자 매니저였던 마티 멜처와 결혼식을 올렸다. 그후 마릴린 먼로가 금발의 섹시함과 백치소녀의 이미지로 뒤를 바짝 추격해 오자, 그녀도 가만히 있을 수 없었다. 그녀가 주연한 〈비극의 제인〉이라는 서부극은 대히트했다. 「DD」가 「MM」에 대항해 자리를 지켜낸 것이다. 하지만 그녀의 노래는 500만 달러 이상의 수익을 내며 잘 팔린 데 비해, 배우로서 그녀는 거의 신경쇠약에 걸릴 정도로 일에 지쳐가고 있었다.

몇 달 간 휴식을 갖고 남편 마티 멜처와 공동으로 영화사를 설립한 후인 1956년, 그녀는 다시 정상을 차지했다. 알프레드 히치콕 감독의 〈나는 비밀을 안다〉에 출연한 것이다. 그런데 히치콕은 촬영하면서 도리스 데이에게 거의 말을 걸지 않았다. 그래서 어느날 그녀는 직접 이유를 물어보았다.

"당신은 뭐든 알아서 잘하잖아요. 그래서 아무 말이 필요없는 거지요."

그 사이 도리스 데이 역시 아무 말도 하고 싶지 않은 상황에 빠졌다. 물론 전혀 상반된 의미에서. 문제는 결혼생활이었다. 남편 마티는 〈줄리, 구름 속의 살인〉을 자기 손으로 직접 만들기로 결심했다. 그리고 그 일에 진지하게 몰두했다. 어쩌면 너무 진지하게. 왜냐하면 도리스가 촬영 도중 심하게 하혈한 일이 있었는데, 하필이면 스태프들 중에서 남편이 가장 몰인정하게 대했기 때문이다.

마치 그녀가 사이비 종교 크리스천 사이언스(Christian Science)*의 일원이라도 되는 것처럼, 신앙운동에 관련된 책을 손에 쥐어주고는 세트 밖으로 한 발짝도 나가지 못하게 한 것이다. 촬영이 다 끝난 다음에야 겨우 그녀는 병원에 갈 수 있었다. 그 결과 전신마취를 한 후에 수술이 이루어졌고, 서른두 살인 그녀에게 앞으로 다시는 아이를 가질 수 없다는 진단이 내려졌다.

50년대 말 『플레이보이』와 같은 개방적인 성격의 잡지들이 쏟아져 나오기 시작하고, 브리지트 바르도 같은 배우들의 노골적이고 선정적인 이미지가 보수적인 아이젠하워 시대를 잠식하기 시작했다. 이런 추세 속에 도리스에게도 살아남기 위한 좋은 기회가 와주었다. 그 기회는 록 허드슨과 함께 왔다. 도리스 데이는 그와 함께 코미디 영화에

* 미국 크리스트교의 한 파. 1866년 에디 부인이 창립한 것으로, 신앙의 힘으로 병이 나을 수 있다고 믿음.

출연하여 최고의 자리에 올랐으며, 1962년 최소한 300만 달러를 벌어들였다.

그런데 하루는 그녀가 그림 한 점을 사려고 하자, 그녀의 재정자문가가 그녀를 말렸다. 그렇게 비싼 그림을 살 형편이 아니라는 이유였다. 그러자 그녀는 처음으로 남편 마티의 재산관리에 회의를 느끼기 시작했다. 그가 그녀의 거의 전 재산을 이런저런 데에 — 그의 말로는 세금을 안 낼 수 있는 좋은 곳에 — 투자한다면서 실제로는 자기 멋대로 써버렸다는 것을 알게 되었다.

결혼생활이 급속히 냉각되었다. 거기다 전 남편과의 사이에서 낳은 아들 테리의 뺨을 마티가 때리는 일이 발생하자, 그녀는 더이상 결혼생활을 유지할 수 없었다. 이혼을 결심했다. 그것은 물론 마티가 돈관리를 하지 못하게 하기 위한 한 방법이기도 했다. 하지만 두 사람은 재정적으로 복잡하게 얽혀 있어, 완전히 갈라설 수는 없었다.

1963년까지 그녀는 어쨌든 배우로 어느 정도 성공한 셈이었다. 이때까지 그녀는 연달아 네 번이나 미국에서 가장 인기 있는 여배우로 선정되었다. 〈세퍼릿 베드스(Separate Beds)〉에서 제임스 가너가 일상적인 가족의 난투극 장면에서 그녀의 늑골을 부러뜨렸을 때도 그녀는 연기를 계속할 만큼 프로 정신이 대단했다. 그러나 이 영화를 찍은 후 그녀는 갑자기 원로배우가 돼 있었다. 그녀의 스크루 볼 코미디는 한순간에 구식이 되어버렸다. 도리스 데이는 이미지가 고정되었다는 평가를 받았고, 이번에는 록 허드슨도 도울 수 없었다.

그녀의 경력이 눈에 띄게 하향곡선을 그리는 결정적인 계기가 된 〈카프리스(Caprice)〉는 시나리오가 너무 약해서, 그녀 스스로도 주어진 역할에 만족할 수 없었다. 하지만 마티는 그녀 모르게 계약서에 서명을 했다. 그로서는 서명을 해야만 하는 상황이었다. 무절제한 투자로 입은 손해를 어떻게든 메워야 했기 때문이다. 이렇게 도리스는 어쩔 수 없이 수준 낮은 영화에 연속 출연해야 했다. 60년대 중반이 되자, 그녀는 열 명의 톱 스타에도 들지 못했다.

1967년 도리스 데이는 어쩌면 치명적인 손상을 입은 자신의 경력을 단번에 복구할 수도 있었다. 단지 더스틴 호프만을 유혹하기만 하면 됐다. 하지만 그녀는 타락한 중년여성의 역할을 거절했다. 그 일은 대신 앤 밴크로프트에게 횡재를 안겨주었다.

더스틴 호프만이 〈졸업〉이라는 이 영화로 유명해지고, 마이크 니콜스 감독이 오스카상을 거머쥐는 동안, 도리스 데이는 여전히 한물 간 이미지에 머물러 있었다. 영화 〈졸업〉은 그녀에게 너무 「저속하게」 여겨졌다. 자신의 단아한 이미지를 사랑하는 팬들에게 실망을 안겨줄지도 모른다고 생각했기 때문에 내린 결정이었지만, 결국 잘못된 판단이 되고 만 셈이다. 〈바바렐라(Barbarella)〉로 섹시한 매력을 풍기며 등장한 제인 폰더와 당시 가장 큰 유행을 몰고 다니던 히피들 사이에서 도리스는 구시대의 유물이 되고 말았다.

그런데 문제는 더욱 심각해졌다. 몇 달 뒤 마티는 병명을 알 수 없는 희귀한 질병에 걸려 사망했다. 그가 죽은 후, 도리스와 그의 아들 테리는 마티가 그들의 안락한 삶마저 관 속으로 함께 가지고 들어갔다는 사실을 깨달았다. 도리스가 20년간 모은 전 재산은 50만 달러의 빚으로 변해 있었다. 게다가 도리스는 CBS의 TV 시리즈에 출연하기로 계약돼 있었다. 물론 그녀는 그 사실을 모르고 있었다. 하지만 번복할 수도 없는 처지였다.

도리스가 TV 시리즈에 최선을 다하고, 점차 그 프로가 인기를 얻는 동안 아들 테리는 두 번이나 거의 죽을 뻔했다. 한 번은 로만 폴란스키 감독의 부인 샤론 테이트와 뱃속에 있던 아기가 잔혹하게 살해되었을 때였는데, 찰리 맨슨이라는 이 살인자가 원래 노린 사람은 음악 프로듀서였던 테리였다. 예전에 테리가 그의 요청을 한 번 ─ 비록 공손하게라도 ─ 거절한 적이 있었다는 게 이유였다. 또 한 번은 오토바이 사고로 거의 죽을 뻔했는데, 그 사고는 그의 다리뼈가 산산조각 나는 것으로 끝났다.

1974년 도리스 데이는 늘 환한 미소 속에 감추어온 자신의 진실한 모습을 세상에 알리기로 결심하고 한 친구에게 물었다.

"책을 쓰려고 하는데, 어떨까?"

"아, 좋아. 넌 많은 걸 경험했잖아. 영화나 다른 분야에서 다양한 일들을……."

"그게 아니야. 내 인생은 완전히 엉망이었어."

하지만 늘 그런 것은 아니었다. 신은 도리스에게 늘 부당하지만은 않았다. 마티와 그녀를 파산 상태로 몰아넣은 데 책임이 있는 재정자문 겸 변호사를 고소한 사건에서, 법원은 그녀에게 2,300만 달러를 받을 권리가 있다고 인정했다. 하지만 거기서는 1센트도 건지지 못했다. 그녀는 처음엔 그다지 인기가 없던 TV 시리즈와 자신의 토크 쇼를 통해 다시 재산을 모을 수 있었다.

그후 그녀는 다른 한물간 스타들보다 건재함을 과시하며, 캘리포니아의 카멜에 있는 농장에서 동물을 보호하는 일에 전념했다.

■ ■ ■

멜라니 그리피스의 경우, 도리스 데이처럼 굳이 「저속함」을 거부하는 타입은 아니었다. 『무비 라인』지에서는 그녀에 대해 「남자들이 집에 데려가 어머니에게 소개하고 싶지 않은 여자다, 자신의 어머니

202

에게 잔뜩 화가 나 있지 않은 한」이라고 묘사하기도 했다.

멜라니 그리피스의. 어머니 티피 헤드렌 역시 배우였다. 티피 헤드렌은 히치콕 감독의 〈새〉에서 주연을 맡았을 만큼 충분히 재능 있는 배우였다. 하지만 이렇게 반짝 스포트라이트를 받은 뒤로는 인기가 급속히 떨어졌다. 그러나 그 점은 유전되지 않았다.

사실 멜라니 그리피스는 너무 일찍 남자들을 알았다. 그녀가 돈 존슨을 알게 된 건 겨우 열네 살 때였다. 그후 3년 뒤에 그녀는 영화에 뛰어들었다.

시작은 그런 대로 순조로웠다. 진정한 의미에서 그녀가 처음으로 출연한 영화는 〈더 드라우닝 풀(The Drowning Pool)〉이었는데, 그녀는 이 영화에서 탐정 역을 맡은 폴 뉴먼과 함께 롤리타 역을 연기했다. 그리고 〈워킹 걸〉에서는 해리슨 포드와 티격태격 부딪치는 역할을 맡았다. 1988년 그녀는 돈 존슨과의 결혼생활을 다시 시도해 보았지만, 나빴던 상황을 완전히 극복할 수는 없었다. 그러나 배우로서 그녀는 단연 오스카상 감이었다. 다시 말해, 불행한 결혼생활과 약물 문제로 갈등하면서도 그녀는 공식적으로는 단 한 번도 그런 내색을 한 적이 없었다.

톰 울프의 『허영의 불꽃』은 그해 최고의 베스트셀러였다. 이 책이 영화로 만들어진다고 했을 때 그 배역을 맡고 싶은 것은 당연했다. 멜라니 그리피스는 그 역할을 위해 심지어 가슴확대수술까지 받았다. 그러나 누가 결과를 예측할 수 있겠는가?

이 영화와는 아주 대조적인 영화가 있었다. 평범한 두 명의 여성이 살인누명을 쓰면서 예기치 않은 사건에 휘말린다는 내용이었다. 그런데 누가 불행한 웨이트리스 역을 맡고 싶겠는가? 사랑받지 못하는 주부 역할 역시 그리 매력적이지 않았다.

물론 그 영화를 본 사람이라면 그 역할을 누가 맡았는지 안다. 바로 수잔 서랜든과 지나 데이비스다. 〈델마와 루이스〉가 미국에서만 벌어들인 4,500만 달러는 멜라니 그리피스에게 심한 상처를 주었다. 하지만 불행은 연속되었다. 다음 작품을 결정했는데, 이번 역시 전작과 마찬가지로 흥행에 실패한 것이다.

캐서린 트래멀이라는 이름의 여주인공은 타락한 악녀의 이미지로, 섹시한 스타일이 적합했다. 난 아니야, 이렇게 생각한 멜라니는 그 배역을 거절했다. 결국 샤론 스톤이 3만 5천 달러에 그 역을 맡았다. 샤론 스톤이 출연한 〈원초적 본능〉은 전세계에서 3억 5,200만 달러의 수입을 올렸다. 그에 반해 멜라니 그리피스의 인기는 마치 차가운 얼음물을 뒤집어쓴 것 같았다.

물론 그런 실수는 그녀만 저지른 게 아니었다. 동료배우인 킴 베이싱어 역시 그 배역을 놓쳤다. 그녀는 그전에 〈귀여운 여인〉에서도 마찬가지 경우를 당했다. 이 두 배역의 거절만으로도, 그녀가 역할을 선택할 때 얼마나 행운이 따르지 않는지 충분히 증명될 것이다. 그러나 그것이 마지막 실수는 아니었다.

〈나인 하프 위크〉로 센세이션을 일으킨 후, 킴 베이싱어는 다음 작품의 성공에 더 조급해졌던 것 같다. 그러나 〈원초적 본능〉 전에 그녀는 〈결혼하는 남자〉에서 처음으로 「최악의 여배우」라는 평을 받았다. 그래도 위안을 삼을 수 있는 것은, 어쨌든 이 영화를 하면서 알렉 볼드윈을 알게 되었고, 3년 뒤 그와 결혼하게 되었다는 사실이다. 그러나 유감스럽게도 1992년과 1994년에도 〈쿨 월드(Cool World)〉와 〈겟어웨이〉에서 그녀는 여전히 「최악의 여배우」라는 평을 받으며, 침체의 늪으로 빠져야 했다.

하지만 〈L.A. 컨피덴셜〉의 성공과 오스카상을 받음으로써 킴 베이싱어는 다시 화려하게 복귀했다. 그러나 바로 다음 선택에서도 그녀는 남편 알렉 볼드윈과 함께 두 눈 멀쩡히 뜨고 잘못된 판단을 했다. 〈아이즈 와이드 셧(Eyes Wide Shut)〉을 골랐어야 했지만 놓치고 만 것이다. 그것은 두 사람 모두에게 안타까운 일이다.

컬트 감독의 대명사인 스탠리 큐브릭의 유작인 이 작품은, 그가 죽은 뒤에 유럽에서 영화가 상영되기도 전에 이미 5천만 달러 이상을 벌어들였다. 더욱이 이 영화가 화제를 불러일으킨 것은, 톰 크루즈와 니콜 키드만 부부의 침실을 구멍을 통해 몰래 엿보는 것 같은 심리를 관객들에게 제공했기 때문이다.

결과적으로 이 영화의 성공은 알렉 볼드윈과 킴 베이싱어에게 씁쓸한 일이었다. 그들이 이 영화를 거절한 까닭은 「다른 부부가 잠자리 하는 걸 보려고 영화관을 찾는 사람은 없다」였다.

이보다 더 어처구니없는 실수가 과연 또 있을까?

전세계에 「티 백」을 선사한 샌디 포울러

아이디어를 우려내다

톰 피어비는 아무 말 없이 명령에 따랐다. 때
는 1945년 8월 6일 오전 8시 13분이었으며, 더글러스 맥아더 장군이
방금 자신의 생애에서 가장 어려운 결정을 내린 뒤였다. 해리 S. 트루
먼 대통령은 태평양 지역의 미공군 사령관 칼 스파츠 장군에게 기후
가 허용하는 한 모든 수단을 동원하여 공격하도록 지시했다. 맥아더
는 이에 동의했다.

날씨는 적당했다. 톰 피어비는 「리틀 보이」라는 치명적인 무기를
투하하기 위한 마지막 준비를 완료했다. 준비과정은 2분 17초가 걸렸
다. 이때부터 7만 8,150명의 사람들에게는 아직 45초의 시간 여유가
있었다. 그리고 바로 그 직후 그들은 원자폭탄에 의한 최초의 희생자
가 되었다.

톰 피어비의 폭격기 「에놀라 게이(Enola Gay)」는 목표물을 향해 맹렬
히 돌진했다. 히로시마는 일본에서 인구밀도가 가장 높은 도시였고,
그 점은 미국인의 요구를 최대한 충족시킬 수 있었다. 일본인이 이 엄
청난 폭발 후에도 항복하지 않는다면, 어느 것도 그들을 멈추지 못할
것이다.

「리틀 보이」는 예정된 대로 도시 위 600미터 상공에서 폭발했다.
만약 지상에서 폭발했다면, 손실은 그저 어마어마한 수준에 그쳤을
것이다. 그러나 상공에서 터진 우라늄 폭탄은 그 피해가 상상을 초월
했다.

번쩍이는 섬광이 폭격기 탑승원들의 눈앞에서 빛을 발했을 때, 폭발지점 위로 버섯 모양의 붉은 구름이 피어올랐다. 그 즉시 시속 1,200킬로미터의 불폭풍이 히로시마를 상상도 할 수 없는 최악의 지옥으로 바꿔버렸다. 불길은 여섯 시간 이상 지속되었다.

반경 1킬로미터 이내에서 방사선을 견뎌낸 사람은 아무도 없었다. 1.5킬로미터 내에서는 돌멩이조차 다 녹아내렸고, 4킬로미터 내에서는 그 열기가 탈 수 있는 것은 뭐든지 불살랐다. 이 지옥 속에서 죽지 않고 살아남은 생명체조차 평생 그 대가를 치러야 했다.

이런 상황에서도 일본은 항복하지 않았다. 일본 정부는 후미마로 고노에가 중재회담을 요청한 모스크바의 반응을 기다렸다. 1945년 8월 8일 구소련은 일본에 전쟁을 선포했고, 극동지방의 군대를 만주로 진격시켰다. 일본 내각은 어찌할 바를 몰랐다. 자국 군대의 거센 반발과 연합군측의 지연작전이 일본의 결정을 망설이게 했다. 그때 트루먼은 별로 머뭇거리지 않았다. 1945년 8월 9일 정오 12시 두번째 원자폭탄을 나가사키에 투하시켰다.

■ ■ ■

샌디 포울러는 한숨을 내쉬며 신문을 옆으로 치웠다. 히틀러가 땅에 묻힌 후, 사람들은 이제 이 지구상에 잔혹한 일은 더이상 없을 것이라고 생각했다. 그러나 인류에게 가해지는 잔혹한 참상은 끝이 보이지 않았다. 이곳 실론에서도 그는 지구 위 곳곳에서 벌어지는 참상을 쉽게 접할 수 있었다. 태양이 지지 않는다는 대영제국의 국적을 가진 그로서는 세계적인 사건들에 무관심할 수 없었다. 아니, 샌디는 영국인 이상이었다. 그는 스코틀랜드인이었다.

그 뒤 몇 주 동안이나 계속된 화제는 일본에 떨어진 두 개의 원자폭탄과 그로 인한 피해 상황에 관한 것이었다. 프랑스의 군법회의에서 비시 정부*를 수립한 페탱에게 사형을 언도한 사실은, 샌디의 관심을 거의 끌지 못했다. 도시의 삼림환경에 관한 열띤 논쟁이 벌어졌을 때 무능력했다는 이유로, 독일의 콘라드 아데나워가 퀼른의 시장 자리에서 파면당한 것도 그에게는 아무 의미가 없었다.

팔레스타인을 둘러싼 끈질긴 줄다리기는 샌디가 이미 예상한 바였다. 물론 그런 예상은 별로 어렵지도 않았다. 팔레스타인을 위임 통치하고 있는 영국이 어차피 아랍인과 유대인 중 어느 한쪽의 손을 들어주지는 못할 것을 알았기 때문에, 이 문제가 쉽게 해결될 거라고는 생각지 않았다.**

그러나 수카르노 대통령이 이끄는 인도네시아가 독립한 것은 그에게 찬물을 끼얹는 일이었다. 네덜란드인의 정치적인 제스처가 그리 중요하지는 않았지만, 어쨌든 그가 살고 있는 실론 역시 식민지였다. 그리고 비록 비폭력적이었다 하더라도, 결국 실론에서도 영국과의 분리가 성사되었다.*** 게다가 버르토크****의 죽음은 너무나 슬픈 일이었다.

샌디는 자신의 신상에 관한 일에만 신경 쓰기로 작정하고 차를 한모금 마셨다. 아무래도 그러는 편이 신문을 들여다보는 것보다 훨씬 나을 성싶었다. 그런데 그는 갑자기 기겁을 하며 혀에 달라붙은 찻잎 찌꺼기를 냅킨 위로 뱉었다.

그는 세계적인 차수출국인 실론의 어느 아름다운 테라스에 앉아 있

---

* 1940년 독일에 항복한 후 비시(Vichy)를 수도로 정하고 성립한 프랑스 정부. 페탱이 원수였음.
** 영국은 1915년의 맥마혼 선언, 1917년의 밸푸어 선언에서 각각 아랍인·유대인에게 팔레스타인에서의 건국을 약속하는 모순된 정책을 폈기 때문에 양 민족 간의 대립이 격화됨.
*** 실론은 1948년 2월 영국에서 독립했으며, 1972년 5월에 스리랑카로 이름을 바꿈.
**** 헝가리의 작곡가(1881~1945).

었다. 실론 인구의 절반이 차 생산과 교역으로 생활하고 있었으며, 그들은 고무생산으로 온갖 착취를 당하느니 차라리 큰 차 상인 밑에서 일하기를 선호했다.

기분이 상한 샌디는 찻잔에 담긴 진한 갈색 액체를 흐릿하게 만드는 먼지와 찌꺼기들을 내려다보았다.

"여보, 신문 더 필요해?"

그의 아내 앤은 늘 그랬듯이 환한 빛줄기처럼 그의 앞에 나타났다. 하지만 오늘은 아내의 환한 모습조차 그늘져 보일 뿐이었다.

"무슨 일이야?"

그녀가 물었다. 그는 불만이 가득 찬 눈초리로 찻잔을 응시했다. 마치 그녀가 오물을 그 속에 집어넣기라도 한 듯.

"내 탓이 아니잖아. 그건 처칠 때문이라고."

아내의 말이 틀린 건 아니었다. 여러 방면에서 절약의 고삐를 죄던 정부는, 심지어 차 수입에서도 고삐를 늦추지 않았다. 그러나 차가 우러나기를 기다렸다가 마시는 것을 선호하는 영국과 같은 나라에서는 호응을 얻지 못하는 정책이었다. 소비자 또한 생산자와 마찬가지로 불만이었다. 가격이 내리는 것은 좋았지만, 감수해야 하는 대가가 너무 혹독했기 때문이다. 차 속에 먼지와 찌꺼기가 너무 많이 섞여 있는 탓에 보기만 해도 입맛을 잃을 정도였던 것이다.

사람들은 이미 오래 전부터 차를 마시다 혀에 닿는 먼지와 찌꺼기 때문에 불쾌감을 느꼈지만, 어쩔 수 없었다. 단지 비난의 목소리로 투덜거릴 뿐이었다. 지금의 샌디 포울러처럼.

"하지만 여긴 영국이 아니잖아."

그는 아내에게 버럭 화를 냈다.

"하긴, 뭐 그렇긴 하지."

놀란 앤이 말을 이으려는데, 샌디는 찻잔에 남아 있는 찌꺼기를 정원에 뿌리고는 단호하게 말했다.

"더이상 이렇게는 안돼."

"맞아, 나도 이미 그렇게 생각했어."

앤은 그의 말에 동의했다. 그러고는 그의 손을 잡고 집 안으로 들어가 낡은 싱어 재봉틀* 앞으로 데려갔다. 앤은 거의 엄숙하다시피 한 분위기 속에서 재봉틀 바늘 아래 놓여 있던 작은 천조각을 빼내 아직도 흥분이 가라앉지 않은 남편의 코앞에 갖다대었다.

그러자 직물에 관해서는 별로 아는 것이 없는 샌디가 말했다.

"꼭 인형옷같이 생겼군. 햄스터만한 인형한테 입히면 딱 좋아 보이겠어."

앤은 자신만만하게 말했다.

"이제부터 차여과기 대신 이걸 이용하자고. 사실 며칠 동안 차 속에 남는 찌꺼기 때문에 고민했어. 시중에 파는 차여과기는 촘촘한 게 없으니 직접 만들면 어떨까 생각했지. 우리 이걸 한번 써보자. 왜 영국에서는 이런 물건 하나 만들지 못하는지 모르겠어."

샌디의 머릿속에서는 마치 라디오 소리를 천천히 줄이듯, 아내의 목소리가 점점 잦아지더니 아예 사라져버렸다. 좋은 생각이었다. 하지만 좀더 개선해야 했다. 앞으로는 찻잎을 작은 헝겊 주머니에 넣어 차주전자나 찻잔에 걸쳐둘 수 있을 것이다. 이제 남은 것은 그 아이디어를 현실화하는 일이었다.

"앤, 이 주머니를 조금만 더 작게 만들 수 있어?"

"더 작게? 내가 사온 차가 맛이 너무 진해? 더 작은 주머니라면 기껏해야 차 한 잔밖에 안 나올 텐데?"

---

* 미국의 발명가이자 기업가인 싱어가 고안해 낸 재봉틀.

샌디가 대답했다.

"바로 그거야. 티 백, 그건 차 한 잔을 위한 거지. 그것으로 우리의 고민거리는 깨끗이 해결될 거야."

■ ■ ■

아내 앤이 만든 티 백 시제품으로 샌디 포울러는 실론에서 가장 큰 영국계 차무역 회사를 세우기로 결심했다. 차무역에 종사하는 사람들은 스코틀랜드 출신의 이 엔지니어가 시제품을 선보였을 때, 깜짝 놀라며 감탄을 감추지 않았다. 그런데 샌디는 자신이 만든 시제품에 대해 확신은 있었지만, 전도가 유망한 상품이라고 생각하지는 않았다. 차수입에 대한 영국 정부의 가격하락정책은 일시적인 일로 끝나버릴 것이라고 추측했기 때문이다.

이처럼 티 백은 그것을 고안한 당사자보다 오히려 다른 사람들이 더 관심을 보였다. 그들은 감정을 배제한 채 샌디 포울러에게 말했다, 그 물건이 장사가 될 수도 있겠다고. 그리고 물었다, 2천 루피에 그 아이디어를 자신들에게 양도할 의향이 있는지. 샌디는 응할 자세가 되어 있었다. 2천 루피는 150파운드였다. 현재 시가로 따지면 약 1,750 유러화로, 그의 전 재산보다 더 많은 액수였다.

그러나 그것은 50년 뒤, 그가 81세의 나이로 다시 영국의 로열 디강가의 애보인에서 돌로 지은 작은 집에 살았을 때 소유할 수 있었을 뻔한 재산에 비하면 아무것도 아니었다. 통계수치를 신뢰한다면, 영국에서 10잔의 찻잔 중 여덟 잔은 티 백을 사용한다고 한다. 영국에서만 매일 1억 7,100만 개의 티 백이 뜨거운 물 속에 잠기고 있으며, 그 말은 곧 영국의 차공장들이 1년에 66억 4천만 개의 티 백을 생산한다는 것을 뜻한다. 만일 일반적으로 그것을 고안해 낸 사람들에게 돌아가는 판매가격의 일정 퍼센트를 적용해 대충 50년 정도를 셈해 보면, 샌디 포울러는 아내가 죽은 1993년 이후 영국에서 가장 큰 돈을 만지는 사람 중 한 명이 되었을 것이다.

당시의 그가 앞으로 차문화에 세계적인 대변혁이 오리라는 것을 예측했더라면 좋았을 텐데…….

샌디 포울러는 나중에 이렇게 말했다.

"그 거래에 대해 후회는 없습니다. 그때 받은 돈은 나로선 정말 큰 액수였죠. 그리고 떼돈을 벌고 싶다는 생각은 해본 적이 없습니다. 그냥 내가 갖고 있던 문제를 해결하고자 한 것뿐인데요."

한편 아돌프 람볼트라는 독일인과 파울 폰 코로시라는 헝가리인 역시 그와 같은 전철을 밟았다. 그것도 포울러보다 15년이나 앞서서. 두 사람 다 이미 1929년 찻잎을 작은 주머니에 넣어 우려내는 아이디어를 생각해 냈다. 그러나 코로시는 자신이 만든 티 백을 특정한 상품으로 특허 출원을 하지 않았다. 그 결과 그의 권리는 통상적인 기간이 지난 후 효력을 잃었다. 만약 그가 특허 출원을 했더라면, 그 헝겊 주머니는 엄청난 재산을 담는 주머니가 되었을 것이다.

이에 반해 람볼트가 발명한 「퐁페두」 주머니는 「테칸네」라는 회사를 위해 개발한 것이었다. 이 회사는 이미 1930년대에 구멍 뚫린 양피지로 만든 작은 주머니에 찻잎을 담아 시장에 내놓은 적이 있었다. 그리고 람볼트의 강한 추진력 덕택에 티 백은 자동 포장기계에 의해 일회용으로 만들어져 판매되었다.

샌디 포울러가 150파운드를 받았던 그 시점에 람볼트는, 테칸네사가 회사 연감에 자부심을 가지고 기록한 것처럼, 오늘날까지도 전세계의 모든 차생산 회사에서 가동되고 있는 (밑단 가운데가 쏙 들어간) 2중

티 백용 기계를 막 만든 참이었다. 가장 최근 버전업된 이 기계는 현재 분당 400개의 티 백 주머니를 생산하고 있다. 1년이면 40억 개에 달하며, 만약 이 1년치 생산품으로 줄을 잇는다면, 지구를 여섯 바퀴나 친친 감을 수 있다.

지나친 가정일까? 만일 미국의 대통령이 1945년 8월, 좀더 시간의 여유를 가지고 차를 마셨다면, 히로시마와 나가사키의 상황은 오늘날 달라져 있지 않았을까.

개폐식 차지붕 「카브리오」를 발명한 프란츠 라이트자머

정작 자신은 향유하지 못한 카브리오

그는 장거리 세계기록이라도 세우려는 사람처럼 있는 힘껏 자전거의 페달을 밟았다. 잘츠부르크까지는 먼 거리였다. 자동차로도 먼 거리였는데 하물며 자전거로 가고 있으니 더욱 멀 수밖에.

게다가 파사우와 잘츠부르크 사이의 거리는 일요일에 소풍삼아 갈 수 있는 코스가 아닌 아주 힘든 코스였다. 길에는 아스팔트도 깔려 있지 않았다. 당시에 「철사로 된 당나귀」라고 불렸던 자전거는 요즘처럼 기아변속장치가 달린 자전거와는 판이하게 달랐다. 그런데다 자전거 바퀴도 잘 돌아가지 않았다.

"기름칠을 좀 해야겠어."

프란츠 라이트자머는 헐떡거리며 속력을 냈다. 그는 자꾸만 뒤를 돌아보았다.

"제발 날 체포하러 오지는 말아야 할 텐데. 신이여, 저를 위험에 빠뜨리지 마세요!"

이미 미군이 도시 근교에 진주해 있었기에 더욱 불안했다. 프란츠는 자동차 차체를 만드는 기술자였으나 전쟁이 발발하자 본의 아니게 군수산업에 종사하게 되었다. 하지만 그 이유로 연합군의 전쟁포로가 되고 싶지는 않았다. 체포되어 포로가 되느니 차라리 힘들더라도 자전거를 타고 도망치는 것이 훨씬 낫다고 생각했다. 아무튼 그는 체포에 관해서라면 이미 경험한 바가 있어 잘 알고 있었다.

11년 전쯤, 1934년 11월의 어느날 프란츠는 자동차 차체회사인 슈바르츠뮐러에서 작업하고 있었는데 총검을 찬 세 명의 경찰관이 갑자기 나타나 수갑을 채워 그를 끌고 갔다. 그가 파사우에서 비밀경찰 본부까지 끌려가는 광경은, 회사 직원은 물론 시민도 볼 수 있었다. 경찰은 프란츠에 관해 모든 것을 알아내고자 수시간에 걸쳐 심문했다. 과거에는 어디에서 무엇을 했으며, 부모와 형제를 비롯해서 프란츠 자신에 관한 모든 것을 캐물었다. 그리고 히틀러에게 반대하고 국가사회당원이 아니라는 이유로 질책했다.

　프란츠는 공포에 떨었지만 비밀경찰의 협박과 강압에 굴복하지 않으려고 안간힘을 썼다. 저녁에야 그들은 프란츠를 놓아주었지만 다음 날 노동허가증을 빼앗아갔다. 이제 잘츠부르크의 재능 있는 자동차 차체 조립자인 프란츠 라이트자머는 아무것도 가진 게 없었다.

■ ■ ■

　프란츠는 빈에 있는 자동차 차체 전문학교를 다닐 때부터 가장 열심히 공부하는 학생이었다. 그리고 자동차 차체 제작회사인 슈바르츠뮐러 공장에 다니면서도 차체조립 분야에서 탁월한 재능을 발휘해 인정받았다. 또한 수레 만드는 목수일을 가르쳐주던 아버지도 아들이 뭔가 대단한 일을 해내리라 기대했다.

　프란츠는 학교를 졸업한 뒤 아버지가 운영하던 공장에서 일하기 시작했지만, 주문이 잘 들어오지 않았고 사업도 별로 신통하지 않았다. 그러자 프란츠는 독립해서 일을 하기로 결정 내리고 우선 시험삼아 버스를 만들어보기로 했다. 얼마 후 1 대 5의 비율로 실제의 버스를 축소시켜 미니 버스를 완성했다. 그러자 그것을 본 사람들은 감탄을 연발했다. 그의 아버지가 예감했듯, 그는 정말 대단한 것을 해낼 수 있었던 것이다.

프란츠는 세세한 부분까지 신경을 써서 미니 버스의 모든 창문과 문을 열 수 있도록 만들었다. 아마도 적당한 작은 엔진만 있었다면, 이 미니 버스는 달릴 수도 있었을 것이다. 그러던 어느날 우연한 기회에 빌헬름 슈바르츠뮐러는 버스 모델을 보려고 잘츠부르크에 있는 라이트자머의 공장에 들렀는데, 그만 프란츠의 미니 버스에 반해서 그 자리에서 그를 채용하고 파사우로 데려갔다.

사장 빌헬름 슈바르츠뮐러가 프란츠에게 처음으로 시킨 일은 아주 간단한 것이었다. 앞으로 생산하기로 되어 있는 나무로 된 버스 모형 「마기루스」의 설계도를 그리는 작업이었다. 당시 22세였던 프란츠는 학교에서 배운 대로 꼼꼼하게 설계도를 그리기 시작했다. 처음으로 맡은 일이어서 약간 흥분되었지만 이미 잘츠부르크에서 미니 버스를 만들어보았기에 그다지 어려운 일은 아니었다. 차이점이라면 「마기루스」 버스는 그가 직접 만든 버스 모형보다 대형이었고, 날씨와 상관없이 잘 달리도록 설계해야 한다는 것이었다.

버스 설계도가 완성되자 사장은 매우 흡족해 했다. 「마기루스」 버스 설계도를 완성한 뒤 프란츠가 주문받은 일은 「메르쿠르」 버스를 개조하는 까다로운 일이었는데, 오늘날의 가구 딸린 트럭처럼 침대 칸을 버스 안에 넣기 위한 설계도를 그리는 작업이었다. 이런 일 외에도 그는 택시의 구조를 변형시키는 등 그야말로 달리는 차라면 무엇이든 개조하는 일을 맡았다.

곧 관련업계에서는 슈바르츠뮐러가 한 전문가에게 「대단한 주문」을 해두었다는 소문이 나돌았다. 계속해서 밀려 들어오는 주문으로 프란츠는 세 명의 경찰관이 그를 체포하려고 작업장에 나타난 1934년

11월까지 끊임없이 일을 했다.

경찰서에서 풀려난 뒤 프란츠가 다시 쉽게 일자리를 얻은 것은 업계에서 이미 실력자로 유명해져 있었기 때문이다. 한 선생님의 소개로 그는 세간에 명성이 자자했던 베를린의 「부네」 자동차공장에서 기술자로 일하게 되었다.

"뭐, 부네라고?"

유명한 자동차 전문업체에서 일하게 된 것이 꿈만 같아 프란츠는 환호성을 질렀다. 마치 오늘날 축구후진들이 언젠가 전국 리그전에 한번 출전해 보고 싶다는 꿈을 꾸듯이, 일을 시작한 지 얼마 되지도 않은 자신이 업계에서 최고로 손꼽히는 부네 공장에서 일하게 된다는 사실을 믿을 수 없었던 것이다.

부네 공장은 대량생산을 하는 것이 아니라 개별적인 제품만 조립했다. 공장에 맡겨지는 차는 주로 스포츠 카나 리무진이었기에 고객층도 배우나 정치가, 예술가였으며, 자신의 자동차가 특별해지기를 원하는 사람은 부네 공장을 찾았다.

프란츠가 자동차 주문업계에서 얼마나 이름을 날리고 있었는지는 그가 개조한 자동차 상표에서도 알 수 있다. 파사우에서는 메르쿠르나 마기루스를 만들었고, 베를린에서는 메르세데스벤츠, BMW, 오펠, 피아트를 개조했다.

고객이 이런 차를 공장에 가져와서 원하는 것을 주문하면, 프란츠는 자동차의 전체 설계도뿐 아니라 차체 설계도까지 만들어야 했다. 그는 근무시간 외에도 설계도를 앞에 둔 채 밤새 작업하는 경우가 많았다. 그러다 보니 자연히 동료들은 그가 맡고 있는 일이 어떤 것인지 알게 되었고, 얼마 지나지 않아 전 종업원 사이에서 그는 실력가로 인정받았다.

1938년 어느 봄날, 사장은 어렵게 말을 꺼냈다.

"프란츠, 당신에게 특별한 주문을 해야겠는데……."

쉬운 일보다 어려운 일을 더 좋아한 프란츠는 「특별한」이라는 단어를 듣자 귀가 솔깃해졌다. 네 바퀴로 된 차가 생긴 이래 차 안에 라디오를 설치하는 일은 처음이었으므로 프란츠로서는 자신의 능력을 최대한 발휘해야 할 차례였다.

당시에 자동차 안에서 라디오를 찾는 것은 엔진 안에서 말을 찾는 것만큼이나 드문 일이었다. 그도 그럴 것이 자동차 생산자들은 자동차에 라디오를 다는 것은 허영기가 넘치는 속물들이나 하는 짓이라고 보았다. 그래서 개별적으로 주문이 들어오더라도 설계자들은 대부분 인상을 찌푸리면서 거절하곤 했다. 게다가 일반 사람들도 차 안에 라디오를 달게 되년 공간이 좁아진다고 생각했으므로 불필요하다고 여겼다. 하지만 지금은 라디오를 달아야 했고, 차체 기술자인 프란츠는 이 문제를 반드시 해결해야만 했다.

"바로 저기에 라디오 수상기를 다는 거야!"

프란츠는 차를 설계할 때부터 라디오 수상기를 보닛 밑에 설치하는 것이 좋겠다고 확신했다. 하지만 안테나를 둘 만한 적당한 위치를 찾지 못했다.

"버팀목의 받침대 사이는 어떻겠어?"

한 동료가 골똘히 생각하며 말했다. 프란츠는 고개를 가로 저었다.

"그건 불가능해. 그렇게 되면 안테나가 금속판덮개 때문에 완전히 가려질걸. 차라리 차 밑에 다는 게 좋겠어."

이렇듯 프란츠 라이트자머가 펼치는 논리는 항상 동료를 놀라게 했다. 안테나 문제가 해결되자, 무선전신장치에서 나오는 잡음을 방지하고 라디오 수신을 순조롭게 하기 위해 라디오 수신장애 제거장치를 발전기에 부착시켰다. 마지막으로 스피커를 계기판 밑에 장착함으로써 라디오는 완성되었다. 자동차 안에서 라디오가 차지하는 공간은 별로 문제 되지 않았다. 주파수와 볼륨 조정기 그리고 음색조정기가 달린, 눈금이 있는 네모난 조명판이 전부였던 것이다.

프란츠는 물론 사장 역시 이 라디오를 보면서 흡족해 했다. 들뜬 기분으로 행복에 젖어 있던 바로 그때, 베를린의 비밀경찰이 찾아왔다. 그리고 파사우의 슈바르츠뮐러 공장에서 일하던 시절, 프란츠가 뭔가 수상쩍은 짓을 했다는 이유로 또다시 그를 체포해 갔다. 어떻게든 일을 수습해 보려고 사장이 나서기도 하고 동료들이 찾아와 보증도 섰지만 소용없었다. 당시 파사우에서처럼 경찰은 히틀러와 당원을 운운하면서 프란츠를 심문했다. 그렇지만 아무런 단서도 찾아내지 못하자 마침내 한 달에 한 번 경찰서에 신고해야 한다는 조건으로 그를 풀어주었다.

오스트리아 출신이었던 프란츠가 독일에서 추방되거나 구속되지 않았던 것은 독일에서도 그의 실력이 널리 알려졌기 때문이다. 부네 공장에 주문을 의뢰하는 고객들은 주로 고위 관직자와 상류층 사람들이었기에 그들이 프란츠를 모를 리 없었다. 게다가 당시 베를린에서는 큼직큼직한 행사들이 개최되었는데 이 또한 프란츠에게 긍정적으로 작용했다. 1936년에는 올림픽 경기가 있었고, 다음해에는 700주년 기념행사가 열리면서 베를린은 이제 저명인사들이 들락거리는 정치의 중심지가 된 것이다. 그러니 프란츠 문제를 가지고 경찰이 골치를 썩일 틈이 없었다.

가장 창의력이 왕성한 시기에 경찰서에 붙들려가 시간을 소비했다는 것을 생각하면 프란츠는 화가 치밀어올랐다. 그래서 경찰서에서 풀려나자마자 주문 들어온 차의 설계도를 보면서 어떻게 하면 더 멋지고 우아하며 편안하게 만들 수 있을지를 연구하느라 밤새도록 사무실에 머물렀다. 그러다가 좋은 아이디어가 떠오르면 즉시 적용해 보기도 했다.

자유를 가장 좋아하는 프란츠는 운전할 때 바람을 한껏 느낄 수 있는 개폐식 자동차 지붕이 마음에 들었다. 이미 메르세데스벤츠나 아들러 모델, 문이 네 짝인 오펠 아드미랄과 같은 몇몇 자동차에 개폐식 지붕을 달아본 적이 있었다. 하지만 이들 자동차에 부착된 개폐식 지붕은 한 가지 흠이 있었다. 외부에서 보면 개폐식 지붕을 받치고 있는 지지막대가 눈에 띄었기 때문이다.

'고상하지가 않아, 멋지지도 않고. 이대로는 안돼, 바꿔야 해.' 프란츠는 이 생각밖에 하지 않았다. 그는 어떤 것에 대하여 확신하면 그것을 실현하기 위해서 모든 것을 하는 사람이었기 때문에 이번에도 문제를 해결하려고 밤낮으로 매달렸다. 자동차 옆면에서 개폐식 지붕을 받쳐주는 지지막대는 마치 유모차를 연상시켰는데, 프란츠는 이처럼 유치한 물건이 자신이 조립한 자동차에 달려 있다는 사실을 참을 수 없었다. 밤을 새우며 설계하고 테스트해 보았지만, 결국 좋은 해결책을 발견하는 데 실패했다.

프란츠는 사소한 부분이라도 완벽하지 않을 경우 설계도를 휴지통에 던져버렸다. 그러기를 몇 주일 간 계속하다가 마침내 자신이 원하는 설계도를 그려냈다.

"이건 절대로 바꿔서는 안돼!"

프란츠는 자신이 만든 작품을 자랑스럽게 바라보았다.

카브리오가 완성되자 사장은 뛸 듯이 기뻐했다. 프란츠는 독일 특허번호 1366911로 특허를 신청했다. 이번에 완성한 프란츠의 카브리오 지붕은 외부에서도 지지대가 보이지 않는 구조였을 뿐만 아니라 밑으로 내릴 수 있는 세계 최초의 개폐식 지붕이었으니 자동차 업계에 센세이션을 불러일으키기에 충분했다.

1938년 베를린에서 개최된 자동차박람회를 찾은 사람들은 혁신적인 기술이라고 부를 수 있는 카브리오 시스템을 갖춘 부네 제품 진열대로 몰려들었다. 물론 피아트 스포츠 카 위에 얹혀진 프란츠 라이트자머의 개폐식 지붕이 부네 제품 진열대의 주인공이었다. 벤츠사와 BMW의 전문가들은 어떻게 유치한 지지막대 없이 카브리오를 만들 수 있었는지 질문을 퍼부었다. 예전의 동료를 찾아온 빌헬름 슈바르츠뮐러도 자동차를 보자 놀라서 말문이 막혔다. 프란츠 역시 자신의 발명품이 자랑스럽기만 했다.

하지만 그의 기쁨은 오래 가지 않았다. 자동차박람회가 열린 지 얼마 후 전쟁이 발발했고 카브리오는 사라졌다. 부네 공장도 당시 차체 전문업에 종사했던 다른 모든 회사와 마찬가지로 군수품 공장으로 탈바꿈하면서 프란츠의 설계사무실은 문을 닫았다. 프란츠도 설계를 하는 대신 군수품 생산을 감시하는 일을 맡게 되었다.

사태가 이토록 심각해지자 카브리오 지붕보다 더 혁신적인 아이디어로 자동차 업계를 무궁무진하게 만들 가능성은 사라져버렸다. 하는 수 없이 프란츠는 기능장시험을 준비하면서 자신의 발명 욕구를 달래야만 했고, 시험에 합격하자 더이상 하고 싶은 일이 없어졌다. 그는 사표를 낸 후 고향으로 돌아가 결혼을 했다.

그로부터 얼마 뒤 프란츠는 슈바르츠뮐러가 자동차박람회 때 찾아와서 그에게 뭔가를 제안했던 기억을 떠올리고는 파사우로 집을 옮겼다. 미국인들이 진군했던 바로 그곳으로. 그래서 그는 그들에게 붙잡히지 않으려고 전속력으로 페달을 밟았던 것이다.

■ ■ ■

전쟁이 끝나자 독일에서는 자동차산업이 서서히 활기를 되찾았다. 그러나 프란츠는 자동차에서 손을 떼고 잘츠부르크에서 잡화점을 운영하고 있었다. 물론 목재건축과 카브리오 지붕의 전문가이긴 했지만 나무는 이제 시대에 뒤떨어졌고, 카브리오를 주문하는 고객은 없었으며, 다른 직업을 배우기에는 시간이 부족했다. 그래서 가게를 하는 수밖에 없었다. 가게의 단골들은 주인이 한때 어떤 일을 했는지 알고 있었다. 이렇게 밀가루의 무게를 달고 야채를 손질하는 동안에 그의 특허는 시효가 만료되고 말았다.

전쟁이 끝나고 드디어 카브리오를 주문하는 고객이 생기자 자동차 설계자들은 1938년 베를린에서 보았던 혁신적인 시스템을 떠올렸다. 그들은 법적인 발명가 프란츠 라이트자머에게 한푼도 지불할 필요 없이 개폐식 지붕을 차체에 장착시켰다.

"어쩌면 백만장자가 될 수도 있었겠지요. 그러나 저는 대단한 사람은 아니었지만, 정말 행복하고 멋진 삶을 살았습니다."

프란츠 라이트자머는 평생을 그렇게 살았듯 겸손하게 말했다. 추억은 돈으로 따진다면 아무 가치가 없었으나, 그에게는 여전히 다른 가치가 있었다.

오늘날, 베를린의 좁은 사무실에서 카브리오를 설계하면서 프란츠가 예상했던 것보다 훨씬 많은 카브리오 차들이 거리를 달리고 있다. 이 많은 카브리오 차들은 프란츠가 며칠씩 밤을 새워 연구하고 실험하면서 성공시킨 발명을 기초로 해서 만든 것이다. 프란츠가 향유하지 못한 것이 있다면, 바로 자신이 몰고 다닐 카브리오였다.

유럽공동화폐 「유러」의 로고를 만들고 한푼도 받지 못한 아서 아이젠멩거

돈을 지키지 못한 남자

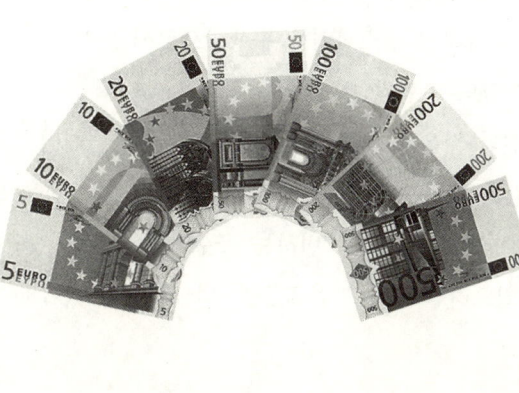

3분마다

도시 위를 저공비행하는 C-54의 소음은 귀를 멍하게 할 정도였으나 루이스 두비뇽 클레이 장군에게는 오히려 귀에 익은 음악처럼 들려왔다. 비행기에 실린 구호품으로 굶주림에 시달리는 250만 명의 베를린 시민들을 구해야 하는 상황에서 조용하다면, 오히려 그게 더 참을 수 없는 일이었다.

베를린 공수작전은 독일에 주둔한 미군이 지금껏 수행해 온 임무 중에서 규모가 가장 큰 것이었다. 또한 클레이 장군은 군 역사상 별 네 개를 달았던 유일한 사람으로 직접 전투에 투입된 적이 없는 평화의 사절단이었다.

제2차 세계대전이 끝난 뒤 베를린은 그야말로 무엇 하나 제대로 돌아가는 것이 없었고, 도시 재건이라는 임무를 띠고 파견된 클레이 장군은 산재해 있는 문제를 즉시 해결해야만 직성이 풀리는 사람이었다. 우선 그는 1948년 6월 24일 굶주림으로 고통받는 베를린 시민들을 위해 공수작전을 지휘하면서 피난민들을 돌보고 주택 문제를 해결했으며, 약품을 공급하고 청소작업을 수행함으로써 도시가 다시 제 모습을 갖출 수 있도록 힘썼다.

독일 출신의 젊은 그래픽 디자이너는 자신이 클레이 장군과 같은 중요한 사람을 도와준다는 것을 생각할 때마다 자부심을 느꼈다. 그도 그럴 것이, 시시각각으로 변하는 공수작전 상황을 장군이 한눈에 알아볼 수 있으려면 그가 그린 도표가 반드시 필요했기 때문이다. 예

226

술학을 전공한 그는 자신이 그린 작전 상황 도표를 통해 역사적으로 위대한 일에 동참하고 있다는 느낌이 들었다.

베를린 시 재건이라는 사명을 띠고 베를린에 파견된 지 2년이 지나자, 클레이 장군은 도시가 안고 있던 여러 가지 문제를 성공적으로 해결했다. 그 뒤 장군은 케네디 대통령의 특별보좌관으로 일했다. 「나는 베를린 사람입니다!」라는 전설적인 연설로 대통령은 즉석에서 베를린 시민들의 심금을 울렸으나, 클레이 장군은 그렇게 되기 위해 24개월이 필요했다.

하지만 장군은 대통령과는 달리 진정 베를린 시민들의 기억에 남는 한 사람이 되었으며, 그들은 장군을 진심으로 사랑했다. 웨스트포인트의 국군묘지에 있는 장군의 묘지 앞에 베를린 시는 다음과 같은 기념비를 세웠다. 「우리의 자유를 지켜주신 분께 감사드립니다.」

장군의 휘하에서 일을 했던 그래픽 디자이너도 베를린 공수작전이 성공적으로 끝나자 일을 그만두었지만, 아직까지도 장군을 생각하면 고맙기 그지없었다.

■ ■ ■

자유를 추구한 로베르트 슈만은 분별력 있는 대부분의 프랑스 사람처럼 독일을 좋아할 수는 없었으나, 탁월한 외교수완으로 유명한 프랑스의 외무부 장관답게 자신의 감정을 겉으로 드러내지 않았다. 게다가 독일에 대하여 반감을 가지긴 했지만 자신이 추구하는 자유보다 더 중요하지는 않았다.

외교적인 수완도 있고 동시에 프랑스의 경제정책을 도맡았던 장 모네는 국내외적으로 추진력 있는 정치가로 유명했다. 예를 들어 「모네

플랜」은 프랑스는 물론 다른 국가들을 현대화시킬 목적으로 만든 프로그램으로, 그가 구상하고 추진시킨 많은 계획들처럼 역사에 길이 남게 되었다.

한편 1940년대 후반에 그가 구상한 계획도 이 프로그램의 연장선이었다고 할 수 있다. 당시 모네는 프랑스와 독일을 경제의 중심 축으로 삼아 유럽 전체를 연합하는 유럽 공동체를 구상하고 있었는데, 이 일을 추진하려면 로베르트 슈만과 같은 사람이 필요했다.

독일의 총리 콘라트 아데나워 역시 모네와 비슷한 구상을 하고 있었기에 모네는 아데나워와 슈만을 협상의 테이블로 이끌었다. 이로부터 「유럽 석탄 철강 공동체」가 결성되었고, 프랑스와 독일 외에 이탈리아·네덜란드·벨기에·룩셈부르크가 전적으로 동참하게 되었다. 그 결과로 1951년 4월 「유럽 석탄 철강 공동체」에 소속된 국가들은 석탄과 철강시장을 공동으로 통제하기로 결정 내렸다. 이 연합이 차후에 「유럽 연합」으로 발전하게 되었으며, 로베르트 슈만은 창립자 중의 한 사람이 되었다.

독일의 젊은 그래픽 디자이너는 이번에는 슈만과 같은 중요한 인물 밑에서 역사적인 일을 할 수 있게 되어 자부심을 느꼈다. 새롭게 결성된 이 조직은 빠른 시일 안에 조직의 성격을 알릴 수 있는 정체성이 필요했다. 우선 유럽을 상징할 수 있는 로고를 만드는 일이 시급했기에 그래픽 디자이너들은 이 작업에 밤낮으로 매달려야 했다.

■ ■ ■

독일의 젊은 그래픽 디자이너 아서 아이젠멩거는, 공무원치고는 상당히 긴장된 일을 맡은 셈이었다. 그는 행운아이기도 했지만, 그렇지 않을 때도 있었다.

아주 작은 국가인 룩셈부르크는 1950년부터 1957년까지 최초의 유럽 연합 기관들이 들어서게 될 장소를 제공함으로써 적지 않은 기여를 했다. 연합은 새로운 구조가 필요했고, 효과적으로 운영할 수 있는 기관도 구축해야 했기에 의욕이 넘치고 있었다. 마침내 룩셈부르크의 킬히베르크에 유럽 센터가 우뚝 서게 되었다. 이곳에는 오늘날에도 중요한 기관인 유럽 재판소, 유럽 회계검사원, 유럽 국회의 사무총장실과 유럽 연합의 몇몇 기관들의 본부가 있다.

「유럽 연합 공식 출판부」라는 관청은 이름만 들어서는 그다지 긴장감이 도는 직장으로 들리지 않는다. 하지만 메르시어 가의 눈에 잘 띄는 건물에 있는 이 부서는 유럽 연합이 하는 일 가운데 가장 창조적인 부분을 담당하는 곳이다. 유럽 연합의 출판사 역할을 하는 이곳은 매년 8천 부의 개별 논문과 100권 이상의 정기간행물, 그리고 수많은 비디오테이프와 CD-ROM, 데이터 뱅크 등을 세상에 내놓고 있다. 또한 어떤 출판사도 감히 엄두를 못 낼 만큼 세계 각국의 언어로 출판하고 있다.

간혹 아서 아이젠멩거가 메르시어 가에 살았다고들 말하지만 이는 사실이 아니다. 그러니까 능력과 명예욕이 있었던 남편은 집보다 오히려 직장에서 보내는 시간이 더 많았고 이에 불만을 품은 아내가 사람들에게 남편이 그곳에 산다고 말했던 것이다. 아서 아이젠멩거는 「유럽 연합 공식 출판부」에서 일을 시작하자마자, 창조적인 일을 추진하는 데 선두를 달렸고, 그 결과 유럽 연합의 말단 직원에서 그래픽 부서의 팀장으로 승진했다.

하나가 된 유럽을 상징하기 위해 아서 아이젠멩거는 둥근 원을 선택했다. 그 다음에는 무엇을 그려넣어야 하나? 이제 유럽 국가들은 더

이상 전쟁을 일으켜서는 안되고, 서로 동등한 권리를 가져야 할 것이다. 이런 생각을 하자, 아이젠멩거는 이 모든 일이 마치 하늘에 떠 있는 별을 따는 일처럼 여겨졌다. 그래서 그는 유럽 연합의 공식 깃발에 원의 형태로 별을 그려넣었다.

나중에 전세계적으로 유명하게 된 유럽 연합 깃발은 아서 아이젠멩거로서는 필생에 걸쳐 만든 작품이었기에 디자인을 다시 바꿀 생각은 조금도 없었다. 그러나 퇴직을 며칠 앞둔 1974년의 어느날, 그는 재빨리 도안 위에 가로로 두 줄을 그어버렸다. 누구로부터 지시를 받은 것도 아니었는데, 마치 퇴직을 하며 작별선물이라도 남겨두듯이 가로로 그어진 두 줄을 상징으로 남겨둔 것이다. 아이젠멩거 자신도 앞으로 그 상징이 어떻게 쓰이게 될지 몰랐다.

예술가의 영감에서 나온 것이라고밖에 달리 설명할 수 없는 이 상징은 전체 구도와 잘 조화되었다. 아이젠멩거의 유럽 연합 디자인은 그로부터 24년 동안 누구의 눈에도 띄지 않은 채 서랍 속에 파묻혀 있기에는 너무나도 안타까운 대작이었다.

■ ■ ■

아서 아이젠멩거는 슈투트가르트의 근교에 있는 아이스링엔이라는 작은 마을에서 은퇴생활을 즐기고 있었다. 한때 유럽 연합의 그래픽 부서 팀장이었던 그는 이곳에서도 여전히 창조력을 발휘하여 유화를 그리기 시작했다. 전시회를 열려는 목적이 아니라 단순히 삶의 즐거움을 누리기 위해서였다. 현재 85세인 이 퇴직 공무원은 1998년까지 행복한 사람으로 살았다.

전 유럽을 위해 일하다가 퇴직한 아이젠멩거는 텔레비전과 라디오에서 나오는 뉴스를 빠짐없이 보고 들었으나 이제 나이가 들어 제대로 들리지 않았다. 어느날 밤 그는 자신의 귀가 아니라 눈을 의심하게 되는 장면을 텔레비전에서 보게 되었다. 거실에서 멍하니 텔레비전을 보던 그의 시야에 자신이 디자인한 로고가 들어온 것이다. 당시 돈 몇 푼 들이지 않고 20센티미터 종이 위에 묵화로 그린 바로 그 그림이었다. 물론 둥근 E자를 도안하느라 약간 꼼꼼하게 작업했지만, 그 글자를 C자와 연결하고 두 개의 수평으로 된 이중선을 무엇에 홀리듯 그려넣었던 기억이 되살아났다.

"메흐틸데!"

그는 흥분해서 아내를 불렀으나 곧바로 대답이 없자 다시 한 번 불렀다.

"메흐틸데!"

마침내 문 앞에 나타난 아내에게 그는 턱으로 텔레비전을 가리켰다. 그 새로운 로고는 뉴스에서 꽤나 오랫동안 보여주었기에 메흐틸데도 남편의 디자인임을 알아볼 수 있었다. 두 사람은 마치 환상에 사로잡힌 듯 텔레비전 앞에 앉아 있었다. 아서 아이젠멩거는 아무도 그가 원래 만들어놓았던 도안을 바꾸지 않았다는 것을 알 수 있었다. 잠시 후 그 로고가 화면에서 사라지자, 노부부는 꿈에서 깨어나 현실로 돌아왔다.

"가장자리에 비스듬하게 그어둔 두 줄도 그대로이군."

24년 전 어디에 사용될지도 모른 채 만들었던 아이젠멩거의 도안은 유럽 연합의 가장 중요한 상징인 유럽공동화폐(유러)를 표시하는 로고가 된 것이다. 돈 한푼 받지 않고 만든 이 창작품이 유럽의 화폐를 상징하게 되다니…….

아서 아이젠멩거는 「유러(Euro)」라는 주제에 관해 결코 가볍게 생각하지 않았다. 그러나 사람들이 유러화의 로고에 부여하는 의미는 과장되었다고 보았다. 사전에서는 유럽 문명의 요람인 그리스를 상징하는 Y, 유럽을 상징하는 E, 그리고 안정을 상징하는 두 개의 가로선이 조합된 것이라고 설명한다.

"헛소리를 하는구먼!"

로고를 만든 당사자인 그는, 물론 생각 없이 로고를 도안하지 않았지만, 그처럼 대단한 의미도 부여하지 않았기 때문이다.

아서 아이젠멩거가 위대한 것을 창조한다는 열정으로 한푼의 대가도 받지 않고 아무도 모르게 디자인한 창작물을 관청에 남겨두지만 않았더라도, 적어도 퇴직한 뒤에 그 로고를 다른 사람에게 넘겼더라도 오늘날 백만장자가 되었을 것이다. 만일 그랬다면, 모든 관청과 은행 그리고 개인용 컴퓨터를 생산하는 사람들은 유러 로고를 사용하는 대가를 지불해야 했을 것이다. 오스트리아 한 나라에서만 매년 8천만 실링씩 10년간 거둬들일 수 있으며, 독일로부터는 어림잡아 그 10배의 금액은 될 것이다. 유러 로고에 대한 독점권은 아서 아이젠멩거를 엄청난 부자로 만들었을 것이다.

그런 가운데 대부분의 유럽 국가들은 유러화의 로고를 법적으로 보호하게 되었으며, 특허 사용료를 지불하지 않고도 마음대로 사용할 수 있게 되었다. 다만 오스트리아는 아직 그런 조처를 취하지 않고 있다. 이 틈을 노려 약삭빠른 광고 디자이너인 케른트너는 아서 아이젠멩거가 지키지 못한 돈을 자신이 얻으려 하고 있다. 오스트리아 정부에 유러 로고에 대한 마크 보호 신청을 냈고, 담당 특허청은 아직 결정을 내리지 못하고 있다. 케른트너는 기대했던 결과가 나오지 않을 경우 대법원까지 갈 결심을 하고 있다.

아서 아이젠멩거는 유러화의 로고를 도안한 대가로 돈이라고는 구경도 못했을 뿐 아니라 유럽 연합으로부터 감사의 말조차 듣지 못했다. 그같은 처사에 분개한 그는 공개적으로 비난을 했다. 그러자 뒤늦게나마 유럽 의회 의원인 라이너 빌란트가 그 사실을 깨닫고 독일 기독교민주당 의장인 볼프강 쇼이블러 박사에게 적절한 조처를 취하는 게 좋지 않겠냐는 제안을 했다. 이에 쇼이블러 박사는 1990년 연초에 유러 로고를 만들어낸 당사자에게 개인적인 편지로 감사를 드리는 것이 합당하다고 생각해 다음과 같은 편지를 보냈다.

「기독교민주당은 진정한 의미에서 함께 발전하고 있는 유럽을 위해 풍부한 착상과 창의성을 가지고 훌륭한 로고를 만들어낸 사람이 우리 당의 당원이라는 사실을 자랑스럽게 생각합니다. 유럽을 상징하는 이 로고는 수백만 유럽인들에게 유럽이 점차 하나가 되고 있다는 정치적인 사실을 보여주는 표시가 되었습니다. 따라서 나는 유럽의 통합을 위해 노력한 당신의 노고에 감사드리며, 유럽 메달을 수여하게 된 것을 기쁘게 생각합니다.」

감사장 및 메달 수여식이 1999년 4월 29일 아이스링엔의 시청에서 엄숙하게 거행되었다. 유럽 연합의 창립자 중 한 사람인 로베르트 슈만의 이름을 따서 만든 이 메달은 85세가 된 충직한 남자에게 돈으로는 평가할 수 없는 가치를 의미했다.

메달 수여식이 끝나고 축제가 시작되자, 아이스링엔의 한 빵집 주인은 유러 로고 모양의 맛있는 케이크를 내놓았다. 아서 아이젠멩거 역시 케이크 한 조각을 먹으며 그동안 품어온 분노를 어느 정도 풀 수 있었다.

조지 오웰 · 헤밍웨이 · 스티븐 킹을 거부한 출판인들

순간의 판단착오로 놓친 베스트셀러

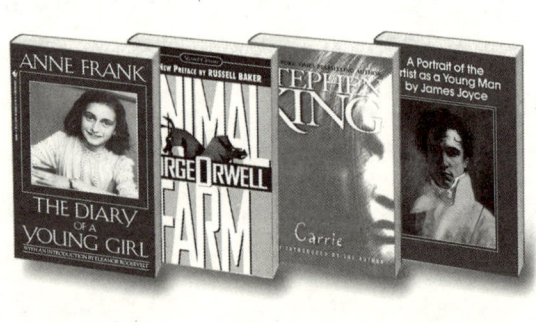

「끝」

1944년 에릭 블레어가 자신이 쓴 풍자적인 우화소설의 마지막 마침표를 찍었을 때, 앞으로 자신에게 무슨 일이 닥칠지 예측할 수 없었다. 그는 원고를 포장지로 꼼꼼하게 싸고, 수 차례 끈으로 묶은 뒤 출판사로 보냈다. 이는 작가라면 누구나 반드시 거쳐야 하는 과정이었다. 출판사란 작가가 혼신을 다해 토해 낸 글을 읽어줄 독자가 있는 세상과 연결해 주는 곳이기 때문이다.

그러나 이 우편물은 곧 충직한 개의 성격을 띠게 되었다. 즉, 그가 원고를 매번 다른 곳으로 보내도 며칠 뒤면 어김없이 집으로 돌아오는 것이었다. 이런 식의 반응은 그에게 처음이 아니었다.

1929년 「바다의 신」이라는 제목으로 심혈을 기울여 쓴 원고가 반송된 적이 있었는데, 「책을 내기엔 아직 한참 부족하다」는 것이 그 이유였다. 게다가 그 원고검토자는 친절하게도 「섹스가 너무 많다. 사건이 조금 덜 단순하다면 더 매력적일 텐데……」라는 평을 덧붙여서 보냈다.

4년 뒤 「파리와 런던 안팎에서」라는 제목의 원고에 대해 출판계가 보인 반응은 「너무 짧다」는 것이었다. 역시 그 전통을 잇듯이 가장 최근 보낸 원고도, 비록 늘 받아보는 즉시 도로 부쳐주는 것은 아니었지만 발신자의 손으로 다시 돌아왔다. 이번에는 출판업자들의 견해가 모두 한 가지 점에 일치했다. 즉, 두려움을 느낀다는 것이었다.

「우리는 현 시점에서 이 원고를 출간하는 건 바보 같은 일이라고 결론 내렸습니다.」 이것이 한결같은 그들의 회답이었다.

제2차 세계대전이 끝나기 한 해 전, 작가로서는 가히 폭발적이라 할 만한 이 풍자소설을 혼자 간직하기가 너무 아까웠다. 그러나 출판인들은 세계 정치의 소용돌이 속에서 의견의 일치를 보았다. 「마치 집단사격과도 같은 이런 작품을 우리 출판사에서는 출간할 수 없습니다.」 여기서 말하는 작품은 『동물농장』이며, 이 책의 저자는 나중에 조지 오웰이라고 개명한 에릭 블레어였다.

세계 정세를 주시하면서 출판인들은 너나없이 이 원고에서 「돼지」를 삭제해야 한다고 주장했다. 그들이 주장하는 요점은 이러했다. 「이 소설에 등장하는 지배계층이 왜 하필이면 돼지입니까. 돼지만 아니라면 좋을 텐데요. 이 점은 민감한 사람에게 모욕감을 줄 수 있습니다. 물론 러시아인이 가장 이 점에 민감하겠지요.」

단지 한 출판사에서만 이런 주장을 내세우지 않았는데, 그 출판사는 완전히 다른 이유에서 출간을 거절했다. 즉 「미합중국에서 동물 이야기는 팔리지 않는다」는 것이었다.

그러나 얼마 지나지 않아, 미국에서 동물 이야기는 팔리지 않는다는 말은 아무 설득력도 갖지 못하게 되었다. 『동물농장』은 결국 출간되어 수백만 권이 팔렸으며, 저자에게 문학의 돌파구를 제공했다.

■ ■ ■

이 세상의 모든 서점에 깔린 대부분의 책들은 사실 아무도 출간하려고 하지 않았던 책이다. 출판사들은 무명 작가의 책을 출간할 때 얼마나 주저하는지 모른다. 그리고 어쩌다 그 작가가 성공을 거두면 갑자기 태도가 싹 바뀌어 앞다퉈 출간하려고 한다. 이런 출판업계의 속성에 관해 조지 버나드 쇼*는 처녀작을 쓰고 나서 76년이나 지나 이렇게 말했다.

"나는 이름을 단 한 번이라도 들어본 적이 있는 모든 영어권 출판사에 첫 작품을 돌렸습니다. 그러나 한결같이 거절당했지요. 이 책은 40년이 지난 후, 내 이름이 들어간 원고라면 거의 모두 출간될 때에야 비로소 나올 수 있었습니다."

처음에는 호되게 거절당한 작가들이, 끝에 가서 그들을 믿어주었던 출판사의 금고를 가득 채워주는 일도 흔했다. 예를 들어, 사무엘 베케트**의 경우도 마찬가지였다. 1932년 그가 쓴 『그만그만한 여인들의 꿈(Dream of Fair-to-middling Women)』을 읽어본 한 원고검토자는 지나치게 조심스러운 태도를 취했다. 하지만 그것은 근시안적인 태도였다. 어쨌든 그의 판단이 틀렸으니 말이다. 거의 20년이 지나자 어느 누구도 베케트의 『몰로이』와 『말론은 죽는다』를 읽으면서 지루해 하지 않았다. 그 원고검토자의 눈에는 「아무 의미도 없고, 그렇다고 특이하지도 않은」 이야기들이었지만.

펄 벅의 『대지』 역시 순탄하지 않았다. 1931년 한 출판업자가 원고를 돌려보내며 유감을 표했다. 「미국의 여론은 중국 냄새가 나는 것에는 관심을 갖지 않는다」는 이유였다.

마찬가지로 그들은 40년이 훌쩍 지난 뒤에도, 「여론은 공상과학이나 부정적인 유토피아에 분명 관심이 없을 것」이며, 「그런 책은 아무도 사보지 않을 것」이라는 메시지를 스티븐 킹이라는 작가에게 전달하였다.

---

* 1856~1950. 영국의 극작가·소설가·비평가.
** 1906~1989. 아일랜드 태생의 프랑스 극작가. 1953년에 처음 상연된 부조리극 『고도를 기다리며』로 유명해짐.

그러자 킹은 자신의 원고를 차곡차곡 정리하며, 아내에게 말했다.

"조지 오웰과 조나단 스위프트가 그린 부정적인 유토피아도 세상에 그리 나쁜 영향을 미치지 않았는데……"

그리고 원고를 서랍 안에 집어넣었다. 그후 그 원고는 다시 한 번 세상의 빛을 보기까지 무려 9년을 견뎌야 했다. 이 작품은 『캐리(Carrie)』란 이름을 달고 나와 결국 대히트했다.

베스트셀러 작가를 알아보지 못하는 것은 비단 20세기에만 국한된 문제는 아니다. 하지만 20세기에 들어서면서 그 사례가 점점 더 많아졌다. 그 이유는 오로지 이전보다 훨씬 많은 원고와 책들이 쏟아져나왔기 때문이다. 책시장은 1900년 이래로 수 차례 대폭발을 경험했다. 오늘날 독일어권에서만 매년 7만 권의 책이 출간되고 있으며, 1만 2천 개가 넘는 출판사에는 매일 요구하지도 않은 엄청난 양의 원고가 배달된다.

20세기 초 존 골즈워디*가 가명으로 쓴 『삶의 법칙』 역시 읽기 어려운 원고에 속했다. 게다가 이 책은 「너무 어둡다」는 평을 받았다. 존 골즈워디는 그후에도 계속 어려움을 겪었다. 출판인들은 그가 쓴 3부작 장편소설 『포사이트 가(家)의 이야기』에서 「자산가(資産家)」 부분을 돌려보내면서, 「평이한 플롯을 선택한데다, 자기 자신만을 위해 썼다」고 비난했다.

또한 게르트루드 스타인**의 작품도 비록 논리와 문법을 대담하게 무시하는 등 기존의 문학 양식을 파괴하는 경향이 짙기는 했지만, 실제보다 평가절하받기는 마찬가지였다. 그녀의 작품은 출판사로부터

---

* 1867~1933. 영국의 소설가·극작가. 사회 문제를 주제로 한 소설과 희곡을 많이 썼으며, 1932년 노벨 문학상을 받음.
** 1874~1946. 미국의 여류 시인·소설가. 전위적인 소설을 써서 S. 앤더슨과 E. 헤밍웨이에게 영향을 주었으며, 작품으로는 『3인의 여인』 등이 있음.

별다른 호응을 얻지 못했다. 사실 1909년 이후 그녀의 작품은 계속 거부만 당했다.

1941년 그녀는 『아이다(Ida) : 소설』이란 작품으로 다음과 같은 절망스러운 평가를 들어야 했다. 「나는 단지 한 인간입니다. 나는 단 한 번밖에 살 수 없고, 한 시간은 60분밖에 없습니다. 나는 겨우 두 눈과 하나의 두뇌를 가지고 있습니다. 단지 두 개의 눈, 한 번의 생을 가진 한 사람의 인간이기 때문에, 당신의 원고를 세 번, 네 번 읽을 수 없습니다. 아니, 한 번조차 읽는 것이 불가능합니다. 한번 흘낏 보는 것만으로도 충분히 판단할 수 있습니다. 당신은 한 권의 책도 팔 수 없을 것입니다. 결코 단 한 권도.」

1915년 D. H. 로렌스가 쓴 『무지개』는 「너무 야한 사랑의 표현」때문에 판매에 제동이 걸렸다. 당시 미국 사람들은 인간의 도덕성이 점점 무너지고 있다고 생각했다. 하지만 그의 책은 은밀히 인기를 누렸다. 1928년 로렌스는 이보다 훨씬 더 뜨거운 논쟁거리를 다시 던졌다. 그러자 사람들의 비난을 두려워한 출판사들은 로렌스가 자기 자신을 위해서라도 스스로 『채털리 부인의 사랑』의 출간을 포기해 주길 바랐다.

1916년 제임스 조이스는 이와는 전혀 다른 어려움에 처했다. 그가 『젊은 예술가의 초상』에서 보여준 주제는 「별로 매력 없는 것」으로 평가받았다. 게다가 「전시(戰時)에 지적인 독자를 확보하는 일은 거의 불가능하다」는 논지도 있었다.

그렇지만 그런 평가는 『더블린 사람들』에 퍼부어진 비난과 비교하면 차라리 애교스러운 편이었다. 『더블린 사람들』은 22번이나 출간을 거절당했을 뿐 아니라 마침내 어떤 출판사에서 이 책을 출간하는 은혜를 베풀자, 성난 독자 한 사람이 발행된 책을 모두 사들인 뒤 더블린 한가운데서 불살라버린 사건이 일어났다.

조이스의 또 다른 작품 『율리시스』 역시 뜨거운 논쟁의 대상이 되었는데, 양쪽 정부(영국과 아일랜드)에 의해 불길 속으로 내던져졌다. 이 작품은 결국 1922년 프랑스에서 실비아 비치의 셰익스피어 프레스에 의해 출간되었다. 그러나 출간된 책은 영국이나 미국으로 반입이 허용되지 않았다. 1933년이 되어서야 비로소 미국에서 판금이 풀렸고, 다음해 랜덤 하우스에서 간행되었다.

그동안 사람들은 조이스의 『1페니짜리 사과』를 몹시 비난했는데, 1927년 『성경 혹은 가족 앨범』의 출간을 둘러싸고도 마찬가지였다.

한편 가벼운 주제를 다룬 작품도 쉽게 매장되기는 마찬가지였다. 애거사 크리스티의 처녀작 『스타일스 별장 살인사건』은 흥미를 끌기는 했지만, 「모든 건 다 때가 있다」는 말을 실감하게 했다. 어쨌거나 이 책이 출간된 1920년은 그녀에게 불행한 해였다.

F. 스콧 피츠제럴드*에게도 1920년은 그다지 행운이 따르는 해는 아니었다. 『낙원의 이쪽』은 출판사로부터 그리 환대받지 못했다. 「어쩐지 플롯에 필연성이 없어 보이고, 영웅의 삶이나 성격 모두 결과를 충족시켜 주지 못한다」는 평을 받았다. 16년 뒤에도 사람들은 피츠제럴드의 재능을 별로 높게 평가하지 않았다. 한 원고검토자는 마치 관대한 표현인 양 잔뜩 거만한 어투로 이렇게 평가했다. 「누구라고는 밝힐 수 없는 '여성들'의 눈에 그의 『섬즈 업(Thumbs up)』은 그저 끔찍한 작품일 뿐이다.」

1926년 어니스트 헤밍웨이의 『봄의 계류』 역시 비슷한 평가를 받았다. 한 출판인은 그에게 「이 책의 출간은 극단적으로 타락한 취향을 증명하는 것」이라고 의견을 전달했다. 「그것이 소름 끼치도록 잔

---

* 1896~1940. 미국의 소설가. 대표작으로 『위대한 개츠비』 등이 있음.

인하다」는 말은 생략한 채.

한편 윌리엄 포크너*의 『사토리스(Sartoris)』라는 작품에 발목이 잡힌 한 출판업자 역시 이와 비슷한 경향을 보였는데, 어쩌면 아주 부당한 것도 아니었다. 그는 윌리엄 포크너라는 작가가, 결코 읽을 만한 가치가 있는 이야기를 만들어낼 수 없을 것이라고 판단했으므로 그에게 원고를 줄이거나 수정하라는 어떤 권고도 할 수 없었다. 그러한 암시를 포크너도 진지하게 받아들였던 것으로 보인다.

2년 뒤 포크너는 『성단(聖壇)』으로 또 다른 출판인을 기절초풍하게 만들었다. 「세상에! 이건 절대 찍을 수 없어! 우리 둘 다 감옥에 들어가고 말 거야.」 그러나 헤밍웨이와 포크너를 거절한 사람은 결국 후각이 매우 둔한 사람으로 판명되었다. 두 사람 다 나중에 노벨상을 받음으로써, 너도 나도 모셔가고 싶은 인물이 되었기 때문이다.

1944년 서머싯 몸의 『면도날』을 접하고, 별로 호감을 느끼지 못한 출판인도 역시 후각이 뛰어난 편은 아니었다. 그는 이 작품으로 돈을 벌 수 있다는 데엔 공감했지만, 이 작품에 대한 거부감을 떨쳐버릴 수는 없었다. 「이런 작품」으로 돈을 번다는 것 자체가 그로서는 「불쾌한」 일이었다.

또한 1950년 아나이스 닌**에 대해서도 사람들은 심한 혐오감을 보였다. 헨리 밀러의 작품이 저질스런 쓰레기 취급을 받은 것과 마찬가지로, 그녀의 에로틱한 표현들은 가판대 밑에서나 암암리에 인기를 모았다. 그러나 공개적으로 그 작품을 찾는 사람은 없었다. 한 출판업자는 이 점을 꼬집어 말했다.

"미스 닌은 두말 할 필요 없이 대중에게 너무 고상하다. 그러나 그

---

* 1897~1962. 미국의 소설가. 주요 작품으로 『압살롬, 압살롬』, 『음향과 분노』 등이 있으며, 1949년 노벨 문학상을 받음.
** 1903~1977. 프랑스 태생의 미국 시인·소설가.

것은 싸구려 고상함이다."

안네 프랑크의 작품이 이와 유사한 고충을 겪어야 했다는 것은 의외다. 하지만 『안네의 일기』에 대한 평은 놀랍게도 이와 비슷했다. 「이 소녀의 일기는 단순히 호기심을 자극할 뿐, 작품성을 인정받을 만한 어떤 특별한 감성이나 인식력은 갖지 못했다.」이 사람은 『안네의 일기』를 제대로 이해하지 못한 게 분명하다.

출판계로 볼 때, 1952년은 도저히 그냥 넘길 수 없는 실수의 해였다. T. 헤위에르달*의 『콘티키호 탐험기』는 「길고 고독한, 그리고 지루한 태평양 항해 이야기」로 평가되었다. 또, 콘라드 로렌츠**가 『그렇게 인간은 개가 되었다』에서 주장하는 학설도 제대로 평가받지 못했다. 「개에 관해서라면 이미 엄청난 양의 책이 쏟아져나온데다 책마다 서로 관심을 끌겠다고 다투고 있는 상황에, 경쟁을 치르면서까지 그 책을 출간하는 것은 별 의미가 없다」고 판단했기 때문이다.

그로부터 2년 뒤, 출판계에 또 하나의 치명적인 실수가 저질러졌다. 윌리엄 골딩의 『파리 대왕』에 대해서 논의 자체가 아예 이루어지지 않은 것이다. 골딩은 그의 노벨상 수상 전까지 유감스럽게도 「성공의 전환점」을 마련하지 못했다.

하긴, 노먼 메일러***는 그보다 심한 좌절을 겪어야 했다. 1955년 자신의 작품 『사슴의 동산』에 대해 「출판사업을 25년은 뒤로 후퇴시킬 것」이라는 회답을 받은 것이다. 하지만 메일러는 우리의 생각처럼 심한 상처는 받지 않았을 것이다. 왜냐하면 그는 이미 7년 전에 『나자(裸者)와 사자(死者)』란 작품으로 거센 비난을 받았기 때문이다. 그때 특히 도마에 오른 것은 세속적이고 음란한 대화였다.

---

* 1914~ . 노르웨이의 탐험가.
** 1903~1989. 오스트리아의 동물학자. 1973년 노벨 생리학 의학상을 받음.
*** 1923~ . 미국의 소설가·수필가. 사회·정치적인 관심이 강한 작품을 주로 썼음.

1961년, 귄터 그라스의 『양철북』을 「번역 불가능」이라고 판정 내린 것은, 2년 뒤 존 르 카레*의 미래를 어둡게 내다본 것만큼이나 어처구니없는 일이었다. 르 카레의 경우 더 황당한 것은, 그 판단이 하필이면 나중에 상업적으로 대성공을 거둔 『추운 나라에서 온 스파이』를 근거로 내려졌다는 데 있다.

이에 반해, 같은 해 로렌스 피터 박사의 책에 대해 상품가치가 없다고 평가한 것은 조금도 놀라운 일이 아닌 것처럼 보인다. 그의 책 『피터 원리 : 무엇이 문제일까』는 누구나 자신의 능력의 한도 내에서만 잘할 수 있다는 가설을 기반으로 한다. 이 가설은 때때로 책시장에도 적용될 수 있다. 매그로 힐 출판사에서는 「상업적인 성공」을 장담할 수 없다는 이유로, 그 작가에 대해 「격려에 인색」하다는 것은 상상도 할 수 없었다. 그들은 다만 피터 박사의 책이 성공할 거라고 믿지 않았을 뿐이다.

피터 박사가 30명의 출판인에게 30번이나 거절당한 뒤에 만난 윌리엄 머로 출판사는 이전의 출판사와는 다른 시각을 가졌다. 그들은 피터 박사의 원고를 2,500달러에 사서 1만 권을 찍어 시장에 내놓았다. 그 출판사에서 그 이상을 찍자고 말한 사람은 아무도 없었다. 그러나 첫해에 거둔 20만 권이라는 판매량은 놀라운 성공신화의 서곡에 불과했다. 이 책은 1970년부터 『뉴욕 타임스』의 베스트셀러 리스트에 올랐고, 이미 38개국에서 번역되었다.

자신의 작품을 거절한 사람들에게 확실히 매운 맛을 보여준 또 다른 사람은 존 어빙이다. 1979년, 그의 작품 『가프가 본 세상』 중에서 「그릴파저 여관(The Pension Grillparzer)」은 「별로 관심을 끌지 못할 것」이라고 평가되었다. 게다가 「언어 면에서도, 형식 면에서도 전혀 새로

---

* 『러시아 하우스』 등 첩보물을 주로 쓴 작가.

운 것이 없다」는 평도 받았다. 이렇게 평가한 사람은 아마도 다른 원고를 읽었던 것이 아닐까.

순간의 판단착오가 당사자에게는 얼마나 큰 고통이 될 수 있는지를 보여주는 가장 최근의 예는 로버트 슈나이더란 이름의 오스트리아 작가에게서 발견할 수 있다. 1992년 그는 『잠의 형제』를 들고 20여 군데 출판사를 돌아다녔다. 그러나 그들은 그에게 한결같이 다른 길을 권했다. 그래도 그는 포기하지 않았다. 마침내 자신의 소설에 대해 「지나치게 로맨틱하다」고 평가하지 않는 유일한 사람을 라이프치히의 레클람 출판사에서 발견한 뒤 그는 이렇게 말했다.

"작품을 거절당할 때마다 자의식이 성장했다."

그런데 이 출판사는 광고할 자본이 없었다. 결국 광고 없이 시작하여 자그마치 130만 부가 팔렸으며, 25개국에서 번역되었다.

비록 1998년 초, 슈나이더는 두번째 소설 『허공을 걷는 여자』를 출간하고 나서, 자신의 작품에 쏟아진 거센 비판에 대하여 출판계와 비평가들을 속시원히 야유했지만 — 작가를 「왕」으로, 그들은 「뱀파이어」로 지칭했는데, 이 「뱀파이어」들은 책의 성공과 실패의 단물만 빨아먹고 살며, 그들이 성공하는 유일한 근거는 오로지 책이 존재한다는 그 자체에만 있다고 공격했다 — 그는 자신의 첫 작품에 대한 천편일률적인 거부반응 속에서도 자신을 무식한 장사꾼들의 희생양이라고 보지는 않았다. 그는 그 모든 일은 다만, 그들이 작가의 원고를 얼마나 대충 읽는지를 말해 줄 뿐이라고 했다.

출판사측의 의견을 말하자면, 그들은 성의 없이 쓰여진 엄청난 양의 책들이 독자의 시간을 헛되이 빼앗지 않도록 도와주고 있다고 생각한다. 그리고 어느 누구도 『특성이 없는 남자』*와 같은 책이 시장성

---

* 오스트리아 소설가 R. 무질(1880~1924)의 대표작인 미완성 장편소설.

이 있는지 혹은 독자층을 형성할 수 있는지에 대해 미리 점칠 수 없다고 말한다. 또한 모든 진지한 원고검토자들이, 여러 해가 지난 뒤에도 여전히 피가 거꾸로 솟구치게 만드는 자신의 판단착오에 관해 할 수 있는 말은, 「어느 누구도 마음속 깊이 께름칙한 것을 숨기고 있지 않은 사람은 아무도 없다」는 것이다.

한편 길버트 영과 같은 작가가 존재하는 한, 판단력의 결함 탓으로만 돌릴 수도 없다. 그에 비하면, 긴 세월 동안 출판사를 구하지 못했다가, 뒤늦게 상업적인 성공을 거둔 모든 문학의 거장과 작가들은 쉽게 승승장구한 편이라고도 할 수 있다. 길버트 영의 『세계 정부 크루세이드(World Government Cruisade)』는 출판사로부터 106번이나 거절당했다. 그리고 그 사실은 『기네스 북』에 올랐다.

권총의 역사를 다시 쓴 미하일 칼라슈니코프

유감스럽게도 적중하지 않았습니다

마치 불지옥처럼 뜨거운 날씨였다. 최소한 리야드의 시장(市長)에게 있어서는. 시장은 그에게 매우 진지하게 물었다.

"이슬람으로 개종하지 않으시겠습니까? 당신은 지구상에 죽어가는 수천 명의 사람들에게 책임이 있습니다. 그렇게 많은 사람을 죽음으로 몰아넣고, 예수에게 빌어 사죄를 받을 수는 없을 것입니다."

미하일은 시장의 말을 기분 나쁘게 받아들이지 않았다. 이 사우디아라비아의 신사는 단지 그에 대한 칭찬만 생략하고 있는 듯했다. 왜냐하면 사실 이 시장은 그의 팬이었기 때문이다.

"당신은 아랍세계를 위한 살아 있는 상징이 될 것입니다."

1994년 국제무기박람회에서 시장은 그와 헤어지면서 이렇게 덧붙였다.

미하일은 리야드 시를 내려다보았다. 호화스런 그의 방은 전망이 좋았다. 밖에선 열기가 후끈거리는데, 실내는 냉방기가 윙윙거리며 돌아가고 있었다. 러시아에서도 여름에는 상당히 후텁지근하다. 하지만 이 정도는 아니었다. 75세의 이 노인은 마치 어린 소년처럼 호기심을 가지고 이제 막 다른 세계에 눈을 뜨려는 찰나였다. 여행금지가 마침내 해제된 것이다. 구소련 사회라면 그에게 이런 여행을 결코 허가하지 않았을 것이다. 다른 사람도 아닌 특히 그에게는.

모스크바의 브누코보 공항에서 출국할 때 그는 여행가방을 질질 끌고 다니느라 몹시 힘이 들었다. 그와 같은 노인에게는 당연히 진땀 나는 일이었다. 그러나 이곳에서는 마술과 같은 일이 펼쳐졌다. 마치 천일밤의 이야기 속으로 들어간 것 같았다. 그의 짐은 알아서 혼자 옮겨졌다. 그가 어디로 가든지, 짐은 미리 와 있었다. 미하일은 그 짐을 풀기만 하면 됐다. 어쩌면 호리병 속의 요술쟁이가 불러낸 것인지도 몰랐다. 그밖에 수건에도 마술이 걸린 것만 같았다. 수건을 쓰고 난 뒤에도 늘 새 수건이 걸려 있었다.

하지만 그 정도의 마술이라면 미하일도 부릴 줄 알았다. 언제나 친절하고 단정한 차림의 호텔 벨보이가 깜짝 놀라며 그에게 말했다.

"왜 침대에서 주무시지 않았습니까?"

열대과일을 포함한 호사스런 아침식사를 가지고 들어온 그는 방안을 보자 어리둥절하여 이 기이한 손님에게 그렇게 물었던 것이다. 미하일은 마치 사춘기 소녀처럼 키득키득 웃었다. 물론 그는 어젯밤 이 멋진 침대에서 꿈같은 밤을 보냈다. 하지만 군기가 잡힌 러시아 군인이라면 일어나자마자 반드시 해야 할 일이 있다. 바로 침대 정돈이었다. 그것도 자로 잰 듯 정확하게 각을 맞춰서.

벨보이는 믿을 수 없다는 듯이 고개를 설레설레 흔들었다. 침대 시트에 잔주름 하나 보이지 않았던 것이다. 벨보이에게는 거의 불가능한 일처럼 보였다. 이 청년은 자신이 아직도 배울 게 많다는 것을 깨달았다. 어쩌면 러시아 군대에 입대해서 배워야 할지도 몰랐다.

■ ■ ■

모스크바는 이제 더이상 멀리 있지 않았다. 독일인은 그들의 길을 가로막는 것이라면 모조리 짓밟아버렸다. 아무도 그들을 막지 못했다.

1941년 10월 군대를 이끌고 결사적으로 최전방에 선 마샬 티모셴코프 장군 역시 어쩔 수 없었다. 브르얀스크, 케셀에서 일어난 피로 얼룩진 전투는 독일 군대에게 클린까지의 길을 터주었다. 거기서 크렘린까지는 정확히 90킬로미터밖에 되지 않았다.

폭탄이 떨어지는 것을 보지는 못했다. 하지만 폭탄이 떨어지는 소리는 마치 세계의 종말을 고하는 것만 같았다. 미하일은 귀와 팔이 갈기갈기 찢겨나가는 것처럼 느꼈다. 그는 타고 있던 탱크에서 퉁겨나갔다. 쇼크 상태에서 그는 자신의 위팔에 깊은 상처가 벌어져 있는 것을 보았다. 폭탄의 파편이 그의 생살 깊숙이 박힌 것이다. 그 순간 그는 그냥 기절해 버리고 싶었다. 그러나 그럴 시간이 없었다. 가능하면 살아서 이 지옥과 같은 브르얀스크로부터 벗어나고 싶었다.

몸의 상처는 그리 문제가 되지 않았으나, 정신적인 충격은 심각했다. 순진한 병사였던 그는 전쟁의 참혹함을 간단히 잊어버릴 수 없었다. 밤마다 탱크의 폭발과 총에 맞은 동료, 갈가리 찢긴 시체들로 둘러싸이는 악몽에 시달렸다.

어느날 아침, 그날도 완전히 기진맥진한 채 잠에서 깨어난 미하일은 전쟁의 악몽에서 벗어나기 위해 당장 뭔가를 해야겠다고 결심했다. 그는 종이와 연필을 찾아 손에 쥐었다.

육체의 고통은 군병원에서 헌신적으로 봉사하는 의사와 간호사 덕분에 견딜 만했다. 미하일은 시간이 많았다. 그는 그 시간을 이용했다. 처음엔 그저 두서없이 떠오르는 생각을 종이에 끄적거리고, 손이 가는 대로 그림을 그리고, 이런저런 수학계산을 하는 데 불과했다. 하지만 이런 끄적거림은 곧 치밀한 구상으로 발전했다.

그가 완성해 낸 것은 적과 대항해 자신을 보다 확실히 방어할 수 있는 무기의 설계도였다. 그는 자신이 겪은 고통을 다른 사람에게 겪게 하고 싶지 않았던 것이다. 그러나 방어용으로 만들어진 이 무기는 이미 알려진 바대로, 그 뒤 세계 곳곳의 분쟁지역에서 철저히 오용되고 말았다.

미하일은 휴가를 얻어 요양차 고향인 알마아타로 떠났다. 군대는 전쟁으로 혹사당한 그가 집에서 다시 기력을 회복할 수 있도록 6개월간 휴가를 주었다. 그러나 미하일은 새로운 무기 생각에 사로잡혀 잠시도 쉬지 않았다. 그는 친구 제냐 크라프첸크와 함께, 이제까지와는 완전히 다른 새로운 소총을 개발하기 위해 밤낮으로 매달렸다.

그런데 제2차 세계대전 초, 안전상의 이유로 모스크바에서 카자흐스탄 공화국의 수도인 알마아타로 이전된 모스크바 항공 센터에서 미하일의 기술에 관심을 보였다. 얼마 뒤 미하일은 센터 내 연구소에 스카우트되어, 최적의 환경에서 자신이 발명한 자동 소총의 마지막 손질을 할 수 있었다. 그는 이 자동 소총의 시제품을 제르진스키 포병 아카데미로 보냈다. 그러자 그곳에서 일하던 일류 총포전문가 A. A. 블라곤라보프는 이 자동 소총을 감정하다가, 미하일을 붉은군대 소속의 무기를 연구하는 중앙연구소에 학생으로 보내면 좋겠다는 생각이 들었다.

그러나 미하일은 이론보다는 실습에 더 관심이 있었다. 그가 개발한 신무기의 시제품은 비록 모든 사람의 감탄을 자아냈지만, 세세한 부분에서 기술적인 허점이 많았기 때문에 생산을 거절당했다. 그러자 이 야심에 찬 무기기술자는 책으로 공부하기보다는, 자신의 발명품을 더 철저하게 보완하기로 마음먹었다.

자동 소총의 핵심은 말 그대로 빨리 쏘는 것이었다. 미하일이 수많은 실험 속에 파묻혀 지낸 것은 조작법이 간편하고 견고한 자동 소총을 개발하기 위해서였다. 비록 실험단계였지만, 이 독창적인 자동 소총은 완벽한 승리를 목표로 삼았다. 미하일은 자신의 발명품으로 러시아에서 무기제조에 관여하는 최고권위자들을 정확히 명중시켰다. 다시 말해, 그의 무기가 모든 어려운 테스트를 멋지게 통과한 것이다. 그리하여 1947년 구소련 군대의 지휘관들은 마하일이 만든 자동 소총을 군대의 표준 소총으로 채택하기로 결의했다.

2년 뒤 미하일은 군에서 명예제대했다. 그는 최고의 명예를 얻었다. 그의 마음은 자부심으로 뿌듯했다. 그의 가슴 위에 이제 막 매달린 1급 스탈린 훈장은 오색 영롱한 미래를 암시해 주는 최초의 예감이 되어 기분 좋게 흔들렸다.

■ ■ ■

정해진 시간대로라면, 대개 새벽 3시면 작업이 끝났다. 미하일은 마지막까지 끈질기게 작업대를 떠나지 않는 동료들에게 그만 손을 떼고 잠자리에 들도록 협박 아닌 협박을 해야 했다. 그는 자신의 팀에 만족했다. 그렇지만 아무리 창의적이고 부지런한 일꾼이라도 잠을 자지 않고는 버틸 수 없는 법이다. 그는 볼로디야, 블라디미르, 알렉세이, 발레리 그리고 비탈리를 가차없이 침대로 보냈다. 물론 그들은 아침이 되면 늘 그랬듯, 다시 제시간에 그의 무기제조공장으로 들어설 것이다. 그것도 규정보다 훨씬 이른 시각에.

이제프스크는 사람들이 아주 잠을 많이 자거나 일을 많이 하거나 둘 중 하나인 도시였다. 중간은 거의 없었다. 물론 보드카를 마시는 경우를 제외했을 때 말이다. 인구 70만의 도시이자, 우드무르트 자치공화국의 수도인 이곳은 구소련에서 화려하거나 흥미로운 도시에 속한다고 할 수는 없었다. 뭔가 흥미진진한 것을 원한다면, 1,325킬로미터 떨어진 모스크바까지 가야 했다. 이곳은 브야트카와 카마 강 사이에 깊이 파묻힌 채 숲으로 뒤덮인 수많은 언덕들 위로 펼쳐져 있었다. 늑대와 여우가 잘 자라고 밤인사를 하는 그런 외진 곳이었다. 그리고 사람들의 성격은 좀 억셌다.

그러나 우드무르트인들은 이방인에게 친절한 것으로 유명했다. 다만 유감스럽게도 그들은 그것을 증명할 기회가 별로 없었다. 이 지역에서 이방인을 발견하는 것 자체가 드물었기 때문이다. 그런데 미하일은 이제프스크에 도착했을 때, 미리 준비되어 있던 열렬한 환영식에 놀라 기쁨을 감출 수 없었다. 러시아에서는 공식적인 환영식에 흔히 빵과 소금이 제공되었는데, 이곳에서는 빵과 버터, 그리고 꿀이 대접되었다. 그는 처음부터 여기서라면 장차 큰돈을 벌 수 있을 것 같았다. 원래 다람쥐의 가격을 뜻하는, 이곳의 화폐 단위인 「콘돈스」를 엄청 모을 수 있을 것 같았다.

미하일은 정말로 많은 다람쥐를 잡아들였다. 다른 것도 아닌 획기적인 자동 소총 제조가에게 그것은 그리 놀라운 일도 아니었다. 이제프스크에서 가장 큰 무기제조회사인데다, 주문은 끊임없이 들어오고, 고용된 근로자만 5만 5천 명 이상이나 되는 이슈마슈 공장에서 그는 쉽게 성공을 향해 달릴 수 있었다. 그는 그곳에서 휴대용 총포 분야의 최고 디자이너 위치까지 올랐다.

성공을 위한 마술공식은 AK-47 자동 소총이었다. 이 공포의 알파벳과 숫자의 조합은 다양하게 조립될 수 있다. 얼마 전 미하일의 설계도에 따라 최초의 무기들이 여기 이제프스크에서 생산되었고, 이제부터 일류 무기전문가들과 함께 자신의 발명품을 더 완벽한 수준으로 만들기 위하여, 그가 직접 팔을 걷고 나선 것이다. 미하일은 자신의 일에서 이룰 수 있는 꿈에 거의 근접해 있었다. 그리고 별 장애 없이 그 꿈을 이루었다. 마치 그가 발명해 낸, 바로 그 공포를 자아내는 무기에서 발사된 M-43(7.62×39mm) 총탄처럼 빠르게.

AK-47 팀은 일종의 결사단체였다. 그들은 겨우겨우 마련한 휴식시간에도 함께 모여서 보내곤 했다. 그것이 그들의 일상이었다. 사내 기숙사에 사는 그들은 대부분 회사 마당에 모여 얼음처럼 차가운 모스코프스카야 보드카를 마시고 감자 샐러드를 먹으면서 오로지 한 가지 이야기에만 열중했다. 바로 일에 관한 것이었다.

가끔 깊은 상념에 빠진 미하일은 혼자 있고 싶은 욕구를 느끼곤 했다. 그러면 그는 회사 설립자인 데리야빈의 위풍당당한 동상 앞을 거닐었다. 그리고 흐르는 강물을 내려다보며 자신의 꿈과 열정에 더 깊이 몰두했다.

그렇지만 꿈속에서조차 결코 한 번도 생각해 보지 못한 것이 한 가지 있었다. 그것은 바로 이 혁명적인 무기의 발명으로 언젠가는 러시아 대통령을 이제프스크에서 맞이할 수도 있다는 것이었다. 75번째 생일을 맞이한 보리스 옐친 대통령은 이곳을 직접 방문하여, 한때는 그저 단순한 무기제조자에 불과했던 미하일을 공화국의 육군소장으로 진급시켰다. 물론 대통령은 이에 걸맞는 훈장 또한 그에게 건넸다. 그것은 최고의 명예였다. 그것만 두고 보았을 때는……. 왜냐하면 그것이 부(富)를 약속하지는 않았기 때문이다.

■■■

「10월 전쟁」을 기념하는 화려한 군사 퍼레이드가 한창 진행중이었다. 1981년 10월 6일, 카이로 시 전체가 이 오색찬란한 축제에 발벗고 나선 것처럼 보였다. 군사 퍼레이드의 앞에서는 이집트의 사다트 대통령이 사열하고 있었다. 그는 큰 인물이었다. 그가 이끌어낸 이스라엘과의 평화협상에 전세계가 동의를 표했으며, 찬사를 보냈다. 3년 전에 그는 이 일로 이스라엘의 베긴 총리와 함께 노벨 평화상을 받기도 했다.

"이스라엘과 평화라고? 그건 절대 말도 안돼!"

군 내부에는 그에게 반대하는 저항세력도 있었다. 과격한 이슬람 근본주의자들은 우롱당한 느낌이었다. 이스라엘과 평화 운운하는 그는 비참한 최후를 맞아야 마땅했다. 암살계획은 세밀한 부분까지 철저하게 준비되었다. 그리고 모든 것은 번갯불처럼 이루어졌다. 러시아제 총은 암살자들을 배신하지 않았다. 총알은 기대한 대로 목표물에 명중했다. 순간 사다트의 가슴이 뚫려버렸다.

이집트 대통령의 죽음이라는 비보는 세계를 경악에 빠뜨렸다. 그곳에서 멀리 떨어진 이제프스크에서도 이번 암살이 그날의 얘깃거리가 되었다. 다만 백발에 푸른 눈을 가진, 키 작은 노인만이 그런 얘기를 들으려고 하지 않았다. AK-47 자동 소총을 발명할 당시에 그는 이런 일을 기대한 게 아니었다. 그러나 지금 그의 이름이 붙은 무기가 전세계를 테러의 공포에 떨게 하고 있었다.

미하일 칼라슈니코프는 그 순간에도, 늘 그랬던 것처럼, 혼자 강가에 앉아 작은 물줄기를 멍하니 내려다보고 있었다.

■ ■ ■

칼라슈니코프는 세계적인 명성을 얻었다. 이 총은 1972년 뮌헨 올림픽 사건*과 같은 피비린내 나는 테러 행위에 이용되면서 유명해졌

---

* 1972년 뮌헨 올림픽에 참가한 이스라엘 선수들을 팔레스타인 테러 단체인 「검은 9월단」이 살해한 사건.

다. 이 무기는 정치적인 목적을 위해서는 살상을 서슴지 않던 RAF(독일 적군파)나 PLO(팔레스타인 해방기구)가 내세우는 모호한 주장들 중 가장 강력한 호소력을 가진 것이었다.

르완다의 투치족 반군은 이 무기를 과도하게 사용함과 동시에 잔혹한 대학살을 일삼았다. 로스앤젤레스의 슬럼가에서는 범죄를 일삼는 갱들의 사업에서 이 무기가 빠지지 않았고, 러시아 마피아의 두목들 역시 모스크바 근교에서 힘든 상대와 협상을 할 때면 이 무기에 행운을 빌곤 했다. 소말리아에서는 어린 꼬마들이 이 총을 들고 다니며 뽐냈다. 남아프리카에서는 인종차별에 반대하는 저항운동이 극에 달했을 때, 갓난아이를 가진 부모들만큼 이 총을 필요로 하는 사람도 없었다. 게다가 새로 탄생한 모잠비크 공화국은 칼라슈니코프를 아예 국기에 새겨넣기까지 했다.

이 무기가 가장 진한 핏빛 흔적을 남긴 곳은 아마도 아프가니스탄일 것이다. 미하일 칼라슈니코프는 갓난아이들이 참혹한 운명에 처해야 하는 끔찍한 이야기를 자주 들어야 했다.

"우리는 그때 함정에 빠졌어."

전쟁 베테랑 볼로디야 프리비트코프가 자기 생애에서 가장 끔찍했던 순간에 대해 기억을 더듬기 시작했다.

"우리는 넷이었어. 그때 맑은 하늘에서 갑자기 아프가니스탄 저항군이 쏜 대포가 우리를 덮쳤지. 그래도 다행히 우리한테는 칼라슈니코프가 있었어."

볼로디야는 잠시 입을 다물고 지옥과 같았던 당시의 상황을 다시 한 번 머릿속에 되짚어보았다. 그러고는 낮은 목소리로 말을 이었다.

"나중에 우리는 몇 분도 안되는 동안 67명을 사살했어. 정말 잠깐이었지."

러시아와의 전쟁은 이제 역사의 한 페이지가 되었지만, 아프가니스탄의 내전은 아직도 계속되고 있다. 그렇기 때문에 예나 지금이나 이슬람의 성스러운 축제기간에 유일하게 영업이 허용되는 곳은 칼라슈니코프를 사고 팔 수 있는 무기상점이다.

미하일 칼라슈니코프는 신앙심이 두터운 사람이었다. 자신의 발명품이었지만, 바로 그것 때문에 그는 끊임없이 범죄자의 위치에 서야 하는 게 견딜 수 없었다. 처음 AK-47 자동 소총을 설계했을 때, 그의 머릿속에는 전형적인 러시아 군인의 모습이 새겨져 있었다. 그는 단지 러시아 군인을 보호하려고 이 무기를 고안한 것이다. 지금처럼 폭력과 테러라는 목적으로 전세계에 불티나게 팔리리라고는 전혀 예상하지 못했다. 그리고 또 한 가지, 그가 미처 생각지 못한 점은, 그의 「칼라슈니코프」를 둘러싸고 이루어지는 엄청난 양의 무기거래에서 그에게 떨어지는 이윤은 단 한 푼도 없다는 사실이다.

전세계적으로 대략 7천만 정의 AK-47 자동 소총이 팔려나갔다. 그리고 세계 50개국 이상의 군대에서 오리지널 칼라슈니코프 혹은 모조품을 사용하고 있다. 소총 부문에서는 어떤 국제특허도 존재하지 않기 때문에, 이 무기는 전세계의 군수공장에서 아무렇지도 않게 위조되었다. 최소한 12개국에서는 사실상 공개적으로 위조되고 있으며, 몰래 생산되고 암암리에 유통되는 칼라슈니코프의 양은 가히 상상을 초월한다.

미하일 칼라슈니코프는 오늘날 자신이 만든 오리지널 제품에 대해 70가지 이상의 다양한 버전의 복제품들이 나돌고 있다고 추정한다. 게다가 아시아 지역에서는 지나친 경쟁 속에 가격파괴 붐이 일어, 오리지널 AK-47뿐만 아니라 복제품들도 피해를 보고 있다.

1998년 이슈마슈 공장은 갑작스럽게 스위스에 있는 국제특허청에 칼라슈니코프의 특허권을 신청했다. 그러나 그 일은 불발탄으로 끝났다. 이미 세계 어디에서나 볼 수 있는 물건에 특허권을 인정해 줄 수는 없었기 때문이다.

그렇게 칼라슈니코프는 발명된 지 50년이 지난 오늘날까지 러시아의 상징물로만 남아 있다. 하지만 미하일 칼라슈니코프에게는 아무래도 상관없었을 것이다, 어차피 그에게 돌아오는 것은 없었을 테니까. 왜냐하면 수익이 생겨도 공장으로 돌아가지, 미하일 개인과는 아무 상관이 없기 때문이다.

그 대신 그는 최근 전혀 다른 쪽에서 덕을 보게 되었다. 육군소장으로 진급한 덕에 연금혜택이 파격적으로 좋아진 것이다. 보리스 옐친은 미하일의 연금수혜를 10배나 올린 사실을 전달하면서 가슴 뿌듯해했다. 이제 미하일 칼라슈니코프는, 서류상으로는 매달 약 63유러의 연금을 받는다. 왜냐하면 장기간 지속된 경제위기로 실제로는 지난 5개월간 한 푼도 지불되지 않았기 때문이다.

세계는 현실과 이상 사이에 놓여 있다. 이 발명가는 얼마 전 러시아 군대의 병사들 앞에서 이렇게 연설을 했다.

"총 한 정당 1코페이카*만이라도 받을 수 있었다면……. 그러면 여러분에게 밀린 월급을 줄 수 있고, 여러분은 가족이 기다리는 집으로 돌아가면서 기분 좋게 휘파람을 불 수 있을 텐데 말입니다."

미하일 칼라슈니코프가 밀린 연금을 언젠가 다시 받게 된다면, 그는 더이상 자신의 운명을 한탄하지 않을 것이다. 사실 러시아인으로서 그의 생활수준은 그리 나쁘지 않기 때문이다. 무엇보다도 방이 네 개 딸린 집에, 다차**에다가, 자동차 두 대를 가지고 있음을 고려한다

---

* 러시아의 동전. 루블의 100분의 1에 해당함.
** 러시아의 특권층과 중산층이 소유하는 별장.

면 말이다. 그밖에도 그는 매일 우드무르트 공화국의 내각 전용 식당에서 무료로 점심을 먹는 혜택을 받는다.

요즘은 저녁이 되면 미하일 칼라슈니코프는 완전히 새로운 재미에 흠뻑 빠져든다. 그가 시를 쓰는 것이다. 그렇게 그는 우리의 심금을 울린다.

영화배우로도, 발명가로도 운이 없었던 헤디 라마르

「길 위의 돈」이 되어버린 발명품

"조지, 그 작자들이 오늘 나한테 무슨 제안을 했는지 아세요? 그들이 제안한 것을 아냐고요?"

조지는 「그 작자들」이 누구인지도 몰랐고 그들이 무슨 제안을 했는지는 더욱이나 몰랐다. 하지만 헤디가 이런 기분일 때는 많은 것을 묻지 않는 게 좋았다. 게다가 조지 자신과 관련 있는 것처럼 말을 해서 불안하기도 했다.

"먼저 그 작자들이 말이죠, 연기의 「연」자도 모르는 「미스 무능」한테 영화에 출연하지 않겠냐고 물었다는군요."

이 말을 듣자 조지는 자신에 관한 일이 아니라는 사실을 알고 어느 정도 마음이 가벼워졌다.

"그녀가 거절하자, 조지, 그러자 나한테 왔다고요!"

조지의 반응 따위는 필요없다는 듯 헤디는 할리우드 영화사들이 배우를 섭외하는 과정에 대하여 장황하게 떠들었는데, 사실 조지는 이런 개인적인 얘기가 영화 얘기보다 더 재미있었다.

"그리고 그게 다가 아니라고요!"

그녀는 이 점만은 언급하지 않을 수 없다는 듯 흥분해서 말했다.

"당신은 대본을 읽어야만 했어! 얼마나 바보 같은 얘기인지, 정말 지금까지 영화사에 이런 줄거리는 없었을……"

얘기가 길어지자, 조지는 텔레비전을 끄고 헤디가 연출하는 장면들을 지켜보았다. 할리우드 영화계에서 가장 아름다운 이 여자는 ─ 영

260

화계의 거장인 루이스 마이어와 전세계 영화 팬들에게는 세상에서 가장 아름다운 여자였다 — 배역 문제로 분통을 터뜨리다가 속이 답답한지 그의 거실에서 발을 동동 굴렀다.

오늘따라 비단 같은 검은 곱슬머리를 모자처럼 머리 위로 붙이고 있어, 평소에 어깨 위로 늘어뜨리고 있던 모습과는 사뭇 달라 보였다. 조지는 친구 아드리안의 소개로 그녀를 알게 된 지난 1940년 늦여름을 떠올렸다.

■ ■ ■

"헤디 라마르가 너와 이야기하고 싶다던데? 그녀의 가슴 때문에 말이야."

의상 디자이너인 아드리안은 평소에 특이한 유머 감각으로 얘기를 하곤 했기에 조지는 미스 라마르의 가슴에 대하여 별다른 반응을 보이지 않았다.

"글쎄, 라나 터너, 베티 그레이블과 캐롤 랜디스도 몇 주 전에 내게 찾아왔지만, 난 관심 없어……."

여자의 가슴에 관한 주제는 그가 가장 좋아하는 화제에 속했지만, 그는 별로 관심이 없다는 듯 대답했다. 그러자 아드리안은 고집스럽게 말했다.

"한데 말이야, 그 여잔 정말 너랑 얘기를 했으면 하던걸. 그러니까 거절하지 말라고."

그녀를 만나지 않을 특별한 이유는 없었다. 조지는 의도적으로 약속시간보다 조금 늦게 정찬에 나타났다. 이미 사람들은 금으로 도금된 화려한 식기로 식사를 하고 있었지만, 정작 그를 눈부시게 한 것은 헤디 라마르였다. 조지의 시선은 이내 그녀의 숱이 많은 긴 머리를 따라갔다. 목과 가슴이 훤히 보이는 옷의 뒤쪽으로 늘어뜨린 아름다운 머리카락……. 그런데 가슴에 눈길이 닿자 자신도 모르게 불쑥 이런 말이 튀어나오고 말았다.

"당신의 가슴은……."

그녀에게 인사도 하기 전에 이런 말을 하며 더듬거리자, 식탁에 있던 사람들은 빙그레 웃었다.

"네, 네, 내 가슴 말이죠?"

눈부시게 아름다운 여신은 늘 이런 식으로 사람들이 접근했기에 이제는 익숙하다는 듯 대꾸했다.

조지는 다음 순간 기절할 것만 같았다. 아드리안 역시 그렇게 여겼는지 조지에게 물잔을 건네주었다. 그러나 용기를 내기 위해서는 술이 더 좋았을지도 모른다. 어쨌든 그는 말을 이었다.

"너무 작군요."

식탁에 있던 사람들은 솔직하고도 대담한 이 말을 듣자 약간 놀라는 기색이었다.

헤디 라마르만이 그 말을 듣고도 별다른 반응을 보이지 않은 채 책에 뭔가를 느릿느릿 적고 있었다. 그녀는 친절하게 말했다.

"계속해서 말씀하시죠."

"제 생각에는, 그대로 두시면 안된다는…… 아시겠죠?"

이 말을 듣고도 스타는 묵묵히 책에 뭔가를 적고 있었기에 조지가 말을 계속해 주기를 기다리는 듯한 분위기였다.

"당신의 가슴은, 제가 개인적으로 「프래피투알 티무스」라고 부르는 유형에 속합니다. 즉, 가슴선이 중앙에 집중되어 골고루 성장하지 못한 거죠."

조지가 용기를 내어 이렇게 말했을 때, 헤디 라마르는 그제서야 가만히 듣고만 있지 않았다.

"그걸 더 크게 만들 수 있느냐가 제 관심사예요."

"물론이죠, 아주아주 크게요!"

"이것보다 더 크게 말이죠?"

그녀는 자신이 원하는 가슴 크기를 보여주었다. 그러자 몇몇 신사들이 잔을 꼭 쥐었다.

식사가 끝난 뒤 여전히 후들거리는 무릎으로 자동차 쪽으로 성큼성큼 걸어갔을 때, 조지는 자동차 창에 립스틱으로 써놓은 글씨를 발견했다. 헤디 라마르가 전화번호를 남겨두었던 것이다.

■ ■ ■

조지는 과거를 생각하며 멍하게 미소짓다가 다시 현실로 돌아왔다. 두 사람이 가슴에 관해서 대화를 나눈 지 채 몇 달이 지나지 않아 헤디 라마르는 그의 집에 드나들게 되었다.

"물론 로널드 레이건이 거절한 것은 당연해. 이 여자…… 그녀 이름이 뭐였더라? 어쨌거나 여자들이란 너나없이 스크린에서 글래머로 보일 수 있다고요. 조용하게 서서 조금 특별한 표정을 짓기만 하면 되거든요. 그런데 조지, 그녀가 해낼 수 있을지 의문이에요. 그러니까 특별한 표정을 짓는 문제와 관련해서 말이야……."

얼마간 헤디는 그런 식으로 빈정대었다. 그녀는 암기력이 뛰어나서 대사 때문에 당황한 적이 없었다. 그 점에 관해 세실 데 밀 감독은 이렇게 말한 적이 있다.

"한 가지 좋은 점이 있다면, 그녀는 끝내줄 만큼 유별난 행동을 한다는 점과 대사를 항상 잘 외우고 있다는 거죠."

영어 실력과 연기력이 형편없으니 대사라도 잘 외워야 하지 않겠느냐는 뜻으로 한 말이었다.

조지는 약간 피곤해서 하품이 나오려는 것을 참았다. 어쨌든 그들은 일을 해야 하는데 헤디는 아직도 영화 얘기만 늘어놓고 있었다.

"여주인공 이름은 「일자」라고 하는데, 멍청하게 짓기는 했지만, 뭐 그런 역할에서 있을 수 있는 이름이죠. 그리고 카사블랑카, 카사블랑카는 점잖은 영화가 아냐."

헤디 라마르는 〈카사블랑카〉에 출연하지 않았다. 로널드 레이건과, 헤디가 계속해서 「미스 무능」 또는 「그녀 이름이 뭐였더라?」라고 말한 배우의 이름은 앤 셰리든이었는데, 그 여배우와 마찬가지로 헤디는 마이클 커티즈의 제안에 적당한 이유를 내세워 거절했다. 그녀는 영화에서 옷 벗는 것은 품위 없는 짓이라고 말하지만, 자신이 출연한 영화를 생각하면 품위 따위를 운운할 처지는 아니었다.

초창기 시절, 헤디는 1933년 프라하의 구스타프 메커티 감독의 〈사랑의 심포니〉라는 아웃사이더 작품에서 영화 역사상 최초로 나체연기를 한 적이 있었다. 이 영화에서 그녀는 4분간 나체로 호숫가 주변을 돌며 춤을 추었고, 영화를 보던 관객들은 흥분한 나머지 휘파람을 불어댔다. 때문에 이 영화는 「엑스터시(Ecstasy)」로 불리게 되었다. 그녀가 스크린에서 최초로 옷을 벗은 배우가 아니었다는 사실은 자신은 물론 관객에게도 중요하지 않았다.

이미 같은 해에 〈타잔과 그의 아내〉에서 할리우드의 한 여배우가 입고 있던 옷을 물 속에 던져버리는 장면이 있었다. 그때 아마 타잔의 아내 역을 맡았던 여배우 설리번이 헤디보다 2분 짧게 나체연기를 했을 것이다. 그게 아니라면, 할리우드는 그런 일에 관해 자세히 기록해

두지 않으므로 어느 것이 사실인지 확실하지 않다.

반면에 헤디 라마르가 25편의 영화에 출연하면서, 클라크 게이블이나 제임스 스튜어트, 스펜스 트레이시와 같이 인기 절정의 남자배우들과 연기했기 때문에 유명해졌다는 말은 사실이다.

그렇더라도 아직 불멸의 배우는 아니었기에 그녀가 〈카사블랑카〉에 출연했더라면, 단번에 대스타로 성공할 수도 있었을 것이다. 그녀가 두번째로 기회를 놓친 영화는 로맨스 스릴러물인 〈가스등〉이었다. 이 영화에서는 그녀 대신 스웨덴 출신의 여배우 잉그리드 버그만이 두드러진 연기로 인기를 끌었다. 그리고 세번째 기회도 놓쳤는데, 이번에는 전혀 다른 장르의 영화에서였다.

헤디가 조지 안타일을 찾아온 이유는 〈카사블랑카〉의 여주인공 일자 역 때문만은 아니었다. 결국 잉그리드 버그만이 창백한 이미지를 가진 그 역을 맡아, 험프리 보가트의 상대역으로 참신한 이미지를 보여주었다. 사실 헤디 라마르에게 배우 경력은 큰 의미가 없었지만, 할리우드의 배우들이란 그렇게 과장되게 떠들어대곤 했다.

제2차 세계대전이 세계의 절반을 삭막하게 만들자, 헤디는 배우생활을 접어두고 워싱턴에 가는 것을 더 좋아했다. 그녀를 백악관 주변에서 보았다는 말을 들은 조지가 그녀에게 그 말을 전했다.

"그냥 근처에 있는 거죠. 뭔가 물으면 대답해 주기도 하고요."

당시 그는 그녀가 무슨 질문에 대답을 하고 있는지 몰랐으나 이제는 답을 알 수 있었다.

■ ■ ■

뉴저지 주 트렌턴 출신의 아방가르드 작곡가인 조지 안타일과, 리보프에서 태어나 빈에서 은행장을 지낸 아버지와 부쿠레슈티 출신으로 피아니스트였던 어머니 사이에서 태어난 헤디 라마르의 멋진 우정은 7년 전 빈에서 시작된다.

헤드비히 에바 마리아 키슬러, 곧 헤디 라마르가 프리츠 만들의 청혼을 받아들인 것은 1933년 8월 10일이었다. 그 당시 만들은 히르텐베르크에 있는 탄환공장의 총지배인으로서 세계적인 군수산업 기업을 대표하고 있었다. 역사상 규모가 가장 컸던 전쟁으로 그는 엄청난 돈을 벌었기 때문에 그의 아내 역시 제법 풍족한 돈을 만질 수 있었을 것이다.

하지만 헤디는 돈만으로 행복해질 수 없었다. 이미 10대부터 빈의 상류층 거주지역에 살면서 호화로운 생활에 익숙해져 있었기 때문이다. 또한 그녀는 되버링거 고등학교의 여학생이었지만 시베링에 있는 자샤 영화 스튜디오에 드나들며 배우가 되려는 꿈을 간직하고 있었다. 자신의 길을 가고 싶었던 그녀에게 결혼이란 자신의 장래를 어둡게 만들 따름이었다. 지금까지 그녀는 늘 단시간에 성공을 거두었기에 더욱 그런 느낌을 지울 수 없었다.

그녀는 자샤 스튜디오에 다니다가 처음으로 역을 맡았는데, 〈길 위의 돈〉이라는 영화였다. 이 영화는 오스트리아에서 상영된 최초의 유성영화였다. 여기서 헤디는 나이트클럽의 손님 역을 맡았는데, 로자 알바흐 레티와 전설적인 남자배우 한스 모저와 함께 연기했다. 당시 오스트리아의 영화산업이 꽃피지 않았더라면, 타잔의 아내 역을 했던 셜리번이 최초의 누드 배우로 기록에 남았을 것이다.

결혼한 뒤 헤디의 남편은 시중에 유통되던 영화 〈엑스터시〉의 복사본을 모두 사들이려고 했지만 그건 불가능했다. 당시 사람들은 누드 장면이 나오는 영화는 집에서만 보아야 한다고 생각했기에, 1934

년 베니스의 비엔날레에서 이 자유분방한 영화가 상영되자 교황 피우스 11세는 끔찍하게 격노했다. 미국에서는 1940년까지 영화상영이 금지되었으며, 독일에서는 어차피 금지되었다. 물론 독일에서 영화상영이 금지된 이유는 여배우가 옷을 너무 적게 입었기 때문이 아니라 유태인이었기 때문이다.

남편이 아내에게 영화출연을 금지하자, 그녀의 누드 장면을 봤던 수많은 팬들은 제외하고라도 그녀를 발굴한 막스 라인하르트는 큰 타격을 입었다. 2년 전, 그는 우연히 베를린에서 아마추어들이 출연하는 별 볼일 없는 공연을 보다가, 서툰 연기자 사이에서 헤디를 발견하고 곧바로 베를린의 독일 극장학교에 입학시킨 것이다.

지배욕이 강한 남편은 아내를 노예처럼 호화스런 집 안에 가둬두려 했기 때문에 아내의 반감을 사게 되었다. 물론 그녀는 손님이 찾아오면 자유롭게 움직일 수 있었다. 그리고 오스트리아의 귀족에 속하는 최상층 사람들과 외덴 폰 호르바스, 프란츠 베르펠, 알마 말러와 같은 예의바른 손님과 정중하게 대화를 나누기도 했다. 하지만 갑자기 베니토 무솔리니라는 남자가 그들의 그룹에 들어오면서 유태인인 그녀는 소외감을 느끼게 되었다. 게다가 중공업자인 남편이 심한 나치 동조자가 되자 남편과 더욱 멀어졌다.

헤디가 결혼으로 유일하게 얻은 것은 남편의 일에서 배운 지식이었다. 즉, 원거리 조정 어뢰*에 관한 것이었는데, 여자들이란 이런 일에 관심이 없다고 생각한 그녀의 남편은 헤디가 옆에 있어도 상관하지 않고 사람들과 사업상의 문제점에 대해 토론하곤 했다. 한번은 어뢰를 쏘아올렸지만 탄도**가 맞지 않아 목표물에 명중하기 전에 떨어져

---

* 어형 수뢰. 머리 부분에 폭약을 채워 함정이나 항공기에서 발사·투하하는 함선 공격 무기.
** 발사된 탄환이 목표물에 이르기까지의 길.

버린 일이 있었다. 해류가 조금이라도 변하면 탄도의 진행이 방해를 받았는데, 마지막 몇 초 사이에 생긴 오차로 어뢰가 전혀 다른 곳에 떨어지고 말았던 것이다.

30년대 중반이었던 당시, 이 문제를 해결할 수 있는 방법이 없었던 것은 아니다. 즉, 무선전신기를 이용하면 어뢰의 원거리 조정이 가능했지만, 다른 한편으로 적군이 조정신호를 알아내서 방해할 수 있다는 단점이 있었다. 프리츠 만들은 제품의 단점을 알면서도 별로 문제삼지 않았다. 왜냐하면 일단 발사된 어뢰를 보충하려면 어차피 그의 공장에서 어뢰를 구입해야 했기 때문이다.

그러나 헤디는 이 문제를 고민하느라 잠을 이룰 수 없을 정도였다. 마침내 그녀는 어뢰의 조정신호를 여러 개의 주파수로 분산시키면 적군도 알아낼 수 없으므로 명중률을 100퍼센트까지 올릴 수 있다는 아이디어를 생각했다. 이것은 간단하면서도 천재적인 방법이었다.

다른 남자들이 아내가 연애를 하는지 안 하는지 잘 모르듯, 프리츠 만들은 여가시간에 아내가 무엇을 하는지 거의 모르고 있었다. 물론 그 때문에 1937년 그들이 이혼한 것은 아니었다.

파리에서 이혼한 뒤 헤디는 런던에서 영화계의 황제였던 루이스 마이어를 만남으로써 새로운 삶을 시작하게 되었다. 두 사람은 미국의 한 영화사와 7년 계약을 맺고 노르망디 해협을 건넜다. 도중에 마이어는 여배우였던 바바라 라마르를 경애하는 뜻으로 그녀에게 헤디 라마르라는 이름을 지어주었다. 1937년 9월 30일 미국땅을 밟았을 때 헤디는 이미 메트로 골드윈 마이어사에 속해 있었다.

헤디 라마르는 〈알제〉라는 영화에 출연하여 눈 깜짝할 사이에 세계적인 스타가 되었으며, 〈열대의 숙녀〉와 〈나는 이 여자를 얻었어〉라는 영화에서는 섹스 심벌로 변모하기도 했다. 그뿐 아니라 작가 진

매키와 결혼하고, 1년 뒤 그와 이혼함으로써 세상을 떠들썩하게 만들기도 했다. 이런 와중에도, 정확하게 말한다면 조지 안타일과 자신의 가슴을 크게 만드는 방법에 관해서 대화를 나눌 때까지 그녀는 한 번도 원거리 조정 어뢰에 관한 일을 잊지 않았다.

헤디의 가슴을 크게 만드는 방법을 의논하려고 만난 두 사람이 전혀 다른 문제에 관해 얘기하게 된 이유는, 어느 정도는 조지의 아방가르드적인 음악 성향 때문이었고, 또 어느 정도는 전쟁 때문이었다. 이 두 가지의 기이한 결합으로 조지와 헤디는 곧장 해저무기의 문제점을 해결해 줄 수 있는 무선전기 조정에 관해서 대화를 나누게 되었다. 이렇게 하여 영화 분야에서 두 명의 개척자인 그들은 그야말로 특이한 파트너가 되었다.

조지와 공동으로 문제를 해결하기로 결정한 뒤 헤디는 우선 그에게 어뢰를 쏘아올릴 때 하나의 주파수로 송신해서는 안되며 여러 개의 주파수로 분산시켜야 한다는 사실을 얘기했다. 그러자 조지는 이 문제를 전혀 다른 차원에서 해결했다.

20년대 중반, 에즈라 파운드와 함께 〈발레 메커닉〉이라는 영화음악을 만들어서 유명하게 된 조지는, 원래 이 음악을 만들 때 16대의 피아노를 사용하려고 했다. 하지만 16대의 피아노로부터 나오는 음을 동시에 녹음하는 것은 어려운 문제였다. 이것은 바로 헤디 라마르가 어뢰에서 해결하지 못한 문제와 같았다. 어떻게 송신자와 수신자의 신호를 맞출 것인가?

조지 안타일은 당시 손풍금의 원리에서 착상을 얻어 구멍 뚫린 종이띠를 사용함으로써 이 문제를 해결했다. 그는 여러 대의 피아노에서 흘러나오는 음을 조정할 때 사용하는 방법을 어뢰에 적용하더라도 틀리지 않을 것이라는 확신을 갖게 되었다. 그 다음에 발생하는 세부적인 작업은 헤디 라마르가 조지의 거실에서 완성했다.

헤디 라마르가 조지의 거실에서 「카사블랑카」라는 영화제목이 얼마나 형편없는지에 대해 떠들며 그같은 멍청한 영화에 출연해 줄 것을 부탁한 영화계 사람들에게 분노를 터뜨린 일이 있은 뒤, 전쟁은 연합군 편으로 돌아섰다. 이제 두 사람이 그들의 발명품으로 세계를 구하는 데 방해물은 없었다.

물론 조지의 아내 보스키를 제외하고는. 헝가리 태생의 다혈질이었던 보스키는 세상에서 가장 아름다운 여자와 자신의 남편이 짧은 시일 안에 친하게 된 것을 못마땅하게 생각했다. 게다가 어머니를 방문하기 위해 자신이 잠시 집을 비운 사이 여배우는 아주 은밀하게 자신의 집에 드나들었던 게 분명했다. 그녀는 헤디 라마르가 원거리 조정어뢰를 발명하기 위해 집에 들렀을 뿐이라는 남편의 해명을 믿을 수 없었다.

"물론 그렇겠죠."

조지가 베네딕트 캐니언에 있는 라마르의 집에서 작업을 할 거라고 말했을 때, 보스키는 비아냥거리는 투로 대꾸했다. 아내가 질투하고 있다는 사실을 알게 되자 조지는 헤디를 아내에게 소개시켜 주는 것이 결혼생활에 유익하리라는 결론을 내렸다. 두 사람이 서로 알게 된 뒤에도 얼마 동안 보스키는 남편의 플라토닉한 감정을 이해할 수 없었으나 곧 헤디와 친구 사이가 되었다.

몇 주일에 걸쳐 꼼꼼하게 일에 매달린 끝에 헤디와 조지는 주파수 증폭장치를 발명할 수 있었다. 이 장비는 2,292,387이라는 이름과 397,412,006이라는 시리즈 번호로 1941년 6월 10일 미연방 특허청에 출원되어 1942년 8월 11일 특허로 등록되었다. 특허품은 「비밀 커뮤니케이션 시스템」에 속했으므로, 특허장은 다음과 같은 설명으로 시작되었다.

「이 발명품은 다양한 주파수를 전달하는 것을 포함해 비밀 커뮤니케이션 시스템과 관련하여 광범위하게 사용된다. 특히 조종할 수 있는 테크닉, 예를 들어서 어뢰 같은 것을 먼 곳에서 조종하는 데 매우 유용하다.」

이런 내용이 21페이지나 계속되었다. 특허장 내용을 간단하게 설명하면, 송신자와 어뢰를 동일한 구멍이 있는 종이띠를 통해 일치시킨 후 어뢰를 쏘아올리면 포탄이 목표물에 정확하게 떨어진다는 것이다. 그리고 이때 원거리 조정 신호가 보내는 주파수의 변동은 너무 빨라서 적군은 방해할 기회를 갖지 못한다. 물론 적군에게 만약 아군과 똑같은 종이띠가 있다면 방해할 수도 있겠지만.

전쟁이 시작된 지 3년째가 되던 해, 조지 안타일은 연합군이 승리하하려면 그들의 발명품이 필요하다고 판단해 미국 정부에 특허권을 주기로 결정했다. 헤디 라마르도 찬성했다. 자신이 유태인이라는 점, 히틀러 동조자가 된 남편과의 이혼, 비록 미국 시민권은 11년 뒤에야 받게 되지만 어쨌든 새로운 고향에서 느끼는 애국심 등등으로 헤디는 미국이 앞으로 얻게 될 이익 같은 것은 조금도 염두에 두지 않고 흔쾌히 허락한 것이다.

특허권을 선물받았으나 미국 정부는 그다지 고마워하지 않았다. 전문 연구가가 아니라 할리우드에서 활동하는 사람들이 발명한 군사용 장비라는 이유로 진지하게 받아들이지 않았던 것이다. 특히 해군은 그들의 발명품, 즉 새로운 무선전기 조정 시스템을 아예 거들떠보지도 않았다. 이 때문에 그들의 발명품은 20년이 흘러 주파수 호핑(Hopping) 법칙이 미사일 기술의 기본개념이 되고 쿠바 사태에 미군이 투입되던 시대에 가서야 비로소 대성공을 거두게 되었다.

따라서 연합군이 승리하는 데 헤디 라마르는 기여한 게 없는 결과가 되었다. 다만 군인들이 여배우였던 그녀의 사진을 자신들의 좁은 옷장에 핀으로 꽂아두고 즐거워하는 데 한몫 했던 것 외에는.

■ ■ ■

그로부터 20년간 헤디 라마르는 세상에서 가장 아름다운 여자라는 이미지에서 서서히 스캔들을 일으키는 여배우로 변했다. 〈지그펠드 소녀〉에 출연해 이름을 떨치기도 했으나 이제 모든 것이 퇴색되었다. 그녀는 여섯 번에 걸쳐 결혼했는데, 상대는 대부분 배우, 재즈 음악가, 석유사업가, 변호사 같은 저명인사였다.

결혼과 이혼을 번갈아 해치우던 헤디는 당연히 이혼으로 유명한 네바다 주의 레노 시에 자주 들락거리게 되었다. 어떤 저명인사가 그녀와 이혼하려고 법정에 뇌물을 바쳤다는 보도는 대중의 관심을 끌기에 충분했다. 물론 이 사건은 그녀가 출연한 영화를 선전하는 효과도 있었다. 그녀가 출연한 최초의 컬러 영화였던 세실 데 밀 감독의 〈삼손과 델릴라〉에서 마지막으로 인기절정을 누린 뒤, 헤디는 1957년 〈여자라는 동물〉을 끝으로 은퇴했다.

그 사이에도 헤디는 온갖 해프닝을 연출했다. 1953년 5만 달러 상당의 보석을 도난당했다는 소식으로 세상을 놀라게 했는가 하면, 얼마 후 그 보석이 그녀의 집에서 발견됨으로써 또 한 번 놀라게 했다. 물론 그런 일에 그녀는 조금도 당황하지 않았다.

1960년대 중반부터 헤디 라마르는 물건을 자주 훔쳤는데, 이 일로 체포당한 적도 있었다. 처음에는 86달러짜리 구두 한 켤레 때문이었고, 마지막은 1991년 78세의 나이에 일어났다. 처음 훔친 물건보다는 훨씬 싼 물건으로, 플로리다 주의 카셀베리에 있는 에커드 약국에서 21달러 48센트짜리 상품을 슬쩍한 것이다.

발명품을 상품화시켰더라면 샘솟듯 나올 수 있었을 돈줄기를 애국심으로 한 번도 맛보지 못했듯, 헤디 라마르는 영화와 광고를 만드느라 총 3천만 달러의 금액을 날려버렸다. 어렸을 때부터 풍족한 생활에 익숙해 있었기에 정작 배우생활에서 은퇴하자 돈을 버는 방법을 알 수 없었던 것이다.

결국 그녀는 자신의 방식대로 문제를 해결했는데, 한번은 뉴욕의 바톨로메우 출판사에 2,100만 달러에 상당하는 배상금을 청구했다. 사연인즉, 세상을 떠들썩하게 했던 그녀의 회고록 『엑스터시』가 1966년 출판 초기에는 베스트셀러였지만 점차 매상이 떨어지자, 그 책의 대필자 라이스와 길드가 다시 추잡한 내용을 덧붙였다는 주장이었다. 그리고 그 내용은 명예훼손에 해당된다는 것이었다.

헤디 라마르를 아는 사람들은 이런 방식의 고소야말로 책 전체에 담겨진 내용보다 훨씬 더 낯뜨거운 행동이라고 보았다. 이 사건은 몇십 년 뒤 마돈나가 공공연하게 자신을 상품화시켰을 때보다 더 세상을 떠들썩하게 만들었다.

헤디 라마르는 자제하지 않는 성격으로 유명했는데, 1971년 그 증거를 또다시 대중들에게 보여주었다. 68세의 나이에 강간을 당했다며 보상을 요구하는 고소를 하기 위해 대중 앞에 나타난 것이다. 순전히 꾸며낸 이 사건은 법정에 참석한 모든 사람들의 신경을 곤두서게 했는데, 결국 그녀에게 1만 5천 달러의 벌금형이 내려졌다.

한때는 스타였던 그녀가 인기는커녕 순전히 거짓말쟁이라는 추한 소문에 빠져들기 바로 직전 그녀에게 명예를 회복할 기회가 왔다. 원거리 무선조정기의 발명자로서 세계평화에 기여한 사실이 세상에 알려진 것이다. 이 사실은 1980년까지도 군사비밀로만 남아 있었으나 인터넷이 발명됨으로써 사태가 바뀌었다. 데이브 휴라는 남자가 우연히 헤디 라마르의 이미 잊혀진 업적에 대한 이야기를 듣고 감동받은 나머지 온라인상으로 그녀의 발명품에 관한 논설을 실어주었을 뿐 아니라, 시기는 늦었지만 전자개척재단에서 공로를 인정받아 표창을 받을 수 있게끔 도와준 것이다.

여전히 말재간이 좋았던 헤디는 이같은 영예스러운 일에 대하여 짤막하게 대답했다.

"시간이 된 거죠."

영예를 얻을 시간이 된 것이 아니라 최고의 전성기를 누릴 시기가 되었다. 주파수 호핑 법칙은 전쟁이 일어났을 때, 고위 공직자들이 사용하는 경우가 많았다. 루스벨트 대통령과 처칠 수상은 헤디의 도청 금지 아이디어를 적용해서 만든 극비 전화기를 이용했다. 도청의 위험이 전혀 없는 이 통화를 사람들은 「시그샐리(Sigsaly)」라고 불렀다. 이것은 세계 최초의 디지털 전화접속이었다.

디지털 전화접속은 현대 커뮤니케이션에서 가히 혁명적인 발명이라 해도 좋을 것이다. 그로부터 데이터 전송과 움직이는 무선전기 연결망, 없어서는 안될 핸드폰까지 나왔기 때문이다. 세계시장의 선두주자인 노키아가 예언했듯, 앞으로는 주머니만한 미니 컴퓨터가 개발될 것이고, 그것으로 사람들은 쇼핑을 하거나 텔레비전을 보거나 계약을 맺거나 건강을 체크할 수 있게 된다.

디지털 전자요소를 알아내기 50년 전에 두 명의 개척자 헤디 라마르와 조지 안타일이 디지털 논리를 적용하여 안전한 무선전기 전송을 개척하지 않았더라면, 오늘날의 전세계적인 접속(www)은 아직 기술적으로 석기시대에 머물러 있을 것이다.

헤디 라마르가 유행의 첨단을 걷는 뉴욕 이스트 사이드의 조촐한 아파트에 살면서 가끔 토크 쇼에 출현하여 향수에 젖은 채 이런저런 얘기를 하고, 자신이 직접 쓴 노래를 그리니치 빌리지의 카바레에서 흥얼거릴 동안 세계적인 대기업들은 그녀의 아이디어로 상상조차 할 수 없는 큰 돈을 벌어들였다.

　유용한 발명을 했다는 대가로 헤디가 받은 것은 상당히 무가치한 플래카드 형태의 몇몇 인정서뿐이었다. 1997년 오스트리아에서, 정확히 말하면 부르겐란트 주의 중심 도시인 아이젠슈타트에서 사람들은 그녀에게 빅터 카플란* 메달을 수여했다. 당시 85세였던 그녀는 물론 메달을 받고 감동하지 않았다. 어쩌면 다른 사람들은 몰랐겠지만 그녀는 아이젠슈타트라는 곳이 세계의 중심이 아니라는 것을 알았기 때문이다.

　헤디 라마르는 플로리다 주의 아담한 거주지역인 알타몬테 스프링에 있는 자신의 집에서 아들 앤터니 로더를 고향으로 보내고 죽기 전에 마지막으로 뭔가를 해야 했다. 다름 아니라 노후에 접어들면서부터 시작한 일로, 쉬지 않고 누군가에게 고소장을 내는 것이다. 이번에는 캐나다의 소프트웨어 대기업인 코렐을 고소할 차례인데, 이 회사는 자신의 발명품을 허락도 받지 않고 사용함으로써 그녀의 사생활은 물론 감정에까지 피해를 입혔기 때문이다.

　그녀가 최초로 출연한 영화 〈길 위의 돈〉은 그녀에게 영화의 제목만은 아니었다.

---

*카플란 수차를 만든 오스트리아의 과학자.

볼펜의 발명가 라디슬라오 비로와 볼펜을 상품화한 미국

프랑스제 볼펜을 쓰게 된 미국인들

게오르그는 자동차를 천천히 둘러보았다.
「부가티」라는 이름의 빨간색 차는 금방 뽑은 새 차답게 번쩍번쩍 광택이 났다.

"라디, 끝내주는 차야!"

그는 마치 형이 돈을 주고 차를 산 게 아니라 직접 만들기라도 한 것처럼 신이 나서 형의 어깨를 툭 쳤다.

"제기랄!"

라디슬라오는 부가티가 멋진 차라는 건 알고 있지만, 지불해야 할 돈을 생각하자 푸념 섞인 말이 튀어나왔다. 돈은 항상 다루기 힘든 주제였다. 계약서에 깨알같이 작은 글씨로 인쇄된 추가규정을 읽는 게 지루한 것처럼 이 순간만큼은 돈 문제를 접어두기로 했다.

"한번 몰아볼래?"

그는 큰 맘 먹고 동생에게 물어보았다.

"그걸 말이라고 해?"

게오르그는 이미 운전석에 뛰어오르면서 말했다. 잠시 후 자동차는 게으른 고양이처럼 그르렁그르렁 시동 거는 소리를 냈다.

"야! 기다려! 너 혼자 차를 몰고 가게 할 줄 알았어?"

형은 고함을 지르며 동생 곁을 비집고 앉았다. 빨간색의 소형 자동차가 쾌속으로 질주하자 주변이 순식간에 획획 지나갔다. 바람에 형제의 머리카락은 소용돌이를 일으키며 휘날렸다. 달리는 자동차로 날아오는 모래와 모기를 귀찮을 정도로 눈에서 떼내야 했지만, 어떤 것도 그들로 하여금 속도를 줄이게 할 수는 없었을 것이다.

"그렇게 당기지 마!"

라디슬라오는 자신이 화학에 대해 전혀 아는 게 없다고 믿듯, 동생의 운전솜씨 또한 그럴 거라고 의심하면서 조심하라고 고함을 질렀다. 그가 생각하기에 화학자들이란 항상 대형 사고가 터지기 바로 직전까지 실험을 해대었다. 동생이 화학자이고 화학자들이 어떤 사람이든 그런 것이 중요한 게 아니라, 그가 진심으로 바라는 것은 새로 산 자동차를 동생이 망가뜨리지나 말았으면 하는 것이었다.

"여기 있는 이게 변속 레버라고!"

그는 마치 힘들어서 아내에게 운전대를 맡기는 남편마냥 신경질을 부렸다. 물론 굴라시 요리*가 언제 끓는지에 관해 자신이 아는 것보다 여자들이 자동차에 대해서 오히려 더 잘 알고 있을 것이다. 그가 잔소리를 하는 것은 여자들의 운전실력을 무시해서 그런 것이 아니라 게오르그가 변속 레버를 마치 요리 숟가락처럼 다루었기 때문이다.

"휘저어서는 안돼! 기아를 좀더 높이 당겨야 한단 말이야!"

라디슬라오는 투덜거렸다. 그러자 게오르그는 불평을 터뜨렸다.

"아니, 형, 이 차를 한번 몰아보기는 했어? 레버는 말이야, 1밀리미터도 꼼짝하지 않는다고. 게다가 클러치는 귀부인처럼 무거워. 꼭 3톤이나 되는 게 달려 있는 것 같다니까!"

"맙소사, 이리 나와봐. 이 초보자 같으니라고!"

라디슬라오는 운전석으로 자리를 옮긴 뒤 무능한 동생을 끌어내리고 운전대를 잡았다.

"자, 잘 보라고! 어떻게……."

* 후추를 뿌린 헝가리식 쇠고기 스튜.

그러나 어떻게 운전하는지를 보여주겠다는 말을 채 하기도 전에 그는 자동차에 정말 문제가 있다는 것을 알게 되었다. 차라리 게오르그의 미숙한 운전 때문이었다면 좋았을 텐데, 자동차 자체에 문제가 있었던 것이다.

"나 원, 해결책을 찾아야겠는데……."

라디슬라오는 우물거리며 말했다.

"맞아. 하지만 우선 나한테 사과부터 해야겠지."

게오르그가 말했다.

■ ■ ■

"아시겠어요? 전 정말 정식으로 테스트를 마친 자동차를 보여드리고 싶다고요!"

라디슬라오 요셉 비로는 자동차를 보여주지 못하는 것에 대해 사과를 했다. 그리고 사이드 카가 달린 자신의 대형 오토바이를 세척하고 있는 기계 주변을 신경질적으로 닦아내고 있었다. 그러나 독일에 머물고 있는 제너럴 모터스 회사 사람들은 정식으로 테스트를 마치든 말든 그런 문제에는 관심이 없었다. 다만, 방금 1천 킬로미터나 되는 부다페스트에서 베를린까지의 주행을 거뜬히 해치운 이 놀라운 물건이 어떻게 작동하는지 보고 싶었을 뿐이다.

라디슬라오 비로는 그들에게 어떤 계기로 오토매틱 엔진을 발명하게 되었는지 자초지종을 얘기해 주었다. 라디슬라오는 자신의 차 부가티의 클러치가 잘 작동하지 않자 화가 나서 오토매틱 엔진을 만들기로 결심하고 1년에 걸쳐 엔진을 제작했다. 그리고 그 엔진을 테스트하기 위해 자신의 350형 자동차에 조립을 했다. 오토매틱 엔진을 장착한 자동차는 승객을 태운 채 아무 문제 없이 장거리주행에 성공했다. 라디슬라오는 자신이 이 발명품에 얼마나 자부심을 느끼는지 두 번이나 강조해서 그들에게 말해 주었다.

제너럴 모터스사에서 나온 신사들은 자신들이 헝가리 출신의 삼류 글쟁이에 불과한 라디슬라오의 발명품에 관심이 많다는 사실을 숨길 수 없었다. 왜냐하면 라디슬라오는 시간이 날 때마다 바퀴가 있는 물건이라면 무엇이든 가리지 않고 조립을 해댔고, 그러다가 우연히 자동차 업계의 관심을 끌 만한 물건을 발명했기 때문이다. 그의 특허품에 구미가 당겼기에 제너럴 모터스사 사람들이 직접 그를 찾아오지 않았겠는가.

네 번 연달아 실시한 테스트 주행이 끝나자, 제너럴 모터스사의 신사들은 그의 발명품이 더욱 마음에 들었다. 그래서 그들 또한 라디슬라오의 귀가 솔깃해지는 제안을 했다. 판매되는 제품마다 50퍼센트의 배당금을 줄 뿐 아니라 매달 200달러씩 5년분을 미리 주겠다는 내용이었다. 만약 그만한 돈을 갖게 된다면, 그는 예전처럼 시간에 쫓겨 밤낮으로 일하는 저널리스트가 아니라 느긋하게 펜을 밀어둔 채 자신이 좋아하는 조각과 그림에 더 많은 시간을 투자할 수 있을 것이다. 그리고 그의 취미이기도 한 온갖 종류의 발명도 마음껏 할 수 있을 것이다.

하지만 제너럴 모터스사의 사람들이 헝가리 출신의 삼류 글쟁이인 자신을 속였다는 사실을 알았을 때는, 이미 현명하게 대처하기에 너무 늦어버렸다. 미국 기업은 그의 특허에 압력을 행사해서 사장시켜 버리는 데 성공했다. 1932년의 자동차시장은 오토매틱 엔진으로 운전하기에는 아직 시기상조라는 이유에서였다. 이같은 결정이 과연 타당한지 아닌지 사람들은 알려고조차 하지 않았다.

다시 하루종일 일에 매달려야 하는 저널리스트로 돌아온 라디슬라오 비로는 조각을 하거나 그림을 그리는 대신, 그의 머릿속에서 결코 떨쳐버릴 수 없는 단 한 가지만을 낙서하고 있었다. 즉, 제너럴 모터스 신사분들이 그에게 제안한 금액인 5×12×200달러.

라디슬라오 비로는 신문을 접었다. 그는 피곤한 표정으로 이마로 흘러내린 머리카락을 쓸어올리며 생각했다. '내일은 냄새나는 인간들을 말로 구워삶아야 하는군.' 그는 눈을 감고 눈꺼풀 위를 문질렀다. 그때 지나가던 인쇄공이 말을 걸었다.

"이제 다시 기계공으로 돌아왔나 보네? 취미삼아 일을 하면 손에 잉크가 묻지 않는 법이지. 인쇄가 끝난 신문처럼……."

인쇄용 잉크가 묻은 손으로 자신도 모르게 이마에 시커먼 얼룩을 만든 라디슬라오를 보고 빈정댄 것이다. 쓸데없는 발명이나 한다며 시간을 낭비하지 말라고 비아냥거리는 말을 라디슬라오 비로는 잠자코 듣기만 했다. '불쌍한 녀석, 오늘 기분이 좋지 않은 게지.' 그는 천천히 일어나 벽에 걸린 희미한 거울로 얼룩이 묻어 있는 자신의 얼굴을 바라보았다. '그냥 잉크 얼룩보다는 훨씬 낫군.'

그러나 갑자기 그는 멈칫했다. 신문을 인쇄할 때 사용하는 검정색 잉크가 일반적으로 쓰는 잉크보다 훨씬 빨리 마른다는 사실을 깨닫는 순간, 제너럴 모터스 사람들 때문에 빛을 보지 못한 오토매틱 엔진과 세탁기를 발명했던 그의 발명가적인 기질이 다시 깨어났다. 라디슬라오의 눈앞에 어른거리는 것은 신문을 인쇄하는 바로 그 잉크로 글씨를 쓸 수 있는 펜이었다. 한 문장을 다 쓰기도 전에 이미 잉크가 말라서 손을 더럽히지 않아도 되는…….

견본품을 만들면서 처음으로 부딪힌 난관은 신문 인쇄용 잉크가 일반적으로 펜에 사용하는 잉크보다 진하다는 점이었다. 그러나 진한 잉크는 흔히 사용하는 펜에는 적합하지 않았다. 왜냐하면 농도가 진한 탓에 잉크가 조금씩 흘러나오지 않고 덩어리로 굳어버렸기 때문이다. 그래서 라디슬라오는 아주 작은 알을 만들어 펜 끝에 붙였다. 이 작은 알은 펜의 움직임에 따라 돌기 시작했고, 라디슬라오가 원한 대로 알이 돌 때마다 잉크가 흘러나왔다.

그의 아이디어는 놀랄 만한 것이었으나 새로운 것은 아니었다. 존 루이드라는 사람이 이미 1888년에 똑같은 아이디어를 냈다. 그것으로 필기도구를 만들려는 것은 아니었고, 가죽에 표시하기 위해서였다. 어쨌든 존 루이드의 착상은 제품화되지 않았다.

하지만 바로 그 점이 라디슬라오를 더욱 어렵게 만들었다. 그는 기발한 착상과 견본을 가지고 있었지만, 어떻게 구체적인 제품으로 만들어낼지 알 수 없었던 것이다. 천만다행으로 이럴 때 화학실험실에서 일하는 동생이 도움을 줄 수 있을 것이다. 게오르그가 형의 발명품을 화학실험실로 가져가 실험해 본 결과 펜 끝에 부착된 작은 알은 회전하는 데 문제가 없는 것처럼 보였다.

흔히 말하길, 라디슬라오는 아이들의 공놀이에서 착상하여 볼펜을 발명했다고 한다. 공놀이를 하던 아이들이 웅덩이에 빠진 공을 꺼내자 공에 묻어 있던 물기가 아스팔트 위에 자국을 남겼는데, 그 광경을 지켜보면서 라디슬라오는 볼펜에 대한 착상을 얻었다는 것이다.

그럴 듯하긴 하지만 틀린 얘기다. 왜냐하면 기자였던 라디슬라오는 놀이터보다 인쇄소를 더 자주 드나들었을 것이기 때문이다. 하지만 그 착상이 어디서 나왔는지는 중요하지 않다. 중요한 것은 그의 착상에서 구체적인 제품이 나왔다는 사실이다.

두근거리는 마음으로 두 형제는 그들이 발명한 혁신적인 물건을 특허청에 가져갔다. 그런데 아돌프 히틀러라는 작자가 특허를 가로막는 방해물이 될 줄이야……. 1938년, 오스트리아 브라우나우 출신의 히틀러라는 작자가 미치광이처럼 세상을 뒤집어버리려 한다는 소문이 나돌았다. 수많은 헝가리인, 폴란드인, 루마니아인, 불가리아인, 유고슬라비아인, 독일인, 오스트리아인 들처럼 그들은 1939년 적당한 시기를 틈타 헝가리에서 도망을 쳤다. 1년 뒤 헝가리에서는 유태인 차별대우 법안이 최초로 통과되었다.

아르헨티나를 새로운 고향으로 선택한 비로 형제는 전쟁으로 세상이 흉흉했기에 그들의 발명품에 대해서도 까마득히 잊고 있었다. 그러던 어느날 남미에서의 생활이 어느 정도 안정되었을 때, 다시 펜에 관심을 갖게 되었다. 1943년 6월 10일, 그들은 아르헨티나에서 특허 출원을 했으며, 이번에는 예전의 오토매틱 엔진처럼 그들의 권리를 빼앗겨서는 안되었기에 정신을 바짝 차렸다.

그들의 특허에 관심을 보인 이들 중 영국 정부야말로 가장 믿을 만한 상대로 생각되었다. 막 헝가리에서 도망쳐나온 이민자인 비로 형제는 비록 정치인과 접촉해 본 적은 없었지만, 정확하게 일을 처리하는 영국인들의 모습은 그들에게 분별 있는 사람들로 비춰졌다. 게다가 영국인들은 되도록 빨리 비로 형제의 특허품을 영국 공군에게 공급하기를 원했다.

당시 전투에 투입되어 엄청난 희생을 치르던 영국 조종사들은 절망에 빠져 있었는데, 그들이 사용하던 필기도구마저 골치를 썩였다. 전투기 안에서는 어떤 만년필로도 글씨를 제대로 쓸 수 없었기 때문이다. 만년필 뚜껑을 열면 윗부분이 묽게 된 잉크가 글씨를 쓰기도 전에 밖으로 흘러나와 버렸고, 글씨를 쓸 때도 잉크가 종이에 뚝뚝 떨어지곤 했다.

전쟁이 끝나기 바로 전해, 전세계는 영국 공군에게 희망을 걸고 있었다. 라디슬라오와 게오르그 비로도 마찬가지 심정이었다. 그들의 발명품인 볼펜의 성공은 오로지 영국 공군의 손에 달려 있었기 때문이다. 영국인들은 일을 빨리 마무리지어야 하는 형편이었으므로 특허에 관한 협상은 신속하게 이루어졌다.

볼펜을 발명한 비로 형제에게 이보다 더 좋은 일은 없었을 것이다. 시대를 통틀어 가장 용감하다는 영국 공군이 사용하는 필기도구라면, 어느 누구도 품질에 대하여 감히 의심할 수 없을 테니까. 그러는 가운데 1945년 부에노스아이레스에 있는 이터펜사에서 새로운 펜을 출시했다. 제2차 세계대전은 거의 종국에 와 있었지만, 이제부터 볼펜을 둘러싼 전쟁이 시작된 것이다.

마치 전쟁을 방불케 한 상거래 협상에서 관여하지 않았던 유일한 사람은 라디슬라오와 게오르그였다. 특허는 이미 아르헨티나 정부가 갖고 있었던 것이다. 미국 사람들도 곧 볼펜의 존재를 알게 되었고 여기저기에서 비로 형제의 이름을 입에 올리게 되었다. 그러나 그들의 은행계좌에 관해서는 아무도 몰랐다.

■ ■ ■

1945년 5월, 아르헨티나의 기자들은 손이 부르트도록 기사를 썼다. 전쟁은 끝났고, 사람들은 다시 일상적인 것에 관심을 가지기 시작했다. 점차 언론은 비로의 볼펜에 관심을 보였고, 만년필과 달리 잉크를 채우지 않고도 1년간 사용할 수 있다며 입이 마르도록 칭찬을 해댔다. 그러던 중 미국의 에버샤프사와 에버하드 파버사가 합병을 함으로써 미국에서도 볼펜을 대중에게 선보일 단계로 접어들었다.

합병이 끝난 두 회사와 이터펜사 사이에 독점권에 관한 협상이 이루어지고 있다는 기사가 연일 보도되었지만, 몇 명의 기자만이 한때 저널리스트였던 사람이 볼펜이라는 신기한 물건을 발명한 주인공이라는 사실을 짤막한 기사로 다룰 뿐이었다. 이로부터 정확하게 한 달이 지나서 거래는 완벽하게 이루어졌다.

아르헨티나의 모든 언론이 볼펜에 대하여 폭발적인 관심을 보이고 있다는 사실을, 시카고의 비즈니스맨이었던 밀턴 레이놀즈는 까맣게 모르고 있었다. 그가 반드시 아르헨티나 신문을 읽어야 할 필요는 없었지만, 말하자면 스페인어로 된 신문을 읽었으나 신문에 실린 기사의 내용이 무엇인지 이해하지 못했을 따름이다.

그러던 어느날 레이놀즈는 사업차 부에노스아이레스를 들렀다가 우연히 한 가게에서 볼펜을 발견하자 다른 일은 모두 제쳐두었다. 사람들이 그에게 볼펜의 원리를 설명하는 동안에도 그는 볼펜으로 돈을 벌 생각밖에 하지 않았다. 그는 샘플로 사용하려고 가게에 있던 모든 볼펜을 구입한 뒤 곧장 시카고로 날아갔다.

「레이놀즈 국제 펜」 회사를 세우자마자, 그는 에버샤프사의 특허권을 무시한 채 1945년 10월 29일 최초의 제품인 「레이놀즈 로케츠」를 생산하여 뉴욕 시에 있는 기벨즈 백화점에 납품했다.

개장 첫날부터 에버샤프사의 볼펜이 밀려났다. 12달러 50센트였던 「레이놀즈 로케츠」는 특허를 무시하고 제품을 만든 레이놀즈에게 판매 첫날부터 10만 달러 상당의 돈을 안겨줄 만큼 히트 상품이 된 것이다.

이즈음, 우수한 품질과 공정한 가격에 가치를 두는 사업가이자 취미로 요트를 즐기는 귀족 출신의 한 프랑스인이 파리 근교에 있는 자신의 자그마한 공장을 흐뭇하게 바라보고 있었다.

첫 상품이 가져다준 성공은 밀턴 레이놀즈를 의기양양하게 만들었다. 그의 볼펜은 이제 2년 동안 잉크를 채우지 않고도 잘 쓸 수 있었다. 여기에 용기백배한 그는 다음과 같은 광고를 냈다. 「이 볼펜은 물 속에서도 사용할 수 있습니다!」 그는 이 광고가 많은 수익을 가져다줄 것이라 기대하지 않았으나 예상외로 좋은 반응을 불러일으켰다. 그 결과 급기야는 같은 업종에 종사하는 에버샤프사의 존립을 위험하게 만들었다.

결국 레이놀즈는 '시카고의 이 몹쓸 놈은 이제 충분히 해먹었어'라고 생각한 사람들로부터 고소를 당했다. 어쨌거나 아르헨티나에 있는 이터펜사로부터 적법하게 특허를 사들인 당사자는 에버샤프사였기에 레이놀즈는 고소를 당할 만도 했다. 하지만 법정은 소송 당사자들보다 이 사건을 훨씬 단순하게 보았으므로 고소기각 판결을 내렸다. 미국에는 특허가 없다는 것이 이유였다.

두 회사가 싸우면 싸울수록, 광고를 통해 과열경쟁을 하면 할수록 제품의 질은 땅에 떨어졌다. 에버샤프사는 물론 레이놀즈의 회사에도 하자투성이의 제품이 쌓여만 갔다. 1948년이 되자 볼펜 사업은 망하기 직전까지 갔고, 볼펜은 10달러보다 더 비싼 가격에 팔리는가 하면 심지어 50센트 이하까지 내려갔다.

3년 전, 파리 근교에 소규모 공장을 마련한 프랑스인 마르셀 비시 남작은 미국에서 두 회사가 품질은 무시한 채 치열한 경쟁을 벌이는 동안 성실하게 일했다. 원래 비시 남작은 프랑스의 한 잉크 공장의 공장장이었는데, 동료였던 에두아르드 부파와 함께 아주 조촐한 만년필 공장을 차렸다. 스위스의 정밀한 기계를 좋아하던 비시 남작은 자신의 제품도 철저하게 만들려고 노력했다.

그리고 새로운 재료인 플라스틱을 사용했으며, 어떤 위험도 두려워하지 않기에 사업은 놀랄 만큼 **빠르게** 성장했다. 미국 동료들이 상대회사를 파산으로 몰고 가는 동안, 그는 유럽에서 명성을 얻으며 탄탄한 사업체를 만들어가고 있었다.

이제 미국의 에버샤프사와 레이놀즈사는 더이상 볼펜을 생산할 필요조차 없게 되었다. 1951년 소비자들은 품질이 떨어질 대로 떨어진 볼펜으로 글씨를 쓰느니 차라리 옛날로 돌아가는 것이 낫겠다고 생각하기에 이르렀다. 그래서 볼펜이 등장하기 전에 사용하던 만년필이 다시 등장하게 되었다.

볼펜 업계에 불어닥친 이같은 불황에도 아랑곳없이 프랑스의 비시 남작은 다시 한 번 과감하게 행동했다. 미국인들이 더이상 볼펜을 사용하지 않았지만 그는 비로 형제로부터 특허를 사들여 자신의 방식대로 철저하게 제품을 생산했다. 높은 품질과 낮은 가격이 겸손한 남작의 신조였는데, 이것이 사람들로부터 커다란 호응을 불러일으켰다. 마침내 자신이 만든 볼펜이 인기상품이 되자, 그는 1953년 자신의 이름을 줄여서 「BIC」라는 이름을 붙여주었다.

레이놀즈사가 망한 뒤 볼펜 사업에서 손을 뗀 에버샤프사는 파산하는 순간까지 만년필 사업에 손을 댔다. 몇 년 뒤인 1957년까지 회사는 위험천만으로 운영되다가 1960년 최종적으로 파산하기에 이르렀고, 마침내 파커사의 자회사로 팔려버렸다.

두 미국 회사는 어차피 볼펜 업계에서 살아남을 수 없었을 것이다. 왜냐하면 「BIC」라는 이름으로 전 유럽 시장의 70퍼센트를 점유하고 있던 비시 남작이 1958년 미국에 진출했기 때문이다. 그는 뉴욕의 워터맨 펜즈사의 총 주식 가운데 60퍼센트를 사들였고, 2년 뒤에는 회사 전체를 소유하게 되었으며, 29센트에서 69센트의 저렴한 가격으로 품질 좋은 볼펜을 시중에 내놓았다.

1998년의 통계에 따르면 세계적으로 매일 2천만 개의 볼펜이 팔렸고, 이는 프랑스 돈으로 계산해 대략 81억 6,900만 프랑이나 된다. 비시 남작이 내놓은 또 다른 히트 상품인 라이터와 면도기가 벌어들이는 돈을 계산하지 않고도 그 정도가 되는 셈이니, 한 사람이 그 이상을 벌 수는 없을 것이다. 게다가 그는 매우 분별력 있는 사람이었다. 한번은 주주에게 보내는 편지에서 다음과 같이 썼다.

「우리의 사업철학은 신뢰와 다른 사람에 대한 존경에 기본을 두고 있습니다. 우리는 사람을 무시한 채 기술만이 최고라는 신조에 전혀 동감하지 않습니다. 관료주의는 위로부터 아래로 번져나가는 우리 시대의 질병이죠. 수많은 보조인원과 조직, 법률 고문들이 있습니다만, 정작 뭔가 해야 할 일이 생기면 누구도 나서지 않습니다. 기술만능주의는 엄청난 비용을 들게 만들었고, 비용 문제보다 더욱 심각한 것은 사람들을 몰인정하게 만든다는 점입니다. 따라서 사람들은 의욕적으로 일하는 게 아니라 권태를 느끼게 됩니다. 경영자들이 직원들에게 신뢰를 주면, 그와는 정반대 현상이 일어납니다. 계급조직의 모든 단계에서 말이죠.」

남작이 라디슬라오 비로에게서 특허권을 사들이는 일 외에도 그와 좀더 많은 일을 했더라면, 남작은 라디슬라오를 가장 잘 이해하는 사람이 되었을 것이다.

Most hospitals dispense
tients yesterday, despite
.orean Hospital Associa
eparate the doctor's pr
om that of pharmacist's
g.
As the nation is not sti
e medical reform pack
ere trying to get medicin
ls.
ln this situation, hospital
lowed outpatients to re
m their in-house drugsto
minimize inconvenience
patients.
Korea University Medica
am-dong allowed all ou
their prescribed drugs fr
l's pharmacy.
ther major general hos
nd to have asked only a
of outpatients to buy o
r-the-counter pharmacies
ce with issued prescriptior

스포츠 카의 대명사 「포르셰」를 거부한 오스트리아

완벽하게 브레이크를 걸다

By Soh Ji-young
Staff Reporter

A fish farmer has been a
compensation for damage
farm from noise at a nearby
he first of its kind in Korea.
The Central Environ
isputes Coordination Comn
EDC) yesterday ordered a
r and gas alarm manufa
mpensate 5.08 million w
water catfish farmer Le
73, in Pochon, Kyonggi-d
C is an affiliate of the Mi
ironment that inquires in
nvolving environmental
such as noise pollution,
ination and waste pollu
nad filed for compensatio
llion won with the commis
ober, claiming noise from
had stunted the growth of
at his farm, as well as har
lives of his family.
e factory was built 15.6 me

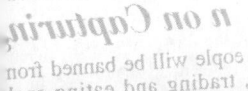

그는 차 주위를 천천히 돌면서 자신의 작품을 모든 각도에서 면밀히 검사했다. 그 차는 손과 발을 가졌다. 더 정확히 말하자면, 네 개의 바퀴와 한 개의 모터를 가졌다. 바로 수랭(水冷)식 4사이클 엔진이 수평으로 장착된 차였다.

지그프리트 마르쿠스는 만족했다. 이 조립품은 완성품이라고 부를 만했다. 다시 말해, 여기 그가 완성한 것은 아무 거리낌 없이 자동차라고 부를 수 있는 것이었다. 그것도 기가 막히게 좋은 차로, 지금까지 만들어진 것 중 최고의 차였다.

이런 생각에 채 잠기기도 전에, 그는 갑자기 과거의 일을 떠올렸다. 마르쿠스는 마치 좌석의 쿠션 밑으로 깊이 가라앉듯이 과거로 빠져들어갔다.

사실 그는 이 모든 일을 이미 겪어보았다. 11년 전, 그는 가솔린 2사이클 엔진이 장착된 차를 완성하고 나서 오늘처럼 만족감에 겨워 자신의 작품을 감상한 적이 있었다. 공기와 벤진으로 작동하는 최초의 엔진을 단 차였다. 그리고 이 차의 속도조절바퀴는 동력바퀴 구실까지 했다.

벌써 11년 전의 일이야, 그는 생각했다. 지금은 1875년. 지난 11년 동안 얼마나 많은 것이 변했던가. 자동차의 역사는 어느 분야보다 더 치열한 각축전의 역사이다. 지그프리트 마르쿠스는 한숨을 내쉬었다. 아마도 지금쯤 어딘가에서는 다른 천재가, 그의 작품쯤은 이미 구식으로 보이게 할 만한 새로운 차를 만들 야심을 갖고 있을 것이라고 그는 생각했다.

■ ■ ▨

두 사람은 천천히 둘러보며 그들의 작품을 모든 각도에서 관찰했다. 그들의 작품은 손과 발을 가졌다. 특히 제대로 된 목소리를 가지고 있었다. 부모는 만족했다. 그들이 성공시킨 작품은 진짜 아기였다. 그 것도 이제까지 태어난 아기 중에서 최고였다. 그날은 1875년 9월 3일 이었다.

물론 부모는 갓 태어난 아기를 보고 크나큰 기쁨을 누리는 게 당연하지만, 자식이란 자라면서 부모 속을 한 번쯤은 썩이게 마련이다. 페르디난트는 부모의 뜻대로 고분고분한 타입은 아니었다. 그는 어렸을 때부터 확고한 자기 주장을 가지고 있었다. 그리고 거기엔 아버지의 함석공장을 물려받는 건 포함돼 있지 않았다.

그 대신 그는 토머스 에디슨이라는 사람이 일궈낸 기적에 더 관심을 가졌다. 그것은 이 세상을 밝게 비추는 등불과 같았다. 에디슨이 발명한 전깃불은 부다페스트의 상업중심지를 거쳐 유럽의 끝부분이랄 수 있는, 페르디난트의 고향인 주데텐 지방의 마퍼스도르프까지 들어왔다. 페르디난트의 아버지가 운영하던 공장에 전깃불이 들어오게 된 것은 물론 아들의 덕이었다. 왜냐하면 페르디난트는 처음에 아버지의 엄청난 반대에 부딪혔지만, 이에 저항하면서 결국 전기조명 설비를 만들었기 때문이다.

성장한 페르디난트에게 「저항」이란 가장 재미있는 놀잇감이기도 했다. 비록 자신은 그것을 「다른 관심」이라 불렀지만. 그렇게 「다른 관심」에 이끌려, 그는 라이헨베르크의 국립실업학교에서 전기공학 과정을 밟았다. 거기서 그는 곧 특출난 재능을 인정받았고, 그 결과 그의 아버지도 마음이 풀어졌다. 그렇지만 그는 아버지의 공장에 있는 조명설비를 몰래 만지면서 애정을 쌓아갔다.

18세에 페르디난트는 빈으로 갔다. 이전에 벨라 에거사였던 페어아이니히테 전력회사에 입사한 것이다. 거기서 4년도 채 안되어 그는 시험부서의 관리자 겸 회사 총책임자의 보좌관이 되었다. 그리고 회사와는 별개로, 「옥토곤(Oktogon)」이라는 첫번째 발명품을 완성했다. 이발명품은, 쉽게 설명하자면 팔각형의 전동기로, 차량의 뒤축에 달린바퀴들 중 하나에 설치하는 기계다. 그러나 그 기계의 설계도를 사장의 아들에게 강제로 빼앗기자, 페르디난트는 전기 바퀴통 모터를 발명하면서 상실감을 달래야 했다. 그는 이 모터를 만드는 데 꽤 오랜시간을 보냈다.

1899년 이 두번째 발명품을 가지고 페르디난트는 루드비히 로너스 K. u. K. 호프바겐파브릭사로 자리를 옮겼다. 아무리 노력해도 사장의 아들에게 느낀 배신감을 떨쳐버릴 수 없었기 때문이다. 그는 새로운 직장에서 책임설계자로 승진하는 한편, 자신의 첫번째 차를 만들었다. 「로너 포르셰 체이스」라고 불린 이 전기 자동차는 곧 「보아튀레트」라는 이름으로 널리 알려졌다.

이 차는 1900년 파리 세계전시회에서 센세이션을 불러일으켰을 뿐만 아니라, 그 차를 발명한 페르디난트 역시 유명하게 만들었다. 그것은 오스트리아의 지그프리트 마르쿠스의 업적이 이제 막 동향인(同鄉人)인 페르디난트 포르셰에 의해 이미 시대에 뒤떨어진 것으로 평가받는 순간이었다.

1906년 페르디난트 포르셰는 직장을 다시 옮겼다. 빈의 새 시가지에 있는 오스트리아 다임러 모터사의 기술부서 책임자로 일하게 된 것이다. 31세의 그는 경력을 차곡차곡 쌓으며, 자신의 발명품들과 함께 앞으로 한발 한발 나아갔다.

이를테면 「마야 바겐」은 벤진 엔진으로 작동하는 차량 중에서 그가 처음 만든 것이다. 그밖에도 기관차와 항공 엔진 등을 마치 밥 먹듯이 술술 만들어냈다.

때때로 페르디난트는 경주용 자동차를 만들면서 큰 위안을 얻었다. 86PS, 4.5리터, 4사이클이었다. 1910년에는 프린츠 하인리히 파르트 대회의 상위 1, 2, 3등을 다임러사의 소속 팀이 모두 휩쓸었다. 페르디난트는 차에 관한 한 다방면의 재능을 가진 사람이었다. 이 점을 인정받아 1912년에는 황제에게 「프란츠 요셉 오르덴」이라는 기사작위를 받기도 했다.

1914년 제1차 세계대전이 일어났다. 페르디난트는 큰 피해를 당하지는 않았으나 전쟁을 위해 봉사해야 했다. 1916년 그는 아우스트로 다임러사의 총책임자로 승진하는 동시에 빈 기술전문학교에서 엔지니어 박사학위를 받았다.

1918년 전쟁이 끝날 무렵, 페르디난트는 발명에 더욱 박차를 가했다. 전쟁 후 처음 만든 작품은 AD 617이었는데, 시속 110킬로미터로 매우 빠르게 달릴 수 있는 당당한 6사이클 엔진이었다. 그 속도는, 페르디난트에 의하면, 누구나 경험해 볼 만한 속도였다.

한편 페르디난트의 이런 생각에 동조하는 사람이 있었는데, 알렉산더 콜로브라트(1919년까지는 콜로브라트 크라코프스키 백작으로 불렸다)였다.

미국에서 돌아왔을 때, 콜로브라트의 손에는 대중을 위한 소형차를 만들려는 계획뿐만 아니라 이에 필요한 자본금도 쥐어져 있었다. 콜로브라트에게 그 일을 청탁받은 포르셰는 수랭식 4사이클 엔진을 개발했다. 그리고 좌석이 넷인 완전 알루미늄 차체로 만든 세 가지 모델을 선보였다. 완성된 자동차는 매우 멋졌다.

그런데 판매를 고려해 봤을 때 그다지 상황이 좋지 않았다. 결국 백작의 별명을 따서 이름 붙인 「사샤」는 오스트리아 국내의 극심한 인플레이션의 진창 속에 처박히고 말았다. 다만 「타르가 플로리오」나 그밖의 자동차 경주대회에서 시범경주를 통해서만 모습을 드러내었다. 그 뒤 백작은 자신의 두번째 취미로 관심을 돌렸다. 오스트리아 최초의 영화제작소를 설립한 것이다.

그러나 대중을 위한 소형차 생산이라는 꿈만 산산조각 난 것은 아니었다. 페르디난트 포르셰 역시 아우스트로 다임러사의 총책임자 자리를 떠나야 했다. 이 천재적인 기술자가 그동안 회사 간부들 사이에서 골머리를 썩이는 존재로 전락한 것이다. 그는 자동차에 관한 한 해박한 지식을 가지고 있으면서도, 경제 상황에 대해서는 아무 생각이 없었다. 정말로 아무 생각이 없었다.

1923년 그는 독일의 슈투트가르트 운터튀르크하임에 있는 다임러 모터사의 기술책임자 겸 이사회 일원이 되었으며, 거기서 경주용 자동차 제작에 전념했다. 그리고 5년 뒤 다임러와 벤츠, 두 회사 간의 합병이 이루어졌는데, 결과적으로 포르셰의 고용계약은 더이상 연장되지 않았다.

이어 1929년 1월 1일, 페르디난트 포르셰는 오스트리아의 슈타이어사에서 이사회의 일원으로 일하게 되었다. 고국 오스트리아로 돌아온 것이다. 그는 고국에서 대대적인 환영을 받았다. 자동차 전문지인 『비이너 알게마이넨 아우토모빌 차이퉁』지(1929년 1월 1일자)에서는 이렇게 그를 환대했다.

「천부적인 재능을 가지고 태어난 포르셰 박사를 다시 오스트리아에 모시게 되다니, 이 일은 오스트리아 자동차산업 전체에 더없는 영광이다. 그가 슈타이어사에서 활동을 시작하게 된 것은 대단한 사건이다.」

하지만 유감스럽게도 포르셰 박사는 늘 그렇게 환영받지는 못했다.

■ ■ ■

페르디난트 포르셰의 슈타이어사 영입은 행복한 결말을 이끌어내지 못했다. 그가 영입된 지 1년 만에 슈타이어사의 주거래 은행인 오스트리아 토지신용기관이 부도를 냈다. 새 거래은행은 슈탈트 암 호프 신용금고였는데, 포르셰의 옛 동료들이 윗자리를 차지하고 있었다. 그들은 1923년 아우스트로 다임러사에서 포르셰가 옷을 벗게 만든 장본인들이었다.

포르셰는 곧 다른 형태의 소형차를 개발했는데, 이 차는 파리의 모터 쇼 「오토 살롱」에서 극진한 찬사를 받았다. 그러자 그는 개인 소유의 자동차 제작사무실을 열어, 다시 독일의 슈투트가르트로 이주했다. 이번에는 자신의 회사였기 때문에 마음도 훨씬 편하고 자유로웠다. 상업등기에 그 회사는 「포르셰 박사 유한책임회사, 엔진과 차량을 위한 자문과 제작」으로 등록되었다.

수주 상태는 매우 긍정적이었다. 나중에 NSU 자동차회사*라고도 불린 쿤답사는 「소형차 생산」이라는 과거의 꿈을 재현하고자 했으므

---

* 이 회사는 다시 아우디사와 합병, 아우디 NSU 자동차 주식회사가 되었다.

로, 포르셰를 마치 하늘이 주신 선물처럼 여겼다. 몇 년 간 그들은 눈에 띄는 결과물은 없었지만, 그런 대로 순조롭게 일을 진행시켰다. 그리고 나서 히틀러가 간섭을 시작했다.

그후 포르셰가 경영하는 회사의 수주 상황은 갑자기 나빠졌다. 그럼에도 근로자들의 작업환경은 전혀 바뀌지 않았다. 아무도 해고되지 않았고, 기계는 열심히 돌아갔다. 회사가 왜 망하지 않는지는 모든 관계자들에게 의문으로 남을 정도였다. 거기다 이 회사의 책임자는 주문도 없는데 16사이클 고성능 엔진을 만듦으로써 상황을 더욱 심각하게 몰고 갔다.

위급해진 페르디난트 포르셰는 위기를 모면하고자 아돌프 히틀러를 찾아갔다. 왜 아니겠는가? 어쨌든 그들은 같은 사투리를 사용했다. 그들이 무슨 얘기를 했는지는 오늘날 아무도 모른다. 단지 포르셰가 독일의 국민차 「폴크스바겐」의 제작에 관해 언급한 보고서 내용만이 알려져 있을 뿐이다.

「폴크스바겐은 성능과 수명을 떨어뜨리면서 용적이나 무게를 줄이는 차가 아니라, 오히려 보통 용적을 가지지만 무게가 좀더 덜 나가고, 근본적으로는 새로운 표준을 지향하는 실용적인 차가 되어야 할 것이다.」

이 보고서는 1934년 관례적인 수순을 밟았다. 먼저 독일 자동차산업 RDA 전국연맹(나치 시대를 상징하는 단체)을 거쳐야 했다. 그러나 그 다음 단계로 가는 것은 일단 보류되었다. 거기엔 이중의 지연작전이 숨어 있었다. 먼저 누구나 쉽게 구입할 수 있는 차를 만듦으로써 국내 업체들 간에 경쟁을 유발시키고 싶지 않다는 의도가 있었다. 또한 히틀러에게는 자동차를 생산하는 일보다는 많은 자동차회사를 공동으로 폴크스바겐에 관여하게 함으로써 독일 자동차산업을 육성하는 일이 더 중요했다.

한편 RDA는 히틀러의 망설임을 자신들에게 유리하게 이용하고자 했다. 그들은 점차 포악한 본성을 드러내기 시작한 지도자가 자동차 산업을 완전히 궁지에 몰아넣기 전에 시의적절하게 역사의 무대에서 사라져줄 것을 바라고 있었던 것이다. 그러나 RDA에게는 유감스럽게도 히틀러는 그렇게 빨리 사라져주지 않았다. 오히려 그 반대였다. 그는 사라지긴커녕 점점 더 전면에 등장했다. 다른 많은 지독한 사건을 저지르는 와중에 그는 그후 2년 동안 수차에 걸쳐 독일 국민차(폴크스바겐)의 기적을 천명했다.

1936년 히틀러는, 페르디난트 포르셰가 이미 폴크스바겐의 모델을 거의 다 완성했으며, 포르셰말고는 다른 어느 누구도 준비가 되어 있지 않음을 알았다. 그러자 히틀러는 마치 이제까지 한 번도 폴크스바겐 생산에 여러 자동차회사가 연합할 것을 주장한 적이 없는 양, 갑자기 폴크스바겐 생산을 위해 한 군데를 지정했다. 그곳은 독일 폴크스바겐 준비회사, 간단히 「게추포르(Gezuvor)」라고 불렸다. 그리고 총책임자로 페르디난트 포르셰가 임명되었다.

이렇게 폴크스바겐사는 1937년 독일 폴크스바겐 준비회사로 설립되었고, 같은 해 폴크스바겐 주식회사로 이름을 바꾸었다.

1938년 5월 26일 볼프스부르크에 폴크스바겐 공장의 초석이 세워졌다. 1939년 10월 15일부터 최초의 자동차가 출고될 예정이었다. 그런데 1939년 9월 1일 제2차 세계대전이 발발했다. 페르디난트 포르셰는 어쩔 수 없이 독일 제국의 건설자가 되어 폴크스바겐 대신 광석운반차, 수상(水上)차 그리고 군용 전차 등을 만들었다. 스스로는 비정치적인 인간이 정치에 희생당한 것이다.

■ ■ ■

1944년 11월, 날씨는 걱정할 필요가 없었다. 슈투트가르트에 있는 페르디난트 포르셰의 공장 사람들은 누구보다 열심히 일했다. 하지만 차를 만드느라 그런 것은 아니었다. 포르셰의 회사가 오스트리아의 케른텐 지방에 있는 그뮌트로 이주하는 것을 돕는 중이었다.

포르셰가 지구상의 하고많은 곳 중에 하필이면 그뮌트로 이주하기로 결정한 것은, 첼 암 제 지역과 가까웠기 때문이다. 그곳에는 가족의 사유지가 있었다. 만약 세상이 산산조각 날 위험에 처한다면, 그는 그곳에서 살고 싶었다.

설계도가 가득 든 상자와 해체된 기계의 부품이 든 상자가 셀 수도 없이 그뮌트의, 예전에는 빌리 마이네케 제재소였던 바라크로 운반되었다. 이곳이라면 폭탄세례로부터 안전할 수 있었다. 기차조차 닿지 않는 시골이라는 점은 이 순간 별로 중요하지 않았다. 한편 연합군의 진격에 대해서 포르셰는 전혀 다른 이유로 걱정하고 있었다.

그의 생각은 옳았다. 1945년 5월 7일 포르셰의 공장은 작업이 전면적으로 금지되었다. 포르셰가 나치와 너무 가깝게 지냈던 것이다. 7월 30일 그는 체포되어 프랑크푸르트의 수용소에 몇 달 간 감금되었다. 12월 이번에는 프랑스군의 차례였다. 포르셰는 독일의 바덴바덴에서 체포되었다. 그곳에서 그는 프랑스 경제부 장관 마르셀 폴의 전권 위임자와 자신의 폴크스바겐 공장의 장래에 관해 협상했다.

전쟁이 끝났다. 하지만 포르셰는 또다시 위기에 처했다. 폴크스바겐 공장을 둘러싼 지루한 줄다리기는 결국 그를 22개월간이나 감금시켰다. 프랑스인들의 책략으로 포르셰는 사업에서 격리되어 있어야 했다. 프랑스의 각 정당들이 폴크스바겐을 중심으로 벌이는 계획과 그들 내부에서 빚어지는 갈등 상황에서 그는 단지 방해물에 불과했다. 페르디난트 포르셰는 이 상황을 직시했다.

"프랑스인들은 서로 단결하지 못하는 것처럼 보인다. 어떤 이들은 폴크스바겐 공장을 원하고, 또 어떤 이들은 프랑스에 공장이 들어서는 것을 반대하면서, 단지 우리를 제거하면 그들의 목적이 달성될 것으로 생각한다."

마침내 그의 무죄가 증명될 무렵, 페르디난트 포르셰는 병이 들어 거의 죽음을 눈앞에 둔 지경이 되었다.

그동안 그뮌트에서의 사업은 그의 아들 페리와 딸 루이제 피에크 포르셰가 이끌고 있었다. 그러니까 슈피탈 안 데어 드라우 도청이 포르셰의 회사에 영업허가를 내주기를 기다리면서. 그렇긴 해도 자동차 업계에서 가장 뛰어난 인물이 오스트리아를 대표하는 자동차산업을 시작하는 데 요구되는 전제조건은 유리한 편이었다. 어쨌든 별다른 요구사항은 없었다.

■ ■ ■

페르디난트 포르셰는 피곤했다. 오랜 감금생활은 그에게서 활력을 앗아갔다. 그에게는 오로지 한 가지 바람이 있었다. 그저 평화롭게 계속 일할 수 있는 것이었다.

그러나 바로 그 문제로 그의 딸 루이제는 오랫동안 고민하고 있었다. 아버지가 — 잠깐이었지만, 오빠 페리 역시 — 감옥에 있는 동안, 그녀는 혼자서 회사를 책임져야 했다.

케른텐 지방이 오스트리아 내 영국군 점령구역 안에 있었기 때문에 루이제는 「오스트리아 연합군위원회」의 영국인들과 접촉을 했다. 영

국의 공군 중령 T. E. 딕슨이 이 지역의 산업부분을 전담한 최고 담당
자였는데, 그는 자동차광이었다. 그러므로 포르셰의 공장부지 확보와
자동차 생산에 푸른 신호등이 들어올지 모른다는 희망이 보였다. 다
행히 영국인들은 많은 규제를 점차 풀어주었다.

그뮌트의 시장(市長)인 칼 슈타인벤더 또한 포르셰가 그곳에 머무는
것에 큰 관심을 보였다. 물론 그것은 특별한 의도를 가진 것은 아니었
다. 기차연결도 안되는데다 최악의 기후조건을 가진 그뮌트는 자동차
공장을 위한 최상의 입지는 아니었다.

포르셰가 만일 오스트리아에 정착해야 한다면, 인구밀도가 높은 지
역을 택하는 게 유리했다. 예를 들어 슈타이어 지역 같은. 그곳은 비록
짧은 기간이었지만 그가 슈타이어사에 근무하면서 알았던 도시다. 유
감스럽게도 슈타이어의 사람들은 아직까지 그를 기억하고 있었다. 그
런데 그 기억이 그다지 호의적이지는 않았다. 특히 슈타이어 공장의
간부였던 파울 괴츨은 가슴속 깊이 포르셰에 대한 증오의 감정을 간
직하고 있었다. 결국 괴츨은 포르셰의 공장이 오스트리아에서 계속
기계를 돌리려는 계획을 수포로 만들고자 했다.

오스트리아에서 가장 막강한 공장의 후광을 입은 괴츨의 영향력은
금융 분야에서 상당했다. 그는 상공부에서도 영향력 있는 인물로 통
했다. 그 결과 포르셰는 갑자기 궁지에 몰리게 되었다. 심지어 그는
알고 있는 모든 경로를 통해 괴츨에게 접근한 다음 포르셰사의 폴크
스트랙터(국민 트랙터) 생산에 대한 정당성을 얘기해 보았지만, 소용이
없었다.

괴츨의 이같은 태도는 사업가로서는 매우 특이한 태도였다. 어쨌든
제품이 완성된데다 모든 준비가 끝난 상태였으니 말이다. 그런데도
괴츨은 자신의 의사를 고수했다. 즉, 오스트리아에 어떤 포르셰 공장

300

도 허용하지 않겠다는 것이었다.

"제아무리 금으로 트랙터를 만든다 해도, 절대로 허용할 수 없어!"

괴를의 거절 의사는 확고했다. 그러나 포르셰는 포기하지 않고, 슈타이어 대신 케른텐 지방에서 폴크스트랙터를 생산하고자 했다. 렌도르프 근교의 힐트 임 드라우탈은 슈타이어처럼 좋은 조건은 아니었지만, 그래도 시도해 볼 만한 곳이었다. 포르셰 대표단이 차와 트랙터로 호위를 받으며 빈의 상공부를 찾아갔다. 그러나 그들의 제안은 바로 거절을 당했다.

한편 내무부에서도 포르셰는 그리 좋게 인식되지 않았다. 게다가 내무부 장관 오스카 헬머의 거절은 인간적으로 이해하지 못할 바도 아니었다. 강제수용소에서 돌아온 그로서는 국가사회주의 시절, 히틀러를 위해 일했던 사람들에게 호감을 가질 수 없는 게 당연했다. 그러니 더이상 어떤 협상도 불가능해 보였다. 헬머는 러시아 점령군에 대해 반대의사를 밝힐 때도 새 정부의 내각 수반들 가운데 몇 안되는 용감한 축에 끼였지만, 포르셰의 문제에 직면해서만큼은 매우 소극적인 자세를 보였다.

한편 괴를과 헬머의 경우와는 달리, 포르셰 공장이 오스트리아에 있어 주길 바라는 사람들도 많았다. 케른텐의 지방자치부 장관 한스 피에슈와 그의 후임 페르디난트 베데니히는 빌라흐 근처 클라겐푸르트 분지에 포르셰를 정신적인 지주로 하고, 사회주의 정당에 의해 운영되는 국영 공장을 세울 것을 구상했다.

포르셰는 이미 스포츠 카 공장에 대한 구체적인 계획을 갖고 있었다. 파커 호수 방향으로 수만 평방미터에 펼쳐져 있는 공장부지를 염두에 두었는데, 이곳은 기차가 통과했으므로 필요한 부품과 자재들을 화물열차로 운반할 수 있었다. 그리고 무엇보다 결정적인 것은, 그뮌트에서는 포르셰 공장의 설립 자체가 어려울 것 같았지만, 여기서는 가능해 보인다는 점이었다. 게다가 개인적으로도 이곳이 마음에 들었다. 그의 가족은 케른텐 지방을 좋아했으며, 뵈르테르 호숫가 델라흐에 여름별장도 갖고 있었다.

그러나 케른텐 지방자치부 장관이 포르셰의 등장에 대단한 환영의 뜻을 표한 데 반해, 경제부 장관은 포르셰의 구상에 대해 별로 공감하지 않았다.

"전쟁이 끝난 지 얼마나 됐다고……. 누가 이 상황에 스포츠 카를 살 생각을 하겠어?"

그 결과 포르셰 공장 지원을 위한 신청서 제출 등 모든 노력은 얼음장처럼 차가운 거절 앞에 수포로 돌아가야 했다.

"포르셰 스포츠 카 공장이라니, 어디 다른 데 가서 알아보세요."

유감스럽게도 그것은 더이상 심하게 저지를 수 없는 오판이었다.

당시 사람들이 포르셰 공장 설립 건을 무관심하게 서로 다른 사람한테 떠넘기고 있었을 때, 최초의 포르셰, 그러니까 포르셰 356은 사실 케른텐에서 벌써 만들어진 상태였다. 포르셰 356이라는 이 호사스러운 차는 포르셰 가문의 356번째 생산품이었기 때문에 붙여진 이름이다. 그중 52대는 그뮌트에서 생산되었는데, 44대의 쿠페*와 8대의 카브리오**였다.

그리고 포르셰는 그때 감옥살이를 하고 있었으므로 사실 그 차는 포르셰의 아들 페리 포르셰가 설계한 것이었다. 포르셰는 출옥한 뒤 이 역사적인 차를 감정하면서 이렇게 말했다.

"내가 만들었어도 나사 하나 달라지지 않았을 거야."

---

* 보통 세단보다 좀 작고 두 짝의 문이 있으며, 뒤쪽이 경사진 모양의 자동차.
** 개폐식 지붕이 달린 자동차.

포르셰 356은 코카콜라나 맥도널드같이 오늘날 세계적으로 유명한 상표의 최초가 되었다. 포르셰는 스포츠 카와 동일시되었고, 스포츠 카의 대명사가 되었다. 그것도 아주 짧은 시간에 전세계적으로. 그렇지만 포르셰라고 하면 독일의 스포츠 카를 뜻한다. 오스트리아를 연상하는 사람은 아무도 없다.

협상의 실패 이후 포르셰 공장은 결국 다시 그뮌트에서 독일의 슈투트가르트로 이전되었다. 그곳에서는 포르셰로부터 건물 하나를 세내 쓰던 로이터 카로세리사가, 전쟁 후에도 커다란 손실 없이 살아남아 볼프스부르크의 폴크스바겐사와 동업하기를 기쁜 마음으로 고대하고 있었다. 그리고 그뮌트에서 건너온 것은 바로 그 356, 세상에서 가장 매력적인 스포츠 카 시리즈 중 최초의 차였다.

1948년 6월 8일 이 차는 규격화 및 생산승인과 더불어 완성되었다. 1951년 3월 20일 그뮌트에서의 생산은 종결되었고, 이후 독일 슈투트가르트에서 계속 이어졌다. 오스트리아 자동차산업의 싹이 무참히 짓밟힌 사건이었다.

겨우 52대의 포르셰 생산을 마지막으로……. 남은 것은 그 차들이 흘리고 간 배기 가스밖에 없었다.

■ ■ ■

그렇지만 포르셰는 오스트리아에 흔적을 남길 수 있었다. 그것은 잘츠부르크 지방청장 요제프 레를과 그의 후임자 요제프 클라우스의 공이었다. 그들은 포르셰가 알펜슈트라세에서 5킬로미터 떨어진 모이백장 소유의 땅을 사는 데 결정적인 영향력을 행사했다. 그곳엔 지금도 포르셰 무역회사가 있다. 물론 생산공장은 아니다.

만일 당시 정치가들이 그런 식으로 오판하지 않고, 또 포르셰라는 천재 자동차기술자를 거듭되는 시련 속으로 내몰지 않았다면, 아마도 오늘날 포르셰 공장은 독일의 슈투트가르트가 아니라 오스트리아의 빌라흐에 서 있었을지도 모른다. 그러면 포르셰는 독일 스포츠 카가 아니라 오스트리아 스포츠 카가 되었을 것이다. 또 만일 그랬다면, 지금쯤 수천 명의 노동자와 기술자들이 모든 남성의 가슴을 뛰게 만드는 포르셰 자동차를 생산하려고 케른텐 지방에 있는 이 공장으로 매일 출퇴근하고 있었을 것이다.

1998년 말까지 108만 5천 대의 포르셰가 제작되었고, 전세계 67개국으로 판매되었다. 이중 60퍼센트는 아직도 달리고 있다. 케른텐에서 설계된 356모델 중에서만 7만 7천 대가 생산되었다. 914와 916 모델에서 11만 8천 대, 924·944·968 모델에서 32만 5천 대, 그리고 928 모델에서 6만 1천 대가 생산되었다. 최고의 히트작은 911과 912 모델로서, 거의 50만 대가 팔려나갔다. 정확히 말하자면 46만 3천 대였다. 그리고 이들 스포츠 카는 모두 오스트리아에서 생산될 수도 있었다, 정말 그럴 수도 있었다……

오늘날 케른텐에는 포르셰 박물관이 있다. 356모델의 탄생지인 그뮌트에 있는 이 박물관에는 희귀한 차들만 전시되는 게 아니라, 방문객들은 그곳에서 과거의 역사도 배울 수 있다. 즉 가정법의 역사를……

이 박물관에는 매달 6,700여 명의 포르셰광들이 찾아온다. 그 숫자는 슈투트가르트의 포르셰 공장으로 매일 출근하는 근로자들의 수와 맞먹는다. 그들은 거기서 세상에서 가장 멋진 스포츠 카를 생산하고 있다.

레이더를 너무 일찍 발명한 사람, 크리스티안 휠스마이어

기계보다 오감을 더 믿었던 사람들

"뭐라고? 사범학교를 그만두겠다고? 그
건 절대 말도 안된다."

아버지가 말했다.

"크리스티안, 교사야말로 안정적인 직업이란다. 이제 와서 모든 걸
망치지는 말아다오."

어머니가 아들에게 간청하다시피 말했다.

"내가 무엇 때문에 매일같이 농사일을 그렇게 열심히 하는 줄 아느
냐? 사범학교에 그냥 다니거라, 그렇지 않으면 너에게 한 푼도 더 줄
수 없다."

이제 아버지는 아들을 심하게 질책했다.

"크리스티안, 우리는 이제까지 늘 고생만 하고 살았다. 하지만 너는
우리보다 더 잘살아야 하지 않겠니? 제발 선생님이 되거라."

그는 자신이 인생에서 정말로 원하는 것이 무엇인지 부모님에게 털
어놓으면 어떤 상황이 전개될지 전부터 알고 있었다. 몇 달 전부터 그
는 브레멘의 사범학교를 떠나, 정말로 자신이 하고 싶은 일에 전념하
는 날을 머릿속에 그려왔다. 그러면서도 오늘과 같은 대화는 미뤄왔
지만, 이제 더이상 미룰 수 없는 지경에 이른 것이다.

그는 아이델스테트에 있는 집에서 부모님과 마주앉아, 아이들을 가
르치는 일이 왜 인생의 목표가 될 수 없는지 설명했다. 그리고 물리학
실험이야말로 그의 마음속에 숨어 있는 가장 큰 열정이라는 것 또한

설명했다.

 평생 농사만 지어온 그의 부모님에게 물리학이란, 물리학자가 보름달이 떴을 때의 보리의 생장기간을 이해하기 어려운 것과 마찬가지였다. 그들은 아들의 미래를 놓고 한 발도 물러서려고 하지 않았다. 몇 시간 동안이나 그들은 그를 설득했다. 위협도 해보고, 야단도 쳐보고, 그의 어머니는 눈물을 떨어뜨리기까지 했다. 하지만 처음부터 이 투쟁은 가망이 없었다. 아들의 결심은 이미 오래 전에 확고히 굳어진 것이었다.

 브레멘 사범학교의 물리학 교수는 금방 알아차렸다. 아이델스테트에서 온 농부의 아들인 그가 단지 교과서에 나온 물리학 실험만으로는 만족하지 않는, 매우 열성적인 학생이라는 것을. 크리스티안은 지적 호기심이 강했으며, 수업중에 가장 질문을 많이 던지는 우수한 학생이었다.

 또한 교수의 질문에 가장 똑똑하게 대답할 수 있는 학생이었다. 그는 교수의 마음에 쏙 들었다. 그 교수는 크리스티안처럼 학구열이 강한 학생을 한 번도 본 적이 없었다.

 크리스티안은 자신의 고유한 이론을 발전시켰다. 그것은 지식이 풍부한 이 교수마저 깊은 고민에 빠지게 하는 이론이었다. 때때로 교수는 자신과 제자의 위치가 바뀌어, 자신이 제자에게 수업을 받고 있다는 감정을 몰래 느끼기도 하였다. 그리고 종종 물리학 시간은 크리스티안과 교수 사이의 개인교습 시간이 되기도 하였다. 그들은 뜨겁게 논쟁을 벌이는 동안 자신이 누구이며, 어디에 있는지조차 잊어버리곤 하였다. 그들은 공동으로 실험을 하고, 기록을 남겼으며, 새로운 실험 과정을 시도해 보기도 하였다.

 다른 학생들에게는 그것이 오히려 더 좋았다. 그들에게 크리스티안은 왕따나 보기 싫은 공부벌레가 아니라, 누구나 받아들일 수 있는 친구였다. 무엇보다도 크리스티안 때문에 수업시간이 짧아지는 건 좋은 일이었다. 그가 교수와 함께 실험을 하는 동안 다른 학생들은 숙제를 하거나 책상 밑에서 놀았다.

학교에 새로운 물리학 실험실이 생기자, 교수는 재능이 뛰어난 이 제자를 불렀다. 그리고 제자를 향해 엄숙하게 말했다.

"나는 오랫동안 고심했고, 이제 내 결심은 확고하다네. 자네를 위해 뭔가를 준비했네."

교수는 그의 코앞에 열쇠를 들이밀었다.

"이건 자네 거야. 새 물리학 실험실의 열쇠지. 잘 듣게, 자네는 이제 밤이든 낮이든 마음대로 이곳을 이용할 수 있다네."

크리스티안은 좀더 신중하게 생각하려고 했지만, 갑자기 아무 말도 떠오르지 않았다. 그에게 이 열쇠는 천국의 열쇠였다. 그는 가슴이 벅차 눈가에 차오르는 눈물이 흘러내리지 않도록 가까스로 꾹 참았다. 그러자 마침내 적당한 말을 찾아낼 수 있었다.

"고맙습니다."

겨우 짜내듯이 말을 꺼내놓고는 교수에게 손을 내밀었다. 그는 교수의 손을 꼭 부여잡고는 다시 한 번 말했다.

"고맙습니다, 저를 믿어주셔서 정말 고맙습니다. 절대로 실망시켜 드리지 않겠습니다."

그는 그날부터 당장 그곳, 자신만의 천국에서 밤을 새우며 실험하기 시작했다. 때로는 그대로 잠이 들기도 했는데, 한번은 깨어나 보니 다른 학생들이 수업을 받고 있었다. 크리스티안은 자신이 바라던 가장 적합한 곳에 있었다. 물리학에서 그에게 재미 없는 부분은 하나도 없었다. 하지만 다른 어떤 것보다도 그의 관심을 강하게 끌어당기는 것이 있었다.

이를테면, 독일의 물리학자 헤르츠의 거울실험이었다. 이 실험의 영향으로, 안 그래도 유달리 강한 그의 실험정신은 추진력까지 얻게 되었다. 헤르츠는 1886년, 라디오 파장이 실험대상을 통과하는 것이 아니라 반사된다는 것을 발견했다. 그보다 12년 전에는 영국의 물리학자 맥스웰도 전자기파에 관해 연구한 적이 있었다. 헤르츠와 맥스웰, 이 두 사람은 이 분야에 심취한 바로 이 학생의 삶에 특별한 영향력을 끼친 인물들이다.

■ ■ ■

신문 기사들은 온통 그 불행한 사건으로 뒤덮여 있었다. 「2,224명의 승객을 태운 여객선이 침몰하다.」 「여객선이 빙산과 충돌하여 가라앉았다.」 「1,500명이 익사하다.」

세계에서 가장 크고 호화로운 여객선이자 영국 화이트스타라인사의 자랑거리였던 타이태닉호는 영국의 사우샘프턴에서 출발하여 미국의 뉴욕으로 항해하던 중 북대서양에서 침몰했다. 침몰이 불가능하다고 자신만만하던 이 배는, 1912년 4월 14일 심야에 거대한 빙산을 만나 충돌했다. 시속 40.7킬로미터의 속도로. 빙산은 여객선을 아예 둘로 쪼개버렸다.

충돌 후 몇 시간 되지 않아, 정확히 4월 15일 새벽 2시 18분에 타이태닉호는 바닷속으로 가라앉았고, 1,502명의 승객들도 함께 칠흑같이 어두운 물 속으로 사라져버렸다.

"나라면, 이 불행한 여객선을 구할 수 있었을 텐데."

31세의 크리스티안 휠스마이어는 혼자 중얼거렸다.

"나한테 일을 맡겼어야 했는데……. 그러면 아무리 드넓은 바다와 거대한 선박이라 해도 땅 위에서처럼 작동할 수 있는 기계를 만들어 냈을 거야. 만약 그랬다면, 충돌하기 훨씬 전에 미리 빙산의 존재를 알 수 있었을 텐데."

크리스티안은 부모님의 충고를 따르지 않았다. 그는 브레멘의 사범 학교를 중퇴하고, 곧장 기술연구에만 매달렸다. 지멘스사에서 강사 자리를 제의받았지만, 나중에는 그 자리도 그만두고 오로지 연구에만 몰두하였다. 그는 한 가지에 완전히 미쳐 있었다.

송신기에서 보내진 뒤 금속판에 반사되는 전파를 이용해 금속물체의 위치를 측정할 수 있을 거라는 생각은 그를 사로잡고 놓아주지 않았다. 그는 라인 강가에서 실험을 시작했는데, 많은 사람들이 이 스물한 살의 청년을 약간 맛이 간 사람으로 취급했다. 왜냐하면 자신이 만든 기계를 들고 강가에 서 있다가 배가 가까이 지나갈 때마다 미친 듯이 깡충깡충 뛰어다녔기 때문이다.

마침내 그의 아이디어는 다른 사람들을 감동시킬 수 있었다. 결국 「휠스마이어 운트 만하임 텔레모빌로스코프」라는 회사가 설립되었고, 쾰른의 한 상인이 이 회사에 5천 마르크의 자본금을 투자하였다. 그 정도면 당시로선 엄청난 액수였다. 게다가 아직 딱히 미래가 보장된 것도 아닌 젊은이에게는 대단한 신뢰의 표시였다. 하지만 휠스마이어는 자신이 언젠가는 성공하여 다른 사람들을 감동시킬 수 있다고 굳게 믿고 있었다.

그렇다고 모든 일이 그가 기대한 대로 이루어진 것은 아니었다. 물론 그 돈으로 새로운 기구들을 사고, 새로운 시스템을 시험해 볼 수는 있었다. 하지만 독일 해군을 자신의 프로젝트에 끌어들이려는 시도는 실패로 돌아갔다. 그가 발명한 기계를 설치하고 테스트해 보려면 실험용 배가 필요했는데, 독일 해군은 이런 요구를 들어주지 않았다. 당시 해군의 고위급 군인들 중 어느 누구도 이제 갓 스무 살이 넘은 청년의 말에 귀기울이려고 하지 않았던 것이다.

하지만 이 젊은 기술자는 포기하지 않고 밤낮으로 연구를 계속했다. 드디어 1904년 4월 30일, 뒤셀도르프의 특허청에서 그는 태어나서 처음으로 자신의 특허장을 손에 쥐었다. 165546이란 번호를 단 이 특허장은 「전파를 이용해 멀리 떨어져 있는 금속제 물체의 위치를 관찰자에게 알려줄 수 있는」 방법에 대한 특허, 즉 전자파를 이용한 선박의 충돌방지장치 특허였다.

휠스마이어는 이제 자신의 목표를 이룰 수 있으리라는 기대감을 가지고 최초의 공개실험을 감행했다.

쾰른 시민의 절반이 1904년 5월 18일 호엔촐러른 다리 위로 몰려들었다. 크리스티안 휠스마이어가 자신의 발명품인 원격 감지기(레이더의 전신)를 최초로 공개하기 위해 사람들을 초청한 것이다. 게다가 기자들도 이 놀라운 사건을 취재하려고 몰려들었다.

휠스마이어는 라인 강 위로 자신이 발명한 기계를 조준했다. 그러자 배가 다가올 때마다 그 기계에서 소리가 울렸다. 그리고 배가 영향권 밖으로, 즉 전기의 파장범위 밖으로 벗어나면 비로소 이 소리가 멈추었다.

"송신기와 수신기는 카르단(Kardan)식으로 걸려 있고, 축을 중심으로 돌릴 수 있는 기계 안에 같이 붙어 있습니다."

그는 궁금해 하는 사람들에게 설명했다.

"여기 보이는 반구(半球) 속에는 유도장치, 고압의 2차전류, 단절고리 등이 있습니다."

다리 위에서 벌어지는 모든 쇼를 처음부터 끝까지 눈으로 쫓던 사람들은 단지 띄엄띄엄 부분적으로만 이해할 뿐이었다. 발명가가 수십 번이나 설명했음에도 말이다. 그러나 그들은 배가 작동범위 안에 들어오자 기계에서 신호음이 울리기 시작하는 것을 분명히 들을 수 있었다. 그리고 배가 사라지자 더이상 어떤 신호음도 들리지 않았다. 즉 배가 가까이 다가오자 신호음이 울리고, 다리 밑으로 사라지자 신호음이 울리지 않는 것이었다.

휠스마이어는 자신이 만들었지만, 그 기계에 깊은 감명을 받았다. 그는 자신의 발명품이 실패작이 되리라고는 한순간도 생각해 본 적이 없었다. 그는 사업 파트너에게 자신 있게 말했다.

"이제 독일 선박업계도 내가 발명한 원격 감지기에 큰 관심을 보일 게 분명합니다."

하지만 독일 선박업계는 그 기계를 「썩 훌륭하다」고 평가했을 뿐, 그 이상은 아니었다.

"그 이상은 아니라고?"

휠스마이어는 실망스러웠다. 그는 아주 심각해져서 말을 이었다.

"그 사람들도 모두 참석해서 보았잖아, 내 발명품이 얼마나 잘 작동하는지. 그런데도 이 모든 걸 그저 썩 훌륭하다고만 했단 말이야? 도대체 뭘 실험한 건지 이해하지 못했다는 말이야?"

휠스마이어 앞에 수수께끼가 던져졌다. 이런 경우는 물리학 전체를 통틀어봐도 찾아볼 수 없었다. 사람들이 보이는 냉담함에는 어떤 논리도 보이지 않았다. 그는 그 소식을 접했을 때, 세상에 대한 믿음이 모두 사라진 것만 같았다.

그런데 호엔촐러른 다리 위에서 벌어진 기상천외한 실험에 관해 이야기를 들은 네덜란드·미국 라인 선박회사의 총관리인이, 6월에 개최되는 로테르담 선박회의에 그의 발명품을 초청했다. 그러자 휠스마이어는 다시 예전의 모습으로 돌아왔다.

"이 발명품의 가치를 제대로 이해할 수 있는 사람이 드디어 나타난 거야! 이제야말로 이 기계가 얼마나 대단한지 모든 사람들 앞에서 보여줄 수 있겠군."

시범행사는 콜럼버스호의 갑판에서 열렸다. 선박업계 사람들은 그가 발명한 기계 주위를 빙 둘러싸고, 그 기계에서 신호음이 울릴 때마다—퀼른에서와 마찬가지로—감탄사를 연발했다. 그리고 질문이 줄을 이었다. 휠스마이어는, 이 기계가 퀼른에서 처음 공개된 이후 얼마나 개선되었는지 열성을 다해 설명했다.

"작동범위를 1만 미터까지 더 확장할 수도 있습니다."

그는 단언했다. 그것은 바다를 항해하는 배들이 충돌을 예방하기 위해서 꼭 필요한 거리였다.

"대양을 오가는 선박들에게 이 기계는 아주 유용할 것입니다."

발명가가 자신 있게 말했다. 그 자리에 모인 사람들은 모두 감동했다. 그들은 마침내 휠스마이어가 기대한 대로 찬사를 늘어놓기 시작했다.

"축하드립니다. 정말 훌륭합니다. 제가 연락을 드리지요."

"수고 많으셨습니다. 그럼, 계속 서로 연락하지요."

"대단히 놀랐습니다. 다음번에 꼭 뵙도록 하지요."

최소한 15명의 선주들이 이 젊은 발명가에게 행운을 빌어주었다. 그중에는 독일인뿐 아니라 네덜란드인, 이태리인 들도 있었다. 원격 감지기에 대해 다소나마 비판적인 시각을 가졌던 유일한 사람은 영국인들이었다.

"이건 겨우 첫발을 내디딘 것에 불과해."

그들은 이렇게 자신의 의견을 밝혔다.

"뭐라고? 다른 사람들은 다 이해하고 있는데 말이야."

휠스마이어는 어이가 없었다. 그러나 다른 사람들에게도 다시 연락이 오지는 않았다. 결국 이 젊은 발명가에게 당장 시급한 문제였던 거래는 한 건도 성사되지 않았다. 세상은 아직 레이더의 발명에 준비가 되어 있지 않았던 것이다.

■ ■ ■

"이 순간은 영국 역사상 최고의 시간입니다."

처칠은 승리의 감격을 이렇게 표현했다. 그에게는 제2차 세계대전의 승리야말로 영국 역사상 최고의 순간이었다. 영국의 공군 로열 에어 포스(RAF)가 독일 공군을 격퇴시킨 것이다. 영국 공군이 비행기와 비행사 면에서 독일 공군보다 조금, 아니 솔직히 말하면 많이 뒤떨어졌음에도 독일의 침공을 물리칠 수 있었던 것이다.

그 이유는 영국이 최첨단의 현대적인 방공 시스템을 갖추고 있었기 때문이다. 휴 다우딩 경은 30년대에 RAF를 레이더(Radar)라고 불리는 새로운 시스템으로 바꾸는 작업에 착수했다. 레이더는 Radio detecting and ranging의 약어다.

이 새로운 시스템은 전파를 발생하는데, 이 전파는 목표물에 부딪히면 바로 반사되는 성질을 가졌다. 레이더는 그 반사파를 받아서 목표물의 거리와 방위를 측정하는 장치이다. 따라서 독일 공군의 전투기처럼 먼 거리상에 나타나는 목표물도 레이더를 통해 일찌감치 그 위치를 파악할 수 있는 것이다.

이「기적의 기계」는 스코틀랜드 출신의 물리학자 로버트 알렉산더 윗슨 와트가 RAF를 위해 개발한 것이다. 그와 동향인인 에드워드 V.

애플턴은 이미 20년대부터 레이더의 연구와 실험에 착수했다. 1935년 윗슨 와트는 최초로 사용 가능한 레이더를 만드는 데 성공, 영국 공군에게 레이더 사용을 적극 권장했다. 그 장치는 캄캄한 밤이든 안개 낀 날이든 상관없이 비행기의 위치를 알 수 있게 해주었다.

1937년 마침내 영국의 동쪽과 남쪽 해안 곳곳에 레이더 장치가 설치되었고, 그로써 적비행기의 동태를 일찍 감지할 수 있었다. 영국 여왕에게 이 레이더는 귀족의 칭호를 주고도 남을 만큼 값어치가 있었기에 윗슨 와트와 에드워드 애플턴에게 경(Sir)이라는 칭호가 수여되었다.

■ ■ ■

휠스마이어가 30년 전에 이루지 못한 것을 윗슨 와트는 짧은 시간에 이루어냈다. 휠스마이어의 실패 원인은 이 젊은 발명가가 자신의 발명품을 공개했을 당시에는 아직 항공운행이 없었기 때문일 것이다. 그가 원격 감지기를 발명한 1904년은, 라이트 형제가 키티 호크에서 세계 최초의 동력 비행기로 하늘을 나는 데 성공, 36미터를 날아가는 기록을 남긴 1903년 12월 17일보다 1년 뒤였다.

휠스마이어는 콜럼버스호 갑판 위에서 상업적인 실패를 맛본 후에 사업을 포기했다. 당시 선박산업은 그의 아이디어를 받아들일 준비가 되어 있지 않은데다 보수적인 성향도 짙었다. 게다가 자본금도 모자랐다. 사실 그는 자신의 특허를 제대로 유지할 수 없을 정도로 몹시 쪼들렸다.

원격 감지기는 그에게 불행의 상징이 되어버렸다. 결정적으로 그는 함부르크 기차역에서 가방을 도난당했는데, 그 안에는 원격 감지기의 설계도와 기초자료가 들어 있었다. 그것은 그가 한평생 결코 잊어버릴 수 없는 도난사건이었다. 절망에 빠진 그는 자신이 발명한 최초의 발명품을 머릿속에서 털어내고, 더이상 그쪽과 관련된 일은 하지 않았다.

그 대신 휠스마이어는 뒤셀도르프에 녹을 방지하는 필터를 생산하는 공장을 설립했으며, 150여 종의 특허를 얻는 등 왕성한 발명가 정신을 발휘했다. 그가 원격 감지기에 대해서 떠올릴 때는 캄캄한 밤이나 안개 낀 날에 배가 충돌했다는 신문 기사를 읽거나, 혹은 그날처럼 타이태닉호의 비극을 접할 때뿐이었다. 그렇지 않으면, 회사 책상 앞에 앉아 지나간 과거를 곰곰히 되씹어보며 자신의 운명을 원망하다가, 다시 하루 일과를 시작하곤 했다.

왜 사람들이 자신의 아이디어에 관심을 갖지 않았는가 하는 문제는, 그에게 언제나 가장 풀기 어려운 숙제와 같았다.

그의 번득이는 아이디어 중에 원격 감지기만큼 가능성이 잠재돼 있고, 대인기를 예감케 하는 것은 없었다. 그런데도 그의 발명품이 빛을 보지 못한 원인은, 한마디로 그가 너무 시대를 앞서갔다는 데 있다. 1904년 그는 선주들에게 레이더의 선조격인 원격 감지기를 배에 달기를 권했다. 하지만 휠스마이어 시대의 사람들은 기계장치보다는 오감에 더 의지했다.

1931년에야 비로소 영국의 부트먼트와 폴라드에 의해 안개나 눈의 영향으로 시계가 나쁠 때, 배의 위치를 파악하는 레이더 테스트 장치가 설치되었다. 그리고 다시 5년이 지나서야 프랑스의 여객선 노르망디호에 완전한 레이더 장치가 설치되었다.

크리스티안 휠스마이어는 큰돈을 거머쥘 수도 있었다. 다만 「어떻게」라는 물음은 운명에 달려 있었다. 한편 레이더 기술로 금속제 물체의 위치만 확인할 수 있는 게 아니라는 점을, 몇몇 학자와 물리학자들이 휠스마이어 이후에 반박의 여지 없이 보여주었다. 1947년 헝가리의 졸탄 베이는 최초로 달로부터 레이더 반향을 접수하는 데 성공했으며, 이로써 달에서 지구까지의 거리를 정확히 측정할 수 있게 되었다.

1968년에는 레이더가 비나 눈, 심지어 바람의 움직임까지 관측하는 데 유용하다는 것을 미국 공군의 학자들이 보여주었다. 그러나 이러한 발견을 크리스티안 휠스마이어는 더이상 경험할 수 없었다. 그는 이미 11년 전에 세상에 하직인사를 했던 것이다. 어쩌면 자신이 이룬 것에 대해 그리 만족하지 못한 채……

어이없이 부와 명예를 놓쳐버린 사람들의 이야기

20세기의 위대한 산물들 뒤에는 그것을 만들어낸 주인공들이 있다. 그러나 그들의 운명이 모두 그로 인해 가파른 상승곡선을 그린 것은 아니다. 그들 중에는 뛰어난 업적을 이루고도 당연히 누려야 할 대가를 누리지 못한 불운한 사람들이 있다. 이 책은 바로 그들을 주인공삼아 오스트리아 작가 세 사람이 그 이야기를 들려준다.

때로는 어이없게, 때로는 안타깝게, 때로는 선견지명이 부족해서, 또 때로는 그저 어쩔 수 없이 그들은 장밋빛 미래가 기다리는 최상의 길 대신 평범한 길로 발걸음을 옮겼다. 그것은 그들의 운명이었을까? 돌이켜보는 시점에서는 그렇다. 과거는 이미 돌이킬 수 없는 현실이기에……

나이키 로고를 누가 만들었는지, 레이더를 발명한 사람이 누구인지, 포스트 이트나 일회용 방수기저귀를 고안해 낸 사람이 누구인지 우리는 모른다. 그저 막연히, 그런 것을 만든 사람이라면, 대단한 부와 명예를 거머쥐었을 것이라고 짐작할 따름이다.

그러나 꼭 그렇지만은 않다. 세계적으로 유명한 발명품의 창시자라 해도 운이 따르지 않으면 어쩔 수 없는 법이다. 여기에 소개되는 사람들은, 이미 세상에 널리 알려진 발명품을 만든 사람이거나 뛰어난 재능을 가진 사람이다. 그들의 업적으로 짐작해 보건대, 그들은 당연히 그만큼의 대가를 어떤 식으로든 보상받았어야 한다. 하지만 그들은 대개 아무런 대가도 받지 못했거나, 단지 평범한(결과물에 비해 아주 보잘것없는) 금액을 손에 쥐었을 뿐이다.

이 책의 주인공들은 결정적인 순간에 판단착오를 일으키는 바람에, 혹은 단지 행운이 슬쩍 비켜가는 바람에 눈부신 세상의 한가운데로 나가는 대신 그늘 속으로 파묻혀버렸다.

이를테면, 지적 재산권을 제때에 행사하지 못해서 억울하게도 다른 사람의 금고를 가득 채워준 사람들이 있다. AK-47 자동 소총을 발명한 미하일 칼라슈니코프나, 스마일 로고를 만든 하비 볼, 체 게바라의 사진을 찍은 알베르토 코르다 등이다.

한편 휠스마이어는 레이더를 너무 일찍 발명했다. 다시 말해, 시대를 너무 앞서간 것이다. 이 경우는 당대에, 혹은 처녀작을 인정받지 못하고 긴 세월 동안 자신의 재능을 의심해야 했던 수많은 베스트셀러 작가들에게도 해당된다. D. H. 로렌스나 제임스 조이스, 펄 벅, 스티븐 킹 등등……

원래 삶이란 뜻대로 되는 것이 아니라지만, 그들도 처음부터 부와 명예에 집착했더라면, 어쩌면 다른 결과를 낳았을지도 모른다. 하지만 그들은 애초부터 그런 것에는 별로 관심이 없었고, 대체로 주어진 삶에 만족하는 사람들이었다. 그러니까 이 책의 주인공들은 세속적인 욕망을 끝까지 좇는 부류의 사람들이 아닌 것이다. 물론 부와 명예가 욕심만으로 얻어지는 것은 아니지만 말이다.

어쨌든 그들은 다른 길을 갔고, 가지 않은(내지는 가지 못한) 길에 대한 미련은 없어 보인다. 그것이 스스로에 대한 애처로운 위로이든, 뼈저린 회한을 숨기고픈 무의식적인 방어이든 간에. 그러고 보면, 다른 사람의 눈에 비친 행복과 불행이란, 정작 본인에게는 별로 큰 의미가 아닐 듯싶다.

이 책의 묘미는 전세계 수많은 사람들의 마음을 사로잡은, 즉 부와 명예가 보장된 발명품과 아이디어와 기회를 창조해 낸 뒤 쓸쓸히 사라져간 불운한 사람들의 이야기를 엿보는 데 있을 것이다. 그들이 무언가를 발명하고 이루어내기까지의 과정, 그리고 그후에 행운과 불운이 교차하는 그들의 운명은 우리의 호기심을 자극하기에 충분하다. 지은이들이 머리말에 썼듯이, 남의 고생담만큼 흥미로운 것도 없기 때문이다.

그래도 그들에게 한 가지 확실한 행운이 주어졌는데, 그것은 바로 이 책의 주인공으로 등장할 수 있었다는 점이다. 전세계 수많은 독자의 애정과 관심을 통해 그들은 더이상 「페히포겔」이 아닐지도 모르겠다.

2000년 7월

전재민